英语民族史

—导读典藏版—

A HISTORY *of* THE ENGLISH-SPEAKING PEOPLES

VOLUME IV
THE GREAT DEMOCRACIES

◆ 卷四 ◆
民主共和国

WINSTON S. CHURCHILL
[英] 温斯顿·丘吉尔 ◆ 著
薛力敏　林林 ◆ 译　　林葆梅 ◆ 校译

中共中央党校出版社

图书在版编目（CIP）数据

英语民族史：导读典藏版．卷四，民主共和国 /（英）温斯顿·丘吉尔著；薛力敏，林林译．-- 北京：中共中央党校出版社，2022.7

书名原文：A History of the English-Speaking Peoples

ISBN 978-7-5035-7275-3

Ⅰ．①英…　Ⅱ．①温…②薛…③林…　Ⅲ．①世界史　Ⅳ．①K1

中国版本图书馆 CIP 数据核字（2022）第 040275 号

英语民族史·卷四：民主共和国（导读典藏版）

策划统筹　马　瑞
责任编辑　马　瑞
责任印制　陈梦楠
责任校对　马　晶
出版发行　中共中央党校出版社
地　　址　北京市海淀区长春桥路 6 号
电　　话　（010）68922815（总编室）　（010）68922233（发行部）
传　　真　（010）68922814
经　　销　全国新华书店
印　　刷　中煤（北京）印务有限公司
开　　本　710 毫米 ×1000 毫米　1/16
字　　数　269 千字
印　　张　19
版　　次　2022 年 7 月第 1 版　2022 年 7 月第 1 次印刷
定　　价　268.00 元（全套）

微 信 ID：中共中央党校出版社　**邮　箱：**zydxcbs2018@163.com

House of Hanover

汉诺威王朝
（1714—1901）

维多利亚女王
Alexandrina Victoria
（1819—1901）

汉诺威王朝末代君主，在位长达 64 年（1837—1901）。

她治下的英国，经济、文化空前繁荣，殖民地遍布全球，号称“日不落帝国”，19 世纪因而成为英国人最为自豪和津津乐道的时代。维多利亚女王逝世，标志着一个时代的结束，英国逐步丧失世界霸主地位。

亚伯拉罕·林肯
Abraham Lincoln
（1809—1865）

美国首位共和党籍总统，南北战争期间北军（即联邦军）领导人，主张废除奴隶制，维护国家统一。1865 年 4 月 14 日，林肯在剧院遇刺，次日身亡。他被公认为美国最伟大的总统之一。

前　言　　PREFACE

1815年拿破仑垮台以后，英国在大半个地球处于绝对的统治地位。法国和整个欧洲大陆精疲力竭，德意志尚未统一，意大利仍然四分五裂，俄国正在退出西欧，西班牙人和葡萄牙人则忙于本国和殖民地事务。在接下来的几十年里，革命和社会动乱沉重打击了许多欧洲强国，新国家相继诞生。在这些年的动乱中，只有英国安然无恙。通过人口增殖和移民活动，英语民族空前壮大。

美国独立战争并没有给英美关系造成致命的创伤，大西洋两岸进行着日益广泛的联系。当美国致力于拓居半个北美大陆时，英国开始占领和开发地球上的许多无主地区。皇家海军牢牢掌握着制海权，使英美两国避免了欧洲列强的竞争和干涉。

英国人拓殖澳大利亚和新西兰，在荷兰衰落之时夺取了南非，因此开创了新的、更加辽阔的大英帝国。它仍以海军力量为基础，统治着占人类五分之一的人口。论统治年限，维多利亚女王堪居历代英王之首。在这一时期，基督教的原则所引起的伦理问题引起人们的极大重视。英国曾经可耻地从中获利的奴隶贸易，为皇家海军所铲除。美国爆发残酷内战，损失近百万人最终得以根除奴隶制度，实现统一。

19 世纪是有意义的、进步的、开明而又富有容忍精神的文明时代。法国革命震撼了世界，蒸汽机和许多重要的发明引发工业革命，世界不可避免地迎来民主时代。选举权在西欧各国像在美国那样日益普及，最终成为每一个成人的权利。多少世纪来指引英国前进的贵族阶级逐渐消失，融入地位不断上升的民众之中。在美国，没有阶级之分的党派机构和金融势力在经济发展中保持了社会结构。同时，新的大英帝国（或曰英联邦）依靠各个自治国家在王权下的自愿联合，根据共同理念实行统治。维多利亚女王崩殂时，人们完全可能认为，几百年来许多遗留问题正逐步得到解决。在欧洲，德意志民族过去一直处于分裂状态，或受到中世纪制度的长期束缚，如今它的强大力量像火山的岩浆一样开始爆发。在随后发生的斗争中，英美两国将首次为共同的事业并肩作战。

温斯顿 · 丘吉尔

1957 年 2 月 10 日于肯特

目 录

CONTENTS

PART 12

维多利亚时代

PART 10
恢复与改革

RECOVERY AND REFORM

第一章 CHAPTER 1

胜利后的和平

经过20多年的战争，欧洲在1815年夏天实现了和平。这次和平来得较为持久，虽有内部骚乱和局部冲突，相对和平却一直维持到德意志扩张取代法国优势之时。在应对法国革命和拿破仑的斗争中，英国发挥了至关重要的作用。英国人民协力奋斗，使命终于完成，他们从此可以致力于发挥工商业才能。这种才能在过去的50年里大为提高，经过22年的战争磨砺更加凸显。可是在滑铁卢大战[1]以后，英国的政治家已经不能左右繁荣兴旺的工商界，也无力满足在工商界辛勤劳动的各阶层民众的要求和愿望。英国的政治生活陷入停滞状态。托利党人（虽然并非所有的人都承认这个名字，我们不妨还这样称呼他们）牢牢地掌握着政权。在主要由托利党人组成的战时内阁的支持下，他们取得了反拿破仑战争的胜利。他们代表着反对法国革命原则[2]

1 Battle of Waterloo，1815年6月18日，反法联军与拿破仑统帅的法军在比利时小镇滑铁卢进行最后决战，法军大败，拿破仑退出历史舞台。——编者注

2 The Principles of Revolutionary France，指1789年法国大革命所主张的天赋人权、三权分立等民主思想。——编者注

和拿破仑帝国侵略势力的传统，在全国有无数的盟友。这些盟友既有财产，又有独立思考的能力，不参加党派而又支持托利党的观点主张。托利党人认为自己不仅是不列颠岛的保卫者，更是贵族1688年革命果实的捍卫者。在法国恐怖的震动之下，英国统治阶级极力维护既得利益及社会秩序。长期的艰苦斗争使英国大伤筋骨，她到1830年才完全恢复元气。

政府中的主要人物是利物浦勋爵和卡斯尔雷勋爵，1818年以后，威灵顿公爵也跻身显要。卡斯尔雷和威灵顿是同僚中的佼佼者。在很大程度上，欧洲在拿破仑垮台以后实现的普遍和平应该归功于威灵顿的深谋远虑和卡斯尔雷的公正立场。尽管经历多次挫折和军事失利，他们仍引导英国走向胜利。利物浦是在乔治三世时代分配政府权力并同小皮特密切合作的查尔斯·詹金森之子，他为人随和，容易共事，对部下和蔼可亲。英法战争爆发以后，他始终身兼数职。他于1812年出任首相，老练而耐心地掌权15年，但并不紧握权柄。

卡斯尔雷在担任爱尔兰事务大臣时积累了政治经验。在同爱尔兰就合并问题进行谈判的艰苦岁月里，政府的权力很大，他目睹了18世纪最严重的营私舞弊之风。他是战时内阁的陆军大臣，由于和同僚坎宁发生严重争执而被迫辞职，最后二人竟在帕特尼希思[1]决斗。1812年，卡斯尔雷重返政府，担任外交大臣。他一手建立了赢得最后胜利的联盟，是和平条约的主要起草人之一。他不关心国内事务。由于不善辞令，他很难充分阐述自己目光远大的外交政策。他因性格高傲而显得更加沉着冷静，他认为对民众公开宣布政府的计划和措施有失身份。然而，他是下议院的领袖。担任外交大臣这个职务的人往往才能出众。

威灵顿是人们公认的战胜拿破仑的杰出将领。他的政治理念很简单，主张团结各党派，使它们担负起维护现存制度的义务。其他阁僚都是态度坚定

1 Putney Heath，伦敦西南郊区的一个地方。——译者注

的托利党人，如掌玺大臣埃尔登、曾任首相而现任内政大臣的西德默斯子爵阿丁顿和殖民地大臣[1]巴瑟斯特伯爵。罗斯伯里勋爵评论巴瑟斯特说，他是“我们政治制度的奇怪产物之一，尽管出身微贱，却担任最显要的职务”。这些人在世界革命的威胁之下步入政界，他们从政的唯一目的，是不屈不挠地捍卫他们所熟悉的制度。他们思想僵化，不能理解英国社会即将出现的变化。他们在政府内维护地主阶级的利益，在爱尔兰维护新教，在英格兰维护英国国教圣公会。卡斯尔雷是外交专家，威灵顿是军事专家，其他人只是普通的托利党政治家——他们决意尽量少揽事，同时尽力把工作做好。

他们有诸多优势。英国凭借海军力量、经济实力和顽强精神打败了拿破仑。1815 年夏天，英国和卡斯尔雷是欧洲的舵手。即将签订的和约条款关系着欧洲世代的和平。必须解决欧洲列强之间的重重矛盾，必须消除法国的威胁隐患，必须建立能够消解民族仇恨、理论对立和阶级冲突的国际秩序。关于建立欧洲新秩序的条约使英国承担起前所未有的义务，她主持解决法国边界问题。条约使复辟后的法国波旁王朝失去了萨尔地区和萨沃伊部分地区，它的版图缩小到 1789 年的范围，而普鲁士则成为莱茵河流域的强国。威灵顿公爵统率着法国东北部的 15 万盟国占领军，其中有三万英军。托利党人甚至在得胜之时还不敢在大陆承担义务，但卡斯尔雷决心保持英国在战争中赢得的主导地位。他不受公众情绪和民族仇恨的影响，不想粗暴地对待战败的敌人。他认为，法国总有一天会像普鲁士、奥地利和俄国一样成为欧洲力量平衡和英国利益所需要的重要因素。他和威灵顿在法国及其仇敌之间进行调解。如果普鲁士、奥地利和俄国没有受到制止，它们就会瓜分德意志各地，对法国强加苛刻的和平条件，在分割波兰的问题上互相争斗。所以，英国的调解奠定了欧洲和平的基石。

1 Colonial Secretary，英国政府设置殖民地部（Colonial Office），负责处理海外领地事务，掌管此部门的官员被称为“殖民地大臣”。——编者注在 18 世纪，欧洲诸强国没有常设的协商机构，也缺乏追求共同利益的理念。法国革命使它们联合起来对付共同的威胁，此刻它们决心保持团结，防止战乱再起。四大强国早已结成联盟，它们发誓在必要时开会商讨欧洲问题。如今俄奥两国的皇帝和普鲁士国王结成“神圣同盟”（Holly Alliance），以代替四国联盟。神圣同盟的主要目的是干涉欧洲任何地区的革命，并以合法的名义迅速加以镇压。

卡斯尔雷对此并不感兴趣，他反对干涉主权国家的事务，不管这些国家多么弱小，也不管它们的政府多么开明。虽然他在国内被塑造成漫画中的反动人物，但他并不支持欧洲大陆的专制主义。他认为四国联盟和维也纳会议只是讨论欧洲问题的外交工具，而奥地利首相梅特涅和他的同事则视之为保护现存秩序的武器。在某种程度上，大国之间产生这种分歧是因为英国的议会制政府，无论它有多么不完善，毕竟代表着一个民族，而卡斯尔雷的欧洲伙伴则代表着专制君主。英国是一个世界强国，广泛的贸易和制海权是她的力量基础。她的贸易不受欧洲主流观念的支配而独立发展。更重要的是，英国统治阶级已经习惯公开辩论，不像欧洲大陆各国那样实行专制。

维也纳会议尽管有种种分歧，但仍不失为外交艺术的丰碑。谈判错综复杂。1815 年上半年，除了会议的最终文件之外，还达成了 27 项协议。与此同时，在其他会场也签订了 20 多项条约。塔列朗对拿破仑阳奉阴违，但他坚定而机智地决心恢复法国在欧洲的地位。然而现在人们认为，卡斯尔雷是维也纳会议的核心人物，他使对立的观点得到调和。他希望能保持七年的和平，而实际上和平长达三四十年之久。他对大陆事务采取超脱的、中立的立场，从正反两方面来看，这一立场成为以后大约 100 年内英国外交政策的传统。维也纳会议结束之后，分裂已经不可避免。卡斯尔雷在这之前至少取得了一大成就。和约签订不到三年，英军便撤出法国领土。法国如数支付战争赔款，并作为一个值得尊敬的国家进入欧洲会议。威灵顿卸去联军统帅一职，进入内阁，担任军械署总管这一合适的职务。

* * *

英国政府在国内面临着恢复经济这一棘手而复杂的任务。阁员们远远不能适应这一使命的要求，他们无法纠正战后的混乱状态，也无力解决工业发展造成的新问题。英国比邻国更早尝到了工业革命的甘苦。她获得新的力量，享受到新的繁荣。与此同时，在落后的城镇里，日益增多的居民却常常陷入贫穷凄苦的境地，他们对此当然满腹牢骚。她之所以在技术方面取得领先地位，是由于18世纪英国发明家和实业家的智慧和努力，也得益于她的主要煤矿和铁矿相距不远，且离海岸很近，具有地理优势。海上霸权、殖民地资源以及在贸易中积累起来的资本都有助于工业的发展。蒸汽机逐渐应用于工业的各个方面。精密机器日趋完善，产量猛增。纺纱实现了机械化。工业体系逐渐发展起来，熟练工人的个体生产被社会大生产所取代。机械化、人口增长和就业方面的巨大变革引发严重的社会问题。内阁成员出身优渥，对于这些必须加以消除的弊病之根源视而不见。他们集中精力解决他们所关心的问题，即保护财产问题。在迅速走向工业化的社会里，他们当中的大多数人代表顽固的地主阶级。他们对流血革命疑惧重重，因而不敢进行哪怕是微小的改革。

拿破仑切断了欧洲大陆同英国的贸易联系，英国则封锁大陆，结果使国内的工业情况每况愈下。在工业发达的北方和中部地区，失业现象十分严重。在1812年和1813年的卢德派[1]骚乱中，不少机器被捣毁，这说明当时英国政府完全无力维持社会秩序。伦敦的内政部同地方法官不能协调工作，最终靠军队武力镇压，才平息了混乱局面。在18世纪，低工资和失业问题常常引起广泛的骚动。每逢荒年歉收，物价普遍上涨，粮价更是扶摇直上，骚

1 Luddites，英国产业革命时期工人为反抗工厂主剥削而发起捣毁机器运动，第一个捣毁自己操作机器的工人叫内德·卢德（Ned Ludd），因而该运动参加者被称为卢德派。——编者注

动便升级为暴乱。如今，萧条时期又碰上歉收年。18 世纪的暴乱一般会在短期内结束，当局绞死几个带头的，将另外数人流放到殖民地，就把暴乱镇压下去了。留在国内的不满者把他们的困难归咎于自然，而不是归咎于经济或政治制度。滑铁卢战役之后，社会情绪发生了很大变化，极端派领袖相继而出，坚持不懈煽动民众情绪。他们的组织在法国革命期间受到镇压，此刻死灰复燃，虽然在下议院尚无代理人，但已开始带有政治色彩。

在极端派的眼里，人民的痛苦是政府造成的，与天灾和上帝无关。托利党内阁在这种指责面前不知所措。托利党人并不主张用市场上讨价还价的方式去解决问题，他们既不盼望红运来临，也不对厄运漠然置之。相反，他们意识到了统治阶级为全民族的利益所担负的责任，有时甚至为此而感到自豪。人们深深知道，政府的职责正如伯克所总结的那样，是要保证“国家太平、国家安全、国家秩序和国家繁荣”。其中最后一点尤为重要。但问题是，在这种前所未有的形势下，政府不知道如何保证国家的繁荣。即使它制订出一个计划，也没有经验丰富的官员予以执行。结果，解除疾苦的唯一办法便是依靠慈善事业或《济贫法》(*Poor Law*)了。

国会反对党的力量在这些年里萎靡不振，这是英国的不幸。辉格党人自 1783 年以来尚未掌过权柄，二三十年的在野生活令他们斗志涣散。他们内部纷争不息，无人能够比托利党人制订出更好或更全面的战后恢复计划。其实，他们同托利党人基本利益一致，同样代表地主阶级和伦敦金融界。他们同政府仅有的重大分歧，是天主教徒的解放和新兴工业城镇中产阶级的选举权问题。他们曾在 18 世纪 90 年代力促议会改革，这是打垮小皮特政权的有力大棒。但法国形势的发展使他们受到很大挫折，他们的领导人经过很长时间才勉强恢复了改革的干劲。这两个政党像黑兹利特[1]所说的那样，犹如两辆

1 William Hazlitt（1778—1830），英国作家，他的多部作品均表达出对辉格党的强烈支持，引发托利党评论家的猛烈攻击。——编者注

赛跑的马车，彼此给对方溅上污泥，却走着同一条道路，奔向同一个地方。进入国会的激进分子很少，他们难以组成有力的反对派。他们阅历颇深的领袖约翰·卡特赖特 40 年来发表了许多小册子，主张实行国会一年制和普选制。他是一名地主，许多下院议员对他有着良好的印象，可是，他从未进入下议院。只要选举权不改变，就不会有任何选区接受他。极端派的粗暴言辞使托利党人和辉格党人都感到害怕，因而上中层的工业阶级和地主阶级都坚决反对一切改革建议。

*　　*　　*

英国的政治中心是国会，人们仍然期待国会纠正时弊。如果国会一筹莫展，它的机构就需要进行改革。于是，不满现状者要求改革国会。他们隆重集会，呼声强烈。他们的策略颇似法国革命党的策略，因而难以得到中产阶级的支持。中产阶级在国会中仍无广泛的影响，但由于害怕革命，他们终于站到地主阶级一边。内阁茫然不知所措。《人身保护令》（*Habeas Corpus*）暂告无效，禁止召开煽动性会议的法令公之于世。全国纷纷举行示威，许多人从曼彻斯特出发，徒步到伦敦请愿，反对政府采取的措施。他们每人携带一条毯子，以备夜宿之用。这些人激怒了当局，他们的领导人被捕，其他人遂即散去。德比郡的另一次暴乱也被轻而易举地镇压了下去。

这些请愿活动和镇压措施反映了当时局势的严重性。劳动者一贫如洗，工业阶级和农业阶级之间存在着不可调和的矛盾斗争，国家经济极不平衡，战争债款多得惊人，公债持有者由于国家财政状况不稳定而惴惴不安。政府在 1797 年取消金本位制度，纸币大幅度贬值。1812 年，国会里的一个委员会建议恢复金本位制度。英格兰银行坚决反对，这一建议因此未能实现。皮特为了筹措军费而实行的所得税制度不得人心，工业中产阶级尤其反对。每年收入在 150 镑以上者必须交纳收入的 10%，不到 150 镑的税率略低。1815

年的所得税总额为 1500 万镑，在预算中占很大比例。工农业在战争结束时都受到影响。战争期间有许多人大量投资土地，以谋取较高的利润。战争结束导致农产品价格下降，地主们要求限制进口廉价小麦。这一要求得到满足。1815 年颁布的《谷物法》(*Corn Law*) 规定，如果国内每夸脱[1]小麦价格不超过 80 先令，则不许进口外国小麦。面包价格上涨，工厂主被迫增加工资，工人才免于饥饿。另一方面，工厂主们设法达到取消所得税的目的。这对他们有利，但影响了政府的预算。财政大臣尼古拉斯 · 范西塔特企图消除日益庞大的赤字，尽力稳定货币，但都未能如愿，经济萧条日趋严重。

1819 年，一个意外事件加深了政府的恐惧，也使它招怨更甚。五万多男女老幼在曼彻斯特城外的圣彼得广场举行抗议大会。当地的治安官头脑发热，在宣读《暴乱治罪法》(*Riot Act*) 之后，下令骑兵队上前冲杀，结果导致 11 人死亡，400 人受伤，死者中还有两名妇女。人们根据滑铁卢战役的惨状，讽刺地称这次事件为“彼得卢惨案”(Massacre of Peterloo)。它引发了广泛的不满，政府为了防止再次发生动乱而采取了强硬措施，使不满情绪进一步加深。政府颁布了限制集会的六项法案，授权地方治安官没收煽动性的印刷品，禁止私自进行军训，对报刊征收重税以限制激进派报纸的发行，不许随便签发逮捕令和举行审判。不久，一个反对整个内阁的阴谋暴露了，一小撮阴谋者在凯托街埃奇韦尔路被捕，他们在那里密谋趁晚宴之机杀害所有大臣并夺占英格兰银行。

政府违反英国自由传统的行为激怒了辉格党人，他们认为，“彼得卢”事件不应成为侵犯公民权利的借口，并要求对这一事件进行调查。自由受到威胁，因此他们深深懂得这场斗争的意义。他们被多数票压倒之后，对失败却安之若素，因为他们也同托利党人一样，被欧洲各地普遍出现的社会动乱吓破了胆。同大多数欧洲国家相比，英国还算比较顺利地冲过了这些动荡的年

1 Quart，容量单位，1 夸脱（英制）约合 1.14 升。——编者注

代。动乱不已的国际局势使人们对国内问题难以提出谏议。到 1819 年底，贸易和农业大有发展。以罗伯特·皮尔为主席的一个委员会建议恢复金本位制度。罗伯特·皮尔是个年轻的托利党政治家，24 岁时就开始担任爱尔兰事务大臣。他向国会提交了一项议案，并使之获得通过。法案体现了委员会报告的基本精神。一位非内阁成员的下院议员终于使货币得到稳定。当时地主阶级的处境比较艰难，为此颇有怨言，但英国似乎渡过了一场危机。

*　　　*　　　*

英国王室的个人问题再次成为举国瞩目的对象。战胜拿破仑是王权和君主制的胜利，但法国革命也给大多数欧洲国家的公众舆论打上了共和的烙印，许多君主由于自身的蠢行和无能而成为批评和攻击的目标。英王乔治三世长期以来时常疯癫，因此政治家们被迫认真应对王位经常空缺的局面。1788 年，国王初次癫狂，首相皮特面临严重的政治危机。皮特同福克斯和辉格党人在威尔士亲王应否行使摄政王权力的问题上发生激烈的争执，幸亏乔治三世突然恢复理智，这场争执才得到解决。1810 年，乔治三世陷入不可救药的疯癫状态。他又活了十年，蓄着长长的银须，穿着紫色的晨衣终日在温莎城堡的走廊上踱来踱去。威尔士亲王成为摄政王，行使着无限的王权。他留用了托利党谋臣，全力支持对法战争，使他的辉格党老朋友们惊讶不已。不管乔治四世有何缺点，他担任摄政王时坚决支持威灵顿和卡斯尔雷，并且尽力抵抗拿破仑，因而在英国历史上独占光辉的一页。

汉诺威王室在英国的土地上已经根深蒂固。乔治三世在幸福的中年时代被称为“庄稼汉乔治”（Farmer George），深得民心。当一小撮疯狂的清教徒在神经错乱的贵族戈登带领下发动暴乱之时，伦敦陷入一片恐慌，他是唯一保持镇静的人。他经受了美国独立战争的打击。他深受民权的爱戴，却没有受到民权领袖的尊重。他娶了德意志公主夏洛特为王后。夏洛特为他生了很多儿子，有七个长大成人，但其中竟无一人为王室增光。

宫廷像一个德意志小公国，死气沉沉，狭隘古板。即将成为乔治四世的活泼少年反抗讲究礼数的母亲和过分节俭的父亲，他善于交际，往往结交那些可疑人物，因此同家里人更加疏远。在他年幼时，他的弟兄就被送到德意志去接受纯粹的条顿式教育[1]。乔治是王储，必须具有英国生活背景。他同查尔斯·詹姆斯·福克斯、理查德·谢里登和博·布鲁梅尔等密友交往，很快便具备了18世纪英国绅士的特点：四处举债，服饰华丽，侃侃而谈。他的天赋和鉴赏力没有用到正当的方面，感情冲动常常使他滥用自我表达能力，纵情作乐影响了他对事物的判断力，轻浮思想有损于他的举止。每当享乐思想同国王职责发生冲突时，他总是把享乐放在首位。他虽然和蔼可亲，可他身为摄政王和国王时却常有孤独之感，这种处境充分显示了他的性格弱点。

1784年，乔治王子开始钟情于一个与他不相配的妇女。玛丽亚·菲茨赫伯特不仅出身微贱，而且是个天主教徒。她品行端正，只有正式结婚才能使她感到满意。欧洲最坚定的新教国家的王储，竟然执意要娶一个已经两次守寡的天主教妇女，乔治王子的辉格党朋友们对此无不感到惊讶。根据《王室成员婚姻法》(*Royal Marriages Act*)的规定，这样的婚姻是非法的，乔治的行为既不利于他的名声，也有损于他的身份。这种关系在开始时处于秘密状态，而乔治性情倔强，很快便成既成事实。菲茨赫伯特夫人一本正经，沉默寡言，很难对乔治有长期的魅力。他们的关系公开不久又转入地下。数年后乔治同她一刀两断，他又开始了一段合法而门当户对的婚约。

1796年，乔治遵父母之命同德意志不伦瑞克公国的卡罗琳公主结婚。新娘喜欢喧闹，性格反复无常，而且相貌平平。乔治见到她时不禁一怔，然后便呼酒买醉，在婚后的24小时里烂醉如泥。又过数日，他给妻子写了一封

1 Teutonic grounding，因条顿泛指德意志，故此处意为乔治四世的弟兄们回德意志接受传统教育。当时英国人普遍认为德意志教育落后于英式教育。——编者注

信，解除她在婚姻方面的义务。此后的几年里，他在杰西夫人那里寻欢作乐，对卡罗琳的仇恨则日甚一日。他和卡罗琳只过了一段短暂的婚居生活，生了一个女儿，这位高尚热情的夏洛特公主对父母都不满意。1814 年，乔治把妻子赶出宫廷。卡罗琳同他大吵一场后前往欧洲旅行，发誓等丈夫继位时再回来烦扰他。

英国政府为王位问题感到不安。夏洛特公主嫁给萨克森－科堡公国的利奥波德王子，后来他成为比利时国王。1817 年，她在分娩时死去，婴儿也没有活下来。乔治的弟弟们都是行为古怪的人，完全不得人心。威灵顿说，他们是“任何一届政府都难以忍受的对象……他们直接侮辱了英国三分之二的绅士”。他们令人厌烦，也无合法子女。但他们都清楚地意识到，他们的重要地位可以在王族的婚姻市场上为政府获得高价。他们多半早已同女人有过长期关系。1818 年，顺从的克拉伦斯公爵和肯特公爵履行了他们作为王室成员的职责，因而获得一笔金钱。肯特公爵同一个德意志人结婚，然后退居直布罗陀施展他的军事才能，他们的女儿便是未来的维多利亚女王。

威尔士亲王长期以来一直考虑同行迹四方的妻子离婚，利物浦领导的政府为此深感不安。亲王的奢侈生活以及他在布莱顿和温莎进行的耗资巨大的建筑试验使他们颇为担心。国会里有人发表了敌对的演说。最坚定的托利党人掌玺大臣坚决反对国王离婚，主教委员会采取了同样的态度。但是乔治不肯罢休，他建立一个专门委员会，调查卡罗琳公主的行为。委员会的人火速奔向意大利，从卡罗琳令人讨厌的随行人员那里搜集证据。1819 年 7 月，政府接到一份报告，里面有不利于卡罗琳的大量证据。乔治非常高兴，而利物浦和内阁大臣们则感到失望。自 1714 年以来，王室内部的纠纷始终为党派之间的政治斗争提供炮弹，反对派此次必然也会乘机支持受到伤害的王后。

卡罗琳公主的主要法律顾问是辉格党少壮派当中最能干的亨利·布鲁哈姆。此人聪明机智，野心勃勃，不择手段。他虽然不能确信公主无辜，却看出这件案子对辉格党意义深远。他秘密地同政府建立了关系，希望达成妥协方案，以便使自己能加官晋爵。1820 年 1 月，疯疯癫癫的老国王驾崩，新君主的配偶问题必须加以解决。乔治四世身患重病，但他对卡罗琳的仇恨反而成为动力，促进了他的康复。他坚持要把卡罗琳的名字从教堂的礼拜仪式中去除。内阁战战兢兢地呈上一份奏折，指出难以照办之因。可是乔治已是国王，他威胁说，要把他们全部撤职，并扬言要返回汉诺威。辉格党人看到国王如此坚决，同托利党人一样惊讶不已，他们也担心这样的结局对国会和政界之外的社会舆论产生不良的影响。不管后果如何，丑闻都会暴露，使英国君主制陷入名誉扫地的危险境地。

卡罗琳亮出了她的底牌。1820 年 4 月，她在伦敦的报纸上发表了署名公开信，攻讦她的敌人。这封信轻而易举地赢得伦敦金融界的同情。高级市政官伍德同她建立了频繁的联系，并保证对她的归来给予热烈欢迎。极端派认为，羞辱老派政党的机会到了。政府竭尽全力，派布鲁哈姆前去阻止卡罗琳王后返回英国。他在圣奥默同王后进行了短暂的会谈，可是王后得到极端派的鼓励之后更加固执，不肯罢休。她于 6 月在英国登陆，在人们的欢呼声中从多佛前往伦敦，她的马车一路上几乎都是由兴高采烈的支持者拉着前进。她的到来激起了人们的热情。

政府被迫决定处理这个问题。上议院成立了一个秘密委员会。根据这个委员会的报告，利物浦同意，如果证明王后有淫乱之罪，就提出处罚议案。对英国现状不满的情绪此刻转移到对王室的全面调查中来，每一个王室成员的所作所为都受到无情的调查。金融界的极端派发动了一场策划周密的支持王后运动。由于没有缓和的余地，布鲁哈姆也采取了支持王后的立场。在卡罗琳的伦敦住宅外面，每天都有许多人为她欢呼，她在公共场所出现时更是欢声雷动。公认的反王后的政客在马车里遭到石块袭击。威斯敏斯特宫 7 月开始举行听证会。在漫长的会议期间，总检察长站在政府的立场上，提出了从卡罗琳的流动宫廷中找到的并不可靠的意大利证人。卡罗琳的掌礼官伯加米把他的许多亲戚安插在卡罗琳周围，授予各种伪职。这班乌合之众已在地中海沿岸国家游历多年，受到当地政府的嘲笑和侮辱。利欲熏心的男仆和侍女在威斯敏斯特宫当众提出矛盾百出的证据，人们兴致勃勃地听着关于下流服装和猥亵行为等内情。伦敦的报纸公开攻击英语不纯、相貌丑陋的证人，说他们的证词并不可信。利·亨特[1]写了一首讽刺诗：

你发誓——你发誓——
“是的，先生。”[2]
你通过两层门看见她陷入淫思吗？
“正是；先生——是的，先生！”[3]

当时的一位史学家写道：“全国民众在15天里的行为实在是可恨。”布鲁哈姆带头为卡罗琳辩护，他拿出乔治在1796年为了解除他妻子的一切婚姻义务而写的那封信，收到良好效果。不难证明，仅凭那些互相矛盾的证据，没有充分理由执行《特别处刑法案》(*Bill of Pains and Penalties*)中有关离婚的条款。他大胆地攻击幕后操纵这件案子的国王本人，并引用《失乐园》(*Paradise Lost*)中的一段话恶毒影射乔治的肥胖：

另一形象——似影像而实非影像，
因为它肢体迷离；
但它又非物质，因为只如阴影无痕迹，
似影又非影，似质又非质……
上端突出若头颅，

1 Leigh Hunt(1784—1859)，英国作家，曾讽刺摄政王时期的乔治四世为“50岁的肥胖版阿多尼斯(Adonis)”，并因此被监禁。——编者注
2 作者此处用的是意大利语，以讽刺证人英语不纯正。——译者注
3 作者此处用的是意大利语，以讽刺证人英语不纯正。——译者注

有物覆盖似王冠。

上院议员们认为王后有罪，但不确定离婚是否明智，因此《特别处刑法案》仅以九票的多数在上议院获得通过。辉格党人看到和解的可能性已经消失，便投了反对票。他们的领袖格雷伯爵宣布，他确信卡罗琳无罪。内阁发现《特别处刑法案》在下议院难以通过，便将它撤回，这个问题也就不了了之。伦敦的民众举行狂欢活动，全城灯火通明。大臣宅第的窗户被捣毁。西德默斯勋爵曾经小心地不让他的女儿们阅读有关这件案子的报纸，到头来却是第一个遭殃。但是，民众的热情很快就平息下去。政府提出给卡罗琳五万英镑的年金，她尚未高傲到拒绝这笔巨款的程度。这场危机导致的一个政治后果便是坎宁辞职，他同卡罗琳王后的关系一直很好。皮特的这个得意门生在1816年重入内阁，担任监督印度政府的管理委员会主席，他在其他方面也颇有影响。当时他的辞职对于政府是个严重的损失。

在这场闹剧结束之前，又发生了两段令人不快的插曲。1821年7月，乔治四世在威斯敏斯特大教堂隆重加冕。卡罗琳企图闯进大教堂，由于没有入场券而被挡驾。一个月后，她的生命结束了。当局企图把她的棺材偷运出境，未能得逞。市民乱哄哄地在伦敦闹市区顺利地进行了出殡游行。这是极端派在这场风波中取得的最后胜利。

王后问题引起的骚动实为民众不满情绪的发泄。这标志着战后极端主义运动达到了高潮。1820年底，工商业开始复兴，群众骚乱逐渐平静下来。人民本能地回到国王身边，国王的个人缺点并未给悠久的英国传统带来多少影响。1688年革命所确立的君主制决不会轻易被抛弃。坎宁低估了英国的强烈保守主义倾向。贝德福德公爵在这场危机中曾惊慌失措地说道："君主制完了。"埃尔登的判断则比较准确。他说："下层社会都站在王后一边，中上层社会则站在国王一边，只有那些浪子和企图通过不法途径谋取权力的人除外。……下层社会无疑有聚众闹事的倾向，可是它受到密切的监视，不会出现大乱。”

坎宁的辞职并没有消除这场风波的政治影响。主要由年事已高的保守派组成的托利党政府受到严重削弱，它得不到社会舆论的支持，亟须补充新鲜血液。辉格党人也被迫承认他们缺乏群众基础，年轻的议员们看到，“辉格党同人民之间悠久而自然的联盟”危在旦夕。于是，他们又开始关心议会的改革，这个问题不久便成为当时的核心议题。

第二章 CHAPTER 2

坎宁与威灵顿公爵

在英王乔治四世执政的十年间，传统政治力量的格局迅速瓦解。100 多年来，辉格党和托利党在下议院因政见不同斗争激烈。同时，辉格党也内斗不止。现代学者们对宗亲关系和商业利益进行了深入的研究，他们企图证明，英国在 18 世纪根本不存在两党制。如果历史学的标准必须是客观严谨，那么只能说，在朝者受到在野人士的强烈反对，二者之间是许许多多持中间立场的绅士，他们心平气和，准备支持上台的任何一方，对于议会斗争的伟大时代来说，仅仅作出这样的结论是不够的。朝野两派不妨有个名字，那么为何不使用双方的支持者为对方扣上的“辉格党”和“托利党”这两个名字呢？不管怎样，托利党政府至 19 世纪 20 年代已经连续执政 30 年。

托利党政府成功地领导英国进行了空前持久而极其危险的战争。它经受了战后五年动乱的冲击，当然，它的名誉也受到了影响。工业革命为政府工作带来了一系列具体问题，不管是辉格党还是托利党的贵族或农业集团，均无力加以解决。19 世纪要求人们对政府的职责作出新的解释。正在形成的新原则和新定义将打乱传统的政治党派，使它们在维多利亚时代重新组合。这个过程需要很长时间，但小皮特的政党已经开始动摇，受到很大压力。皮特把当时日益壮大的商业集团争取到托利党一边，他的自由贸易政策和政府的有效统治也赢得了罗伯特·皮尔的父亲和威廉·格拉德斯通的父亲等工业界领袖的支持。遗憾的是，皮特树立的传统在战争的烽火中遭到破坏。他的年轻信徒们努力贯彻他的政策，无奈掌权者缺乏像他那样的威望和远见。地主阶级同新兴商人阶级之间的联盟倘若不善加爱护，势必趋于瓦解。小麦种植者和工厂主没有共同利益可言，皮特在世时他们就开始互相斗争。到皮尔执政时期，双方最终决裂。战争结束以后，农产品价格下跌，关于《谷物法》的争论无休无止，双方的冲突从那时起便有增无已。卡罗琳的离婚使政府威望扫地，削弱了它的力量。那时，人们尚未期望政党为全国制订宏伟的行动计划，可是连支持利物浦政府的人也感到，它除了维持现存制度之外似乎毫无作为。

以乔治·坎宁为首的托利党少壮派得到商人阶级代言人威廉·赫斯基森的支持，主张恢复皮特的自由贸易政策和英明的贸易法案，但他们自己都难以团结一致。天主教徒的解放问题很快致使托利党内部分裂，使它遭到自己内部一代人的反对。罗伯特·皮尔在统治爱尔兰的六年间，成功压制了当地严重的不满情绪和即将爆发的叛乱，维护了英国政府的统治地位。他认为，“体面的专制政府对于爱尔兰是最合适不过的”。他刚柔相济，实现了相对安定的秩序。其实，他的手段及其效果均未博得爱尔兰人的好感。他回国时确信，天主教徒的解放不仅会危害爱尔兰的新教教会，也会危及英国的整个政治制度。在 19 世纪远未结束之时，历史就已证明这个论断是正确的。皮尔成为和坎宁争夺未来党内领导权的竞争者。个性使竞争变得更为复杂。坎宁在策划和发动伊比利亚半岛战争方面发挥了重要作用。他主要关心外交事务，可是在他同卡斯尔雷发生争执时，外交领域似乎成了他的禁区。老一代的下院议员不信任他。他聪明、机智、活跃，然而他爱讽刺别人，因此树敌甚多。所以，关于他不可靠的说法不胫而走，他的上司认为他是一个阴谋家。

他在 1820 年因国王离婚问题而辞职时，一位托利党上院议员意味深长地说："我们现在甩掉了那些可恶的才子。" 1822 年 8 月，坎宁被任命为印度总督。他接受了这次体面的流放，政治生涯似乎就此告终。这时，命运女神出手干预了。当接他东行的船只驶向泰晤士河上游时，卡斯尔雷由于工作劳累过度造成精神失常，在自己家更衣室里自刎身亡。坎宁此时成为政府不可缺少的人物，即刻受命成为外交大臣。从此时到他五年后逝世，坎宁一直主宰着英国的政治事务。

内阁进行了改组，皮尔主管内政部，赫斯基森主管贸易部。下议院有了三名重要的内阁成员。1815 年，四分之三的内阁大臣是上院议员。在后来的几年里，托利党的统治更加开明。坎宁、皮尔和赫斯基森奉行大胆的政策，这些政策在许多方面优于辉格党人的主张。皮尔改革了刑法，创建了伦敦警察队伍。赫斯基森全面审查了关税制度，继续推行皮特尚未完成的使命，取消不合理的税收和改革关税制度。坎宁主张在国内小麦价格上涨时按比例降低小麦关税，这一措施必然引发托利党内冲突。他意识到当时的经济萧条将导致政治危机，并且说"我们面临财产和人口之间的尖锐矛盾……只有通过宽容和开明的立法活动才能避免这一矛盾"。他主动担负起这一光荣使命，可是在危机真正来临时，反倒是皮尔挺身而出应对危机。

年年提的《天主教解放法》(*Bill of Catholic Emancipation*) 又被提了出来，这令支持政府的保守派感到不安。坎宁坚决维护当时的选举权制度。他认为，通过长远的商业措施和顺应民心的外交政策，可以避免议会改革的问题。但是，他没有足够的时间认识到这一看法是错误的。

*　　　*　　　*

西班牙危机是坎宁担任外交大臣以后遇到的第一个问题。曾经领导西班牙人民反抗拿破仑的民众领袖，现在起来反对独裁的波旁政府，成立了革命政务会，并以1815年的法国宪法为范本制定了宪法。坎宁曾经支持1808年的西班牙民族起义，自然对此表示同情，而梅特涅和神圣同盟则认为，这次起义迅速蔓延到波旁家族建立的那不勒斯王国，是对君主制原则和整个欧洲的威胁。1822年秋天列强在维罗纳召开了一次大会，商议为波旁王朝的利益介入西班牙事务的问题。威灵顿作为英国代表出席会议，临行前卡斯尔雷吩咐他说，英国不参与这种行动。坎宁非常赞成这一主张，并在英国广为宣传。的确，英国的传统外交政策一直是反对干涉别国内政。奥地利和俄国决意采取行动，从前的敌人、渴望重振雄威的法国充当了它们的工具。复辟的波旁王朝害怕起义者，建议派兵到西班牙为费迪南德国王恢复专制权力。维罗纳会议同意了这个要求，而坎宁不愿介入此次事件。与此同时，伦敦市民情绪激昂，英国志愿兵纷纷到西班牙去帮助“自由党”。“自由党”一词从此进入了英国政界，而“保守党”一词则源于法国。坎宁同样反对公开支持“西班牙的自由事业”，因此受到辉格党人的攻击。英国国内的这种意见分歧对西班牙起义的结局毫无影响。法军没有遇到有力的抵抗，西班牙自由战士退到加的斯，很快放弃斗争。

欧洲舞台之外出现了一个更大的问题。英国并不关心西班牙的政体，但200多年来，她始终在争夺西属南美殖民地的贸易市场，因此这些殖民地的自由对她至为重要。在拿破仑战争期间，这些殖民地尝到了自治的甜头。波旁王朝在马德里复辟以后，殖民地并不欢迎恢复西班牙国王的统治，安第斯山脉处处燃起争取南美解放的烽火。坎宁担任外交大臣时，地图上的大多数共和国虽不稳定却已独立。自1814年以来，英国同这些地区的贸易额增加了两倍。如果法国或神圣同盟干预新大陆的斗争，派欧洲军队到那里镇压叛乱者，那么这一切都将付诸东流，甚至会有更大的损失。坎宁为此忧心忡忡。英国商人对危机很敏感，他们全力支持坎宁，这一点十分必要。坎宁果断采取了行动，呼吁美国同英国联合起来反对欧洲国家对南美洲的干涉。在美国人反复考虑这个建议的时候，他也同法国人进行了接触。法国无意同英国进行海外冲突，她保证不在南美洲使用武力，否认在那里有殖民野心。神圣同盟因此也无法行动。坎宁后来以胜利者的口吻说道："利用新大陆保持了旧大陆的均势。"

新大陆有它自己的想法。美国不希望欧洲的冲突转移到大西洋彼岸，她早已承认拉丁美洲主要共和国的独立。她不希望野心勃勃的欧洲王子来到民主的美洲登基为王，更不希望欧洲人再来美洲掠夺土地，进行殖民活动。于是，坎宁提出的英美联合发表声明建议产生了吸引力，杰斐逊[1]和麦迪逊[2]这两位前总统同意门罗总统的看法，认为坎宁的建议意义深远、值得欢迎。他们不仅考虑来自欧洲的威胁，还极为关注俄国的太平洋计划。俄国人占领了阿拉斯加，沙皇的领土要求包括美国西海岸到加利福尼亚的广大地区，他的特务在这些地区相当活跃。门罗的国务卿是约翰 · 昆西 · 亚当斯，他生来小心固执，对英国抱怀疑态度。亚当斯不信任坎宁，认为"他心计过多，不宜为大臣"。他主张美国根据自己的意志行事。如果有朝一日古巴或者加拿大希望加入美国，那么美国同英国发表有关美洲不可战胜的联合声明是否会削弱这种可能性呢？看来，美国保持超脱的态度实为上策。亚当斯在日记中写道："我们与其像运输船一样尾随英国军舰，倒不如名正言顺地向法国和俄国公开阐明我们的原则。"1823 年 12 月 2 日，门罗总统在致国会的年度咨文中提出了纯粹的美国政策，即门罗主义。从此，人们在谈到美洲事务时常常提及这条原则。门罗说："美洲大陆由于获得并保持了自由和独立，再也不应被视为任何欧洲强国进行殖民活动的场所。……我们应该认为，它们要把它们的（政治）制度扩大到美洲某个地区的企图，威胁着我们的和平与安全。"这是一个有力的声明。这一声明之所以能够为其他国家所接受，是因为友好

---

1 Thomas Jefferson（1743—1826），美国第三任总统（1801 — 1809 年在任）、开国元勋之一，《独立宣言》主要起草人。——编者注

2 James Madison（1751—1836），美国第四任总统（1809—1817 年在任）、开国元勋之一，《联邦党人文集》主要作者之一，也是美国《宪法》的起草和签署人之一。——编者注

的“英国军舰”担负着警戒任务，可是这个事实很少得到公开承认。在近100年的时间里，英国皇家海军始终是美洲自由最坚强的保卫者，美洲大陆在它的保护下，才得以从容地开创自己的未来。

门罗主义不仅是对独裁国家的警告，也是对英国的警告。坎宁知道，美国人在美洲占据主导地位，在那里同他们竞争和对抗有很大的风险。他决心避免可能使英国处于尴尬境地或危害她利益的任何冲突。可是，就尚未出现的危险进行争论是没有意义的。坎宁发表了既简洁又中肯的声明：“美国公开要求成为全美联盟的首领，并利用这个联盟反对欧洲（也包括英国）。这个要求同我们的利益不一致，也不是我们能够支持或容忍的。不过，抽象地驳斥此要求毫无益处，而我们也不应该对它表示似乎赞同的意见。”

不久以后，英国正式承认南美国家的独立。乔治四世对共和制国家不怀好感，他和坎宁的许多同僚曾极力反对这一做法。他甚至拒绝宣读国王演说，因为演说表示承认南美国家的独立。后来，大法官勉强代读了这一演说，所以坎宁的主张占了上风。他对南美洲采取的策略可以说是他在外交政策方面最大的胜利。然而，还有更多事务等待他决断。

* * *

在抗击拿破仑最艰苦的年代里，英国在军事方面尽力保卫葡萄牙。此时我们的老朋友又需要援助了，南美洲也再次卷入冲突。葡属巴西殖民地宣布独立，并令人吃惊地拥戴驻扎当地的一名葡萄牙亲王为统治者。坎宁承认了新生的巴西帝国，而且力劝葡萄牙也予以承认。不过，这时形势发生了新的变化。葡萄牙国王驾崩，王位成为争夺的对象。合法继承人是巴西皇帝的女儿，她年仅八岁，自由派和立宪派都站在她的一边。她的叔叔也要求继承王位，他是一个专制主义者，得到神圣同盟的支持和西班牙的积极援助。英国的一贯政策是，不容许里斯本落入不友好国家的控制之下，而此时似乎整个葡萄牙将受到独裁国家的干涉。根据古老盟约的规定，英国于 1826 年 12 月派兵到塔格斯河沿岸。坎宁在下议院阐明了自己的观点，他说，这次部队调动并不是为了“把某种政体强加于人，而是为了维护一个盟国的独立”。英国驻里斯本大使描写了皇家海军舰只在塔格斯河上出现时的热烈场面。他写道：“现在谁也不怕成为立宪主义者了……英国采取了行动，她的一些部队已经到达此地。雄狮一旦醒来，则气冲霄汉。”然而，葡萄牙问题只是暂时得到解决，它将给坎宁之后的几任外交大臣带来无限烦恼。

此时，地中海东部也发生了一场危机。被土耳其占领了 400 年，希腊人心里萌生了独立思想。他们发动起义，在 1822 年宣布独立。英国人对此普遍表示支持。希腊革命鼓舞着那些有识之士，他们深受塞莫皮莱[1]战役和萨拉米斯[2]战役的影响，伦敦的开明人士积极主张给予支援。人们纷纷捐款，诗人拜伦[3]和其他英国志愿者前去援助希腊人。拜伦在迈索隆吉翁牺牲之前大失所望。希腊的崇高事业几乎被内讧所葬送，这在希腊史上不是第一次，也不是最后一次。如果没有欧洲强国的支持，希腊人就会被迫屈服。在令人生畏的埃及统治者穆罕默德·阿里派出的援军支持下，土耳其苏丹几乎无往不胜。欧洲国家彼此不和，这对希腊人十分不利。希腊革命分裂了神圣同盟，奥地利和俄国站到了敌对的立场上。坎宁同卡斯尔雷在世时一样，力主斡旋。另外，他担心俄国出面干预，在希腊建立仆从国，并迫使土耳其人屈从俄国。如果俄国夺取土耳其的利益来壮大自己的力量，那么英国在中东和印度的利益一定会受到威胁。所谓“东方问题”就是从这里起源的，它日益严重地烦扰欧洲各国，直到第一次世界大战为止。经过复杂的谈判，英法俄三国在 1827 年达成协议，向土耳其提出条件。英国和法国各派舰队到希腊海域援助

---

1 Thermopylæ，希腊的一个山口，希腊人于公元前 480 年在此英勇地阻击了波斯人。——译者注
2 Salamis，雅典附近的一个小岛，希腊军舰于公元前 480 年在该岛附近的海战中打败了波斯人。——译者注
3 George Gordon Byron（1788—1824），英国伟大的浪漫主义诗人，代表作有《唐璜》等。——编者注

希腊人。这是坎宁在外交事务中的最后成就。这场希腊剧的下一幕将在他死后演出。

坎宁的同事们对这位外交大臣的举措越来越挑剔。威灵顿对坎宁的政策特别感到不安，认为他行事轻率。多亏利物浦首相的调解，政府中两派人士才没有决裂，可是他在 1827 年 2 月突然中风，引起了严重的政治危机。坎宁的外交政策和赫斯基森的内政方针使他们与托利党内的老党员渐行渐远。那么谁能领导政府呢？托利党的前途迷茫。他们应该采取威灵顿的政策，还是应该采取坎宁的政策呢？首相人选仍须国王确定，乔治四世犹豫了一个月才作出决定。辉格党人无力组阁，他们内部四分五裂，也没有希望获得多数选民的支持。所以，必须由托利党中的某一派组阁。利物浦内阁中的许多大臣拒绝在坎宁的领导下任职，威灵顿和埃尔登也持同样的态度。另一方面，坎宁渴望得到一些辉格党领袖的支持。是否应该建立辉格党和托利党的联合政府呢？这将会打破英国历届政府的组织惯例。是否应该建立托利党的绝对统治呢？这样不仅会遭到下议院的反对，全国民众也不能接受。那么是否可以找到某个中间人物在党派争雄的形势下组建温和政府呢？在后来的几个星期，温莎城堡里的人们异常激动，每次就餐时必定进行一番长谈。他们不久便发现，没有坎宁和他的朋友们就无法组织政府。坎宁坚持必须完全满足他的要求，否则就不出面组阁。他最后说服了国王。他说：“陛下，先王打破了辉格党的垄断地位，我希望您不要打破托利党的统治地位。”乔治四世回答说：“不会的，如果我那样做，必将受人诅咒。”1827 年 4 月，坎宁出任首相，掌握了百日最高权力。

坎宁组阁预示着 18 世纪的政治体系即将瓦解。他能够上台执政，是因为辉格党中的一派对他比较友好。他在下议院失去了唯一能干的托利党领袖罗伯特·皮尔，此人辞职有其个人原因，同时也因为他知道坎宁主张解放天主教徒。托利党的反对派和辉格党顽固派与新政府势不两立。假如坎宁能够多活一段时间，他的追随者就会建立一个新的政党。可是，他患病没多久就于

8月8日逝世。他也和卡斯尔雷一样，由于劳累过度去世。

坎宁对这个新世纪的政治形势有着决定性影响。无论在战争年代还是在和平时期，他都表现出深谋远虑和积极果断的特点。他头脑敏锐，性情急躁，党内朋友感到难以同他共事。正如他的朋友沃尔特·斯科特爵士所说的那样，他不太谨慎。尽管如此，皮特传统的正确一面却由他继承下来并传给后世。他在许多方面支持英国社会的新潮流，并同报界保持密切的联系，懂得如何利用报刊为政权服务。同查塔姆一样，他的政治权力主要以公众舆论和深得民心的外交政策为基础。他主张解放天主教徒，可见他的见地高于大多数托利党同僚。他反对议会改革的态度使所有同法国革命有联系的英国政治家怨声载道。他后来可能改变了这种反对立场。至少可以说，面临分崩离析的托利党人在他死后最终改变了态度。迪斯累里是这个杰出人物的见证人，他写道："我只见过坎宁一次，但他那微妙的表情犹历历在目，他那悦耳的声音仍萦回耳际。"

* * *

坎宁在紧要关头逝世对国内外的政治局势产生了重要影响。由他的追随者、辉格党内的朋友和一些托利党人组成的临时政府笨拙地应付着局面。政府首脑是性情柔弱的戈德里克勋爵，他曾任财政大臣。大多数托利党人在皮尔和威灵顿的领导下持反对态度。辉格党大臣和托利党大臣发生分歧，破坏了政府内部的团结。在执行坎宁制定的不干涉希腊这一政策过程中出了点意外。虽然塔列朗针对不干涉政策恶毒地说道，"这个抽象的政治字眼几乎同干涉是一个意思"，但这一政策确实是很有意义的。曾经跟随纳尔逊进行特拉法尔加战役的舰长科德林顿已经升任海军上将，统率着希腊海域的英法联合舰队。他自作主张，在纳瓦里诺湾打垮了整个土耳其舰队。英国人大为吃惊，担心俄国人乘机浑水摸鱼。这次海战对希腊人极为有利，但国王在国情与施政演说中说它是一次“不幸的事件”，胜利者科德林顿几乎受到军事法庭的审判。当时政府由于辉格党的阴谋而分崩离析，很快就垮台了。辉格党不可能组成一党政府，它力量薄弱，缺乏有力的领导。威灵顿和皮尔接到组阁的邀请，他们接受了这个使命。威灵顿担任首相，皮尔担任内政大臣和下议院议长。这些老派的托利党人还将进行一次搏斗，这是一场顽强的保卫战。

新政府的政治观点很简单，他们要保卫现存的制度，认为他们是维持秩序的中流砥柱，只有在不可抗拒的压力之下才决定后退。皮尔是英国最有才能的大臣之一，可是他只善于管理日常事务。公众意见只有引起全国的注意并成为不可逃避的政治现实时，才能得到他的重视。政府作出的第一个让步，是通过了反对派要求废除《宣誓法案及结社法案》（*Test and Corporation Acts*）的提案。这个法案剥夺了不信奉国教者担任公职的权利。如今他们经过长期的斗争，终于获得了政治权利和平等地位。天主教徒没有获得此项权利，他们的解放不只是原则问题，也不只是实现宗教平等的一个步骤，而是与大英帝国利害攸关的问题。英国政府的最大败绩是爱尔兰问题。在反拿破仑战争期间，爱尔兰人的不满和抵制严重削弱了英国的战略地位。从克伦威尔时代以来，少数新教徒一直控制着爱尔兰的政治事务和社会生活，爱尔兰人不会永远容忍下去。英国政府始终面临着爱尔兰发生革命的威胁。1815 年以后，天主教徒的解放问题成为政治领域的主要分界线，它使坎宁一派和辉格党人同威灵顿和皮尔之间出现了一条鸿沟。英国的政治家们凭着“君子协定”（gentlemen’s agreements）年复一年地推迟解决这个问题。但爱尔兰人的忍耐是有限度的，他们在丹尼尔·奥康奈尔的领导下组织起来，掀起猛烈的反英运动。奥康奈尔是个地主，同时也是一名律师，他主张爱尔兰在英王统治下实行自治。他本人不是革命者，而是一个极具煽动力的讲演家，他的演说能够激起人们进行暴力反抗。

一个不起眼的政治事件引起了轩然大波。坎宁派的领袖威廉·赫斯基森和他的追随者一起被赶出政府，信奉新教的爱尔兰地主维西·菲茨杰拉德获得提拔，弥补了职位空缺。当时任命大臣需要选民进行补缺选举，因此在克莱尔郡举行了投票活动。奥康奈尔是天主教协会推荐的候选人。根据法律，他当然没有资格当选为国会议员。然而，尽管当地新教绅士极力反对，他仍然胜利当选。这是一个十分敏感的问题。如果英国政府拒绝给予天主教徒选举权，爱尔兰就会爆发革命，继而引发国内政治灾难。

皮尔是从爱尔兰起家的政治家，他一贯反对向天主教徒作出任何让步。他的政治威望正是以此为基础确立的。他是牛津大学选区选出的议员，该选区捍卫国教最坚决。在这场日益严重的危机中，他难以作出决断。威灵顿的处境则稍好一些，他在这些问题上介入不深，因此可以相对客观地酌情定策。爱尔兰的局势一目了然，爱尔兰人组建的独立协会破坏了政府的统治，可行的对策只有解放天主教徒，或者再次征服爱尔兰。威灵顿在1828年8月向国王汇报了当下局势。他说："那里的统治权已经不在政府官员手中，而是被罗马天主教协会的煽动家们篡夺了。他们通过天主教士施加影响，以自己认为恰当的方式控制着那个国家。……我们在爱尔兰面临着一场暴乱……而在英格兰则有不可解散的国会，大多数议员认为……补救的办法是解放天主教徒。这些议员将被迫加入这场斗争，而不会去努力平息全国的情绪。"

爱尔兰的新教徒大为惊愕，如果爱尔兰发生暴乱，他们不会得到任何好处。天主教徒的政治平等地位对他们而言是一剂难以吞服的苦药。但是，如果天主教徒不获得解放，新教徒的整个定居区将处于危险之中。不是天主教徒获得选举权，就是新教徒丧失他们的地产。爱尔兰事务大臣在12月向皮尔明确阐述了这种危险："我可以肯定，南方的农民准备在奥康奈尔被赶出国会时乘机举事。在此期间，任何对天主教徒不利的事件都可能使他们提前采取行动。"英格兰反对派的一个成员在信中阐述了爱尔兰新教徒的看法，"我从权威人士那里得知，爱尔兰的许多奥朗日派新教徒对自己的处境感到震惊，他们以明确的语言表达了不惜任何代价解决争端的迫切愿望"。

威灵顿将军深知，要想镇压全国性的暴动是不可能的。他曾经目睹西班牙内战的过程。他出身于一个爱尔兰家庭，对这个海岛动荡不安的局势了如指掌。他明确地对上议院说："我和某些人一样，一生中的戎马生活比大多数人都长，而且我参加的战争主要是内战。我必须说明，倘若我能以任何牺牲使我所热爱的祖国免于哪怕一个月的内战，我不惜献出自己的生命。"

只有英格兰的主教、老派托利党人和国王反对天主教徒获得解放。主教和托利党人可能在投票中被多数所压倒，而国王却是难以克服的障碍。威灵顿和皮尔在温莎同国王商议过一次，结果未能如愿以偿，而且他们尚未同内阁全体成员商议。皮尔越发感到不安，而国王仍然固执己见。皮尔感到，当一个政府将要采取他在政治生涯中一直反对的某项措施时，他没有理由留在政府内，除非形势所迫。反对派可以迫使国会通过解放天主教徒的法案，这对皮尔没多大影响。他们得不到国王的支持，而法案要获得通过，这种支持必不可少。威灵顿没有皮尔的支持就无法通过这个法案，辉格党人没有国王的支持也无法达到目的。皮尔因此更加坚定。他辞去代表牛津大学的议员职务，赢得韦斯特伯里的议员席位。后来他同意站在威灵顿一边，才说服了害怕辉格党人执政的乔治四世。他亲自把解放天主教徒的议案提交下议院，这个议案在 1829 年以绝对多数获得国会通过。爱尔兰避免了一场革命，而英国托利党的团结又受到重创。在选举权未曾改动的情况下，托利党"元老派"仍有很大力量，他们始终没有原宥皮尔和威灵顿，他们认为后者的行为是对国教徒垄断英国权力这一原则的背叛。对托利党的追随者来说，该党的纲领有许多前后不一甚至互相矛盾的地方。但长期以来，保持新教统治地位一直是他们共同的政治目标之一。

威灵顿用军事眼光看待政治事务，因此提出决斗，旨在威慑批评者。温奇尔西勋爵在上议院批评首相时有失礼之处，指责他不诚实，结果遭到正式挑战。决斗在巴特西公园举行。年已花甲的陆军元帅威灵顿从容不迫，镇定自若。他干这一行比抚慰政客还要容易，他在一次发牢骚时把抚慰政客说成是"使先生们的所谓情绪平静下来"。他对自己的决斗助手陆军大臣说："哈丁，赶快开始吧，我没有那么多的时间可以浪费。该死！不要把他逼得离沟那样近，如果我刺中他，他会跌进去的。”双方均未受伤，温奇尔西签署了一份文件，表示收回他的影射攻击。当日，威灵顿去拜谒国王，并对国王说：“还有一件私事要禀报陛下，我在今天上午进行了决斗。”乔治和蔼地说，他很高兴听到这个消息。他历来主张绅士应努力捍卫自己的尊严。可是，政治斗争并不是决斗这么简单。

威灵顿政府并没有奉行开明政策的迹象。坎宁派官员辞职后，内阁里空缺的两个职位由威灵顿以前的两个参谋担任，这个副官式的军政府越来越脱离政界舆论，反对派的力量日益强大。但是，表面上一切静如秋水。乔治四世于 1830 年 6 月去世，脖子上挂着菲茨赫伯特夫人的小画像。这位“欧洲第一绅士”（the first gentleman of Europe）没有受到臣民的长期怀念。在他生命垂危之际，他的情妇科宁厄姆夫人却忙着收拾细软。这位昔日风流倜傥的美男子，后来变得臃肿不堪，不愿在公开场合露面。他穷奢极欲，多年纵欲过度使天赋才能逐渐衰退。他不是天生的暴君但喜欢以独裁者自居。大陆上的君主专制摇摇欲坠，他才意识到，关于独裁的话题还是少说为佳。他的形象在维多利亚时代受到人们的诋毁。其实就他的行为而言，他和当时上流社会的大多数人所差无几。

*　　　*　　　*

克拉伦斯公爵继承了其兄乔治四世的王位。在乔治三世的儿子中，他的行为最古怪，但招怨也最少。他是在海军里成长起来的，继位前过着默默无闻的生活，只是在 1827 年经坎宁提拔才出任海军大臣。这段大臣生涯为时短暂，亦属荒谬可笑。他和一名女演员在布歇公园同居多年，最后被迫履行王室义务，同德意志萨克森－迈宁根公国的阿德莱德公主结婚。事实证明，阿德莱德心地善良，是合适的王后人选。威廉四世也同样性情温和，头脑简单。他常常喋喋不休，令大臣们十分难堪。在公共场合很难阻止他说出蠢话。在一次为内阁大臣和外国使节举行的正式宴会上，他像海员一样粗鲁地祝酒，还说出“居心不良者可耻”。在场的人十分尴尬。当他说完坐下时，一位客人向法国大使塔列朗问道：“尊意如何？”“妙哉！”塔列朗毫无表情地回答。

枢密院文书查尔斯·格雷维尔在日记中忧心忡忡，他不敢肯定国王能否在国会召开之时保持理智，可是国王和王后却颇得人心。王后并非冰肌玉骨的美女，但同已故国王乔治四世的私生活相比，她的朴实无华和恬静为王室生活带来可喜的变化。威廉四世有一次从御辇的窗子向外吐了一口痰，人群里立刻有人以责备的口吻说：“如果乔治四世活着，他是决不会这样做的。”尽管如此，国王的粗俗直率对下层社会颇具吸引力，毕竟伦敦社会的生活和礼仪并非以宫廷为准绳。

有人本来以为新国王可能会建立辉格党政府。他在继位之前，曾被威灵顿公爵撤去海军大臣的职务，可是他成为威廉四世以后，却对威灵顿表示欢迎，保留了他的职务。他处事公正的美名颇具政治价值，威灵顿证实了这一点。威灵顿说：“国王从登基到崩殂对我的恩宠实在是无以复加，而我在国王继位之前将他赶下海军大臣职位的无情手段也可谓举世无双，可他对此并无怨意。”“水手威廉”（Sailor William）确实需要宽大为怀，博取人心，狂涛巨浪即将席卷而来。法国再次爆发革命，波旁王朝气数已尽，这些消息飞过英吉利海峡时，英国已有山雨欲来风满楼之势。

第三章 CHAPTER 3

改革与自由贸易

1830年，欧洲的民主势力又开始抬头。法国发生了七月革命[1]，建立了奥尔良王朝[2]统治下的君主立宪制。新国王路易·菲利普是革命党人菲利普·厄加利代的儿子。菲利普·厄加利代曾投票赞成处死他的表兄路易十六，后来自己也被砍了头。路易·菲利普比他父亲明智正直，因而保住了18年的王位和自己的性命。巴黎革命鼓舞了比利时人，他们奋起反抗尼德兰王国[3]的统治，正是1815年和约迫使比利时被兼并。英国为该和约签订发挥了重要作用，她的一贯政策是支持低地国家独立，防止其中任何一省落入某个强国的控制之下。20世纪的人们自然清楚地记得，好几次大战以此为主要目标。1815年，低地国家合并为统一的尼德兰王国似乎是可取的尝试。它终于实现

1 The July Revolution，1830年7月法国人民奋起革命推翻复辟的波旁王朝，将路易·菲利普推上王位。法国七月革命拉开了1830年欧洲革命的序幕。——编者注

2 House of Orleans，七月革命后统治法国的君主立宪制王朝，因国王路易·菲利普出自奥尔良家族而得名。——编者注

3 Kingdom of the Netherlands，由尼德兰联省共和国中实力最强的荷兰省发展而来，1815年维也纳会议后，荷兰和比利时合并为尼德兰联合王国，1831年比利时独立。——编者注

了伊丽莎白时代奥朗日亲王威廉的梦想。然而，荷兰人和比利时人在语言、宗教和贸易利益方面都不一致，这些是难以逾越的障碍。比利时人要求自治，进而寻求独立。经过一系列外交斡旋之后，双方最终找到了和平解决的途径。同时，德意志和波兰也发生了一系列暴动。梅特涅和神圣同盟治下的欧洲受到强烈震动，不过尚未崩溃。

欧洲大陆上这些以和平方式为主的民主运动，受到英国人的热烈欢呼，它们的发展受到密切关注。只有托利党政府和威灵顿公爵似乎抱怀疑和敌视的态度。政府担心法国会吞并比利时，或者把它变成一个由法国王族统治的傀儡政权。这种忧虑不无道理。有人甚至怀疑威灵顿打算以武力恢复尼德兰王国，此论实属无稽之谈，因为维护和平是他的主要目标。反对派乐于把他并不承认的意图强加在他的身上，而这些谣传足以掀起波澜。在英格兰东南部，乡村和农庄里的贫穷引发暴动。在不断发展的城镇里，不满情绪使商人和工人采取了政治行动，骚动、动乱甚至革命呼之欲出，而实际上来临的却是一次大选。

辉格党人在大选中有所收获，不过并未取得绝对多数。辉格党领袖是格雷伯爵，他是福克斯的朋友和门徒。有人为推动某项重大改革徒然奋斗了40年，直到晚年才得以实现目标，这样的人实在寥寥无几，格雷就是其中之一。他曾于1806年在福克斯内阁中短期任职。从小皮特上台开始，他不仅长期在野，甚至不想进入内阁。如今他大显身手的时候到了。他是个地主，认为参与政治是迫不得已的社会义务，对他而言庄园生活胜过参加国会会议。他仔细研究了大陆上的动乱，发现它们并不像威灵顿想象的那样可怕。他对国内问题的看法也比较客观。格雷和辉格同僚们看到，滑铁卢大战之后的英国内部动荡源自两个完全不同的方面：一方面是中产阶级在国会里没有代表，他们家产殷实，受到法国革命的民主观点之影响，值得尊敬，他们渴望政治权力的同时奉公守法；另一方面是满怀怨恨而更为激进的劳动者，他们深受战争所造成的经济混乱之苦，公开发表暴力言论，甚至准备暴动。如果辉格党同中产阶级联合起来并能适当扩大选举权，那么就可以解决问题，至少可以应付一时的局面。格雷为执行这个方针而制订了计划。贝德福德公爵的儿子约翰·罗素勋爵对他表示支持，此人容易冲动，对理想中的自由事业忠贞不渝，全然不计后果。和他们站在一起的还有觊觎权柄的亨利·布鲁哈姆，他是个年迈的政治家，由于支持卡罗琳王后而闻名于世。他有许多新观点，同激进派领袖和一些报纸的编辑交情甚笃。

国会在 11 月召开会议。有些人希望，托利党人在天主教徒解放的问题上能够坚持原来的立场，并且为了维护旧制度而主动改革选举权。一些托利党人认为，扩大选举权会加强新教徒的力量。其他人同主张改革的群众组织保持着联系。威灵顿则反对改革，他对上议院说："至于扩大议员的代表性，我从未读到或听到任何能使我感到满意的措施……我确信，我国目前的立法机构能够满足一切正当立法活动的需要，它的作用超过任何国家的任何一届国会。……目前它所代表的人包括我国庞大的有产阶级，其中地主阶级有着重要的影响。在这种情况下，我不想提出人们设想的任何措施。"他坐下后向外交大臣阿伯丁伯爵问道："我没有说得太多吧？"外交大臣没有正面回答，他后来叙述此事时简单提及威灵顿的意见，"他说我们要下台了"。

威灵顿希望辉格党人内部混乱而无力组织政府，可是他自己的托利党内部则更加混乱。坎宁的追随者不愿再同托利党"元老派"保持联系，转而同辉格党人携手合作。两个星期以后，托利党人竞选失败，威廉四世国王责成格雷组阁。除了一次短暂掌权外，辉格党人已经在野近 50 年，如今他们一举登上了权力的顶峰。

他们可谓受命于危难之际。法国人扬言要干涉比利时，所以英国政府增加军事预算成为必然之举，尽管这一措施不会受人欢迎。财政大臣未能提出一个合理的预算方案。东南各郡的治安状况日趋恶化，新任内政大臣墨尔本采取了果断行动，把 400 多名农场工流放国外。激进派感到愤怒和失望。只有议会改革才能挽救政府，于是，政府开始推动改革。

内阁成立了一个秘密委员会来制订改革方案。约翰·罗素勋爵于1831年3月在下议院提出了第一个《改革法案》(*Reform Bill*)。他在喊叫和讥笑声中宣读了这一议案，议案规定取消100多个“因居民太少而失去选区实质”和“由一个人或一个家族操纵”的选区，同时在伦敦的某些区、工业化的北方以及英格兰中部设立新选区取而代之。这一措施违背了托利党人的基本原则，冒犯了他们最坚定的政治信仰，猛烈地触动了财产所有权。席位像房地产一样是可以买卖的东西，而比较一致的选举权则带有一种政治观念的色彩，这种观念十分死板，同危险的法国民主大有相似之处。许多辉格党人原以为改革措施不会太激烈，所以一听到罗素大刀阔斧的计划顿时愕然，面面相觑。但他们看到全国民众的热情之后便立刻表示支持政府，因为他们相信改革会避免革命。托利党人则担心这次改革成为巨大社会变革的前奏。对他们和许多辉格党人来说，英国政府代表地主阶级实行统治为社会谋福利。扩大选举权意味着以权势和地位为统治基础的旧制度走向衰落。如果没有这两个权力支柱，国王的政府能维持下去吗？这可不是一个愚蠢的问题。1832年以后，政府多次更迭，政局动荡不稳，直到组织完备、纪律严明的政党掌权，这种状况才结束。

激进派领袖认为《改革法案》不够彻底，因而感到失望，不过他们各自仍以不同的方式表示支持。他们之间没有多少共同之处，杰里米·本瑟姆和詹姆斯·米尔用富有哲理的方式鼓吹民主制度和中产阶级教育，威廉·科贝特是个精力旺盛、善于独立思考的记者，查林·克罗斯的裁缝弗朗西斯·普莱斯和伯明翰的银行家托马斯·阿特伍德是活跃的政治活动家。但是，他们有一个共同的愿望，即决心不让修正案或折中方案来削弱这个议案。全国议论纷纷。许多人认为，扩大选举权以及根据工业革命的发展重新划分选区将根除国家的一切弊病，当时经济危机尚未出现，没有什么能动摇人们的信念或者转移公众注意力。许多报纸和杂志相继刊文，支持改革。为了逃避1819年规定的苛刻的报刊税，每周一期的时事通讯以邮寄方式发行。

托利党人在下议院针锋相对地进行斗争，政府对自己能否得到多数议员的支持毫无把握。获得解放的天主教徒领袖奥康奈尔以自己控制的选票支持格雷，但这个议案还是被否决了。全国上下愤怒不已。格雷请求国王解散国会，威廉四世清醒地意识到，如果他拒绝这个要求，国内就会爆发一场革命。于是他接受了这一要求。上议院得到这个消息一片哗然，议员们提出一项议案，要求国王重新考虑他的决定。但是，当议员们挥着拳头大喊大叫时，传来了一阵炮声，原来国王亲自前来宣布解散令。托利党人大发雷霆，其中有一位跳起来对喜气洋洋的辉格党人喊道："下一次炮响的时候，它们射出的将不是空包弹，而是你们的脑袋。"格雷维尔在他的回忆录中写道："当时在场的人告诉我说，那时的情况很像网球场誓言[1]中描写的场面，也很像革命的前奏。"

英国人民就改革问题热烈地举行了选举，这是他们第一次这样选举议员。他们作出了明确的决定。托利党人在各郡选区纷纷落选，辉格党及其盟友在下议院获得136个席位的多数。斗争转移到了上议院。威灵顿一再发言反对改革，他说："不管在世界上哪个地方，民主制度一旦建立，它便立刻侵犯个人财产，停止偿还公债，反对一切保护原则（这些原则受到英国宪法的维护，而且事实上是这一宪法的主要宗旨），私有财产及其所有者将成为社会公敌。"威灵顿的政治经验主要是在西班牙积累起来的，他对当时的革命政权记忆犹新。改革将损害"国王陛下为了保护海外属地、维持那里的秩序以及使当地居民臣服所必需的力量，我们将失去这些殖民地和海外属地，我们在海外的权威和影响也将随之消失"。1831年10月7日夜晚，至关重要的较量开始了。上院议员们分裂成势均力敌的两派，21名主教议员的意见起了决定性的作用。他们反对改革。托利党人胜利了，议案遭到否决。于是产生了一

1 1789年6月20日，法国国民议会在议院旁边的一个网球场立下的"决不停止活动，直到制定并巩固国家宪法"的誓言。——译者注

个有关宪法的新问题——上院议员们反对人民的意志。

第二天早晨，报纸用加上黑边的版面报道了这一消息。英格兰中部随即发生骚乱，房屋和财产被烧毁，布里斯托尔也陷入一片混乱。改革派的“政治联盟”极力争取人们支持《改革法案》，并力图稳定社会情绪。政府仍在坚持不懈地努力着。12 月，罗素第三次提交《改革法案》，下议院以 2：1 的多数予以通过。翌年 5 月，这个议案再次提交上议院，被 44 票的多数否决。此时解散国会的老办法已经行不通了，格雷感到必须采取极端的补救手段。于是他驱车前往温莎，要求国王增补上院议员的名额从而通过这个议案。国王拒绝了他的要求，内阁因此全体辞职。威廉四世请威灵顿和皮尔组阁，让他们像解放天主教徒那样的方式进行改革，尽量争取上议院的支持。但皮尔不肯遵命，他不愿为政府采取他所反对的措施承担责任。国内局势日渐紧张。罢工和全面抗捐一触即发，伦敦街头出现了旗帜和标语牌，上面写着“不许公爵谋取黄金”的字样，人们纷纷到英格兰银行提取存款。激进派领袖说，他们要打垮上台的任何掌权的托利党政府。一个星期之后，威灵顿公爵辞职。5 月 18 日下午，格雷和布鲁哈姆到圣詹姆斯宫谒见国王。国王授权他们列出可以封为上院议员并且一定会投票支持辉格党的人选名单，同时，他派私人秘书把他的决定告诉托利党领袖，建议他们以缺席的方式避免尴尬。如此之下，当这个议案于 1832 年 6 月 7 日再次提交国会时，反对席上空空荡荡，它以绝对多数获得通过。

*　　　*　　　*

新选民和激进派并不满足于选举权扩大，在之后的五年里，年轻的政治家们在政府管理方面实行了同样彻底的改革。辉格党人日益不满，格雷认为他已经尽责，遂于 1834 年辞职。新领袖是墨尔本勋爵和约翰·罗素勋爵。罗素是老派辉格党人，对侵犯政治权利和自由的现象十分敏感。他认为有必要在国家的政府管理方面实行进一步的改革，但对拓宽的民主道路并无兴趣。墨尔本在初出茅庐时有过一些高明见解，可是他缺乏明确的目标和坚定的信念，而且生性多疑，因此他和他的党派没有具体的行动纲领。在他看来，个人友情和促膝谈心比政治问题更重要。他勉强接受首相职务，并由衷怀疑这个荣誉是否值得一顾。甫一上台，他平易近人的作风便为团结同党发挥了作用。在 19 世纪的艰难局面中，他的政府大有 18 世纪之遗风。

帕默斯顿勋爵是墨尔本最能干的阁僚之一，他担任外交大臣近 11 年。在格雷勋爵的英明指导下，他解决了比利时问题，有关这一问题的协议至今仍然有效。荷兰人和法国人同意撤走，比利时撤回对荷兰提出的领土要求并宣布独立，萨克森－科堡公国的利奥波德王子成为比利时国王。比利时的中立地位得到国际协定的保证，这种保证将让各国在 1914 年付出血的代价。在墨尔本的领导下，帕默斯顿得以在外交方面自主行动。他有两条宗旨：第一，必须在各地坚决维护英国的利益，如有必要，即使诉诸武力也在所不惜；第二，英国应尽力支援欧洲各国的民主运动。帕默斯顿对自己的一切行动感到洋洋得意，但却常常激怒欧洲列强，令他胆小的同僚惊慌不已。但是，他这种百折不挠的精神逐渐赢得了同胞们的敬佩。他在这些年里树立了威望，甚至后来成为维多利亚时代中期人们的信念支柱。

普通辉格党人感到困惑不解，不知所措。他们虽然主张政治改革，但在有关社会改组的重大问题面前却犹豫不决，徘徊不前。过去，他们在王权的界限、国教的地位和宗教自由等有关宪法的问题上同托利党人斗争激烈，如今这些都已得到解决，工业革命带来的问题和弊病转移了人们对老旧党派阵营的关注。《改革法案》的通过使辉格党达到了目的。它的领导人不喜欢也不了解中产阶级。他们视激进主义为时髦的信条，在自己的力量尚未壮大之时可加以利用，而当自己羽毛丰满之日则弃之如敝屣。他们感到惶恐和不安，群众组织及其骚动正在把他们推向一条陌生而危险的道路。

更主要的是，他们对英国的控制并不牢固。《改革法案》通过之后，选民大约增加了25万人，总计接近70万人。这就是说，六分之一的成年男子享有选举权。可是，这些人并不都支持辉格党人。英国选民有一个古怪的习惯，他们对于授予自己选举权的政府总是投反对票，这一次也不例外。辉格党政府幸有奥康奈尔控制的爱尔兰选票支持才保住多数。辉格党人的唯一希望是同激进派联合起来，后者在国会中席位不多，但却拥有中产阶级和报界的支持，所以席位的多少并不能真正反映他们的实力。然而，辉格党人对此迟疑不决。支持这种联合的少数派中，有“激进的杰克”（Radical Jack），即格雷的女婿德拉姆伯爵约翰·兰布顿。此人性情急躁，难以共事。他不久便离开政府，转而关心殖民地事务，对加拿大问题以及整个帝国内部的关系方面作出了重要贡献。他不幸早逝，辉格党同激进派联合的希望随之化为泡影。

然而，这些年颁布的法案和成立的委员会并非徒然无益。西印度群岛的奴隶在1833年获得解放。政府有史以来首次对宗教团体拨予教育经费。《济贫法》得到修正，虽然受益者并不支持这些举措，但统治集团和知识分子则认为，这些举措实为贤明之举。第一个《工厂法》（*Factory Act*）所规定的工作时长是20世纪的人无法想象的，当时的人道主义者也表示反对，可是这个法案还是获得通过。地方行政体系实行彻底的改革，原有的寡头集团被解散。国教的地位和维持爱尔兰秩序是当时政治的核心问题，辉格党人未能妥善地解决这两个问题，也未能保持财政收支平衡，最终垮台。下议院之外有强大的势力在活动，全国仍有千千万万的人没有选举权。国会立法没有触及劳资双方关系。早期工会活动吓得政府采取高压手段镇压。最典型的例子是1834年托尔普德尔村的“牺牲者”（Martyrs）事件。在多塞特郡这个名字奇怪的村子里，六名工人由于组织工会成员“举行非法宣誓”而被流放。社会舆论顿时哗然。六人最终得到赦免，但那时他们已在新南威尔士服刑两年了。出于种种原因，不安定的局面正在扩大，君主制显出衰落的迹象。辉格党人无力弥合官方政治集团和全国民众之间的鸿沟。

另一方面，罗伯特·皮尔爵士为使托利党适应新的时代潮流，迅速改组党内机构。他在1833年说：“我认为，保守党的主要目标是反对极端主义，防止民主政治进一步的侵蚀，因为在目前胜利的基础上，民主势力必然企图扩大影响。”他明确宣布，托利党人支持能够提高效率的行政改革，反对削弱传统的国家机构。在他的领导下，服从指挥、目标明确而团结一致的反对派逐渐形成了。翌年，皮尔对选民发表了慷慨激昂的竞选演说，反对派备受鼓舞。他们主张保留国内现存制度的最佳方面，而皮尔则十分乖巧地表示希望全面改变国教的地位。非正统教派的选民在未来的几年里没有忘记这个演说，因为宗教仍在政治斗争中发挥作用。重要的改革法案相继提出，触怒了更多的利益集团，国内的保守势力逐渐聚集到皮尔周围。托利党在1834年的选举中赢得100个席位，皮尔主持的一个少数派政府维持了几个月的统治。后来辉格党人卷土重来，但仍像往常一样内讧不已。他们似乎在玩火。任何一届政府也无法满足他们的愿望。他们领导不力，中产阶级因而确信，断断续续而不协调的改革是危险的。辉格党恰似一辆马车驶上陌生曲折的道路，许多支持者在中途下了车。

*　　　*　　　*

1837年，威廉四世驾崩。他言谈幽默，外表悦人，缺乏智慧，不受尊重，然而在君主制的威望日益低落的情况下尚能尽职。乔治三世的儿子们道德败坏，行为怪僻，他们此时几乎完全毁掉了君主制在人民心中的地位。这个在英国历史上发挥过重要作用的制度似乎马上就要受到攻击，而它的捍卫者却寥寥无几。新国王是个年方十八的少女。她是由母亲呕心沥血培养成人的，母亲觉得几位皇叔的言谈举止俗不可耐，便把她送到肯辛顿宫，同朝野隔绝开来。一位德意志女教师监督她的教育，教会的上层人物不时对她进行考察，她的舅舅、比利时国王利奥波德也通过书信教导她未来职责。英国人对她的性格或品行一无所知，帕默斯顿写道："几乎无人有机会对公主作出正确的判断，但我以为，她将是一个天下少有的人物，一定有坚强的意志。"这个评价是正确的。新女王在继位之前的日记中写道："既然上帝把我置于这个国家的王位上，我将尽力履行自己的职责。我尚年轻，可能在许多方面缺乏经验，但我肯定，几乎无人像我这样怀着为国为民的良好意愿和真切希望。"这是她将充分兑现的诺言。

维多利亚女王继位时，辉格党人已经黔驴技穷。宫廷和统治集团处境孤立，深遭众怨。中产阶级畏惧动乱，开始投票支持托利党。墨尔本勋爵不相信立法活动，他宽厚和蔼，只是无所作为。此外，到年底时英国出现了经济大衰退的初步迹象。北方工业区的形势不久便和滑铁卢战后情况一样糟。1838 年 5 月，一群工人领袖发表了《人民宪章》(*People's Charter*)。这次宪章运动是贫困人民对"机器时代"的控诉，一些史学家认为它是社会主义的萌芽。宪章派像 1832 年以前的改革鼓吹者那样，认为扩大选举权能够解除他们的一切痛苦。他们要求每年召集一次国会，实行男子普选权、选区平等、取消以财产多少作为当选议员资格的标准、无记名投票和议员缴税等制度。他们成功的唯一希望，就是像激进派那样得到议会中某一派和进步的中产阶级的支持。可是他们无意争取中产阶级的支持，他们的领导人彼此争论不休，并以威胁和不负责任的言词得罪了显贵。他们没有资金，也没有像天主教协会在爱尔兰教区以及工党在工会中建立的那种组织。英国到处出现请愿书和小册子，但各地的骚动情况却不尽相同。只要条件有所改善，民众的情绪就得以缓和，因此，全国性的运动从来不能持久。当时仅存的几个工会不久便改弦易辙，时运亨通的技工抱持冷淡态度。在之后的年代里，动乱局面时常出现，最终导致 1848 年的革命。然而到头来，这种意愿良好而弄得轰轰烈烈的运动无果而终。

皮尔得出了正确的结论。他比辉格党人更清楚地看出动乱的根源，他虽然坚决反对极端主义，却认为高效率的施政和开放的贸易政策是最为有效的补救办法。年轻的托利党人赞成他的看法，他们也和他一样，苦于国家的贫富两极分化。年轻的犹太议员本杰明·迪斯累里曾在小说中描述这种两极分化情况。一小帮保守派正在设法联合劳动者反对中产阶级。

墨尔本在 1839 年提出辞职，但经维多利亚挽留又执政两年。他的魅力博得女王的好感。他把待人接物的经验传授给女王，同时收起猜忌心。因此女王拒绝同她亲爱的首相分开。次年 2 月，一个陌生的人物登上英国的政治舞台，女王同她的表弟、萨克森－科堡公国的阿尔伯特王子结了婚。阿尔伯特王子秉性正直，兴趣广泛，并有崇高的理想。他和女王一起度过了 21 年的幸福时光，人人称羡，可惜他不幸早逝。乔治四世及其兄弟留下一堆烂摊子，君主制的尊严和威望亟须恢复。维多利亚和阿尔伯特完成了这一使命。起初，阿尔伯特发现英国的政界要人对他非常反感，他们不让他获得上议院的席位，还削减了他的年金，他的亲王头衔是在 1857 年才得到的。他热心支持科学、工业、艺术和许多有益的事业，逐渐博得人民的广泛爱戴。他是女王的长期顾问，就各种问题陈言进谏，一丝不苟，不偏不倚。他的叔父利奥波德国王和以前的老师斯托克马男爵对他谆谆教导，使他领悟到君主在立宪制度下的作用和职责。后来，英国的党魁们开始重视他的忠告，尤其是有关外交的忠告，当然，他们并不经常倾听他的肺腑之言。女王是个刚毅之人，继位时坚定地站在辉格党的立场上。在阿尔伯特的影响下，她认识到自己应持不偏不倚的态度，至少在表面上应该如此，同时必须任用能够在下议院控制多数的人为首相。这一原则并不能阻止她对要员们有强烈的爱憎之分，她在私人信件中充分流露出这种感情。维多利亚女王和亲王一起树立了君主制的新规范，从此它一直是英国各代国王的行动准则。

皮尔同墨尔本不同，他给女王留下了举止笨拙而态度冷漠的印象。可是他竟然在 1841 年的大选中获胜上台，不久便赢得了女王的信任。他施展才能，对内阁保持着绝对的控制，亲自制定重要的政府预算，监督各部的工作，其中包括威廉·格拉德斯通在贸易部的工作。关税制度再次改革，税率大减，开始重征所得税。这些措施迅速奏效。1843年，贸易开始复兴，繁荣景象重新出现，要求政治改革的呼声也平息下去了。英格兰似乎又是晴空万里，而爱尔兰却是风云紧急。

* * *

面包价格成为最紧迫的问题。为了促进外贸，皮尔减少了除小麦之外的各种货物的进口税。面包价格昂贵意味着要提高工资，否则大众就要受苦。皮尔逐渐意识到，只有进口廉价粮食，才能维持国家的繁荣。自由进口小麦似乎是必行之举，但政治上的阻力很大。托利党依赖地主的选票，后者在拿破仑战争期间对地产进行了大量投资。战后，廉价的外国小麦涌入英国市场。保护国内市场的呼声骤然而起，以致小麦进口在1815年受到禁止，除非国内粮价非常昂贵才能破例。废除或修改这一条例和不久前通过的《谷物法》成为当务之急。地主阶级受到指责，罪名是利用他们在国会的影响保护自己的利益，而不顾社会上其他人的死活。工厂主的敌对态度使矛盾更加尖锐，因为《谷物法》不仅使劳动者感到极度失望，也激怒了许多工厂主。他们认为，保护主义的措施使他们无法在海外开辟新市场，也无法以适当的价格在传统市场上竞争。

在1838年至1842年的大萧条期间，《谷物法》遭到日益强烈的反对。一个反谷物法联盟在曼彻斯特成立，为废除《谷物法》而斗争。它对公众舆论迅速产生了重大的影响，两位杰出的领袖和组织者脱颖而出，一位是白布印染商理查德·科布登，另一位是教友派磨坊主约翰·布莱特，二人成为英国19世纪自由贸易的倡导者。反谷物法联盟受到有力的支持，得到大量的捐款。罗兰·希尔爵士在1840年始创一便士邮费制，这样信件和小册子只需花费极少的邮资便可寄到全国各地。国内各处都在召集会议。宣传方式有效而新颖，精心挑选的演说家向听众阐明一些简单的观点。从来没有哪次骚动像这次一样受到巧妙的操纵。人们向国会提出了条目繁多的请愿书。科布登说服富裕的市民在郡里的选区购买40先令的地产，这让选票增加了一倍。反《谷物法》的选民人数激增，这个联盟不仅从外部向国会请愿，而且开始从国会内部施加影响。

科布登和布莱特攻击地主阶级的演说慷慨激昂，在全国引发强烈反响。“让他们一意孤行吧，他们马上就会发现自己像革命前的法国贵族一样，成为孤立无援、无计可施的阶级。就内在本质以及理智和道义上的力量而言，这个阶级不如社会上的任何其他阶级。它不仅死抱着封建弊端，而且企图限制人民的粮食供应。它在对抗进步的时代潮流。它以为，封建制度是社会存在的必要条件，遗憾的是，这个制度已经在法国灭亡，在德意志也获得同样的下场，在美国则从未出现过。”

皮尔同科布登和布莱特一样，出身于中产阶级，这番言论在他内心深处引起了共鸣。为英国的贸易和繁荣计划，需要废除《谷物法》，可是他的支持者至少有半数是地主，采取这一行动会葬送托利党。皮尔还是在1843年决心采取行动。他的处境十分困难，一些追随者认为，他在解放天主教徒的问题上已经出卖过他们一次了。然而他非常自信，他或许以为，凭个人威望会赢得大多数人对他的支持。他需要时间说服自己的同仁，但留给他的时间不多了。

1845年8月，爱尔兰的马铃薯歉收，饥荒即将发生，皮尔不能再等待了。当他向内阁提出建议时，几名同僚表示反对，他于12月被迫辞职。辉格党领袖罗素拒绝组阁，皮尔因此重新上台，迎接托利党贸易保护派的挑战。名不见经传的保护派发言人本杰明·迪斯累里谴责皮尔，与其说是因为废除《谷物法》，毋宁说是由于他背叛了大党领袖的职责。迪斯累里说，如果皮尔坚信这一措施是正确的，他就应该辞职，因为党内的一大部分成员向来持反对态度。迪斯累里还说，领导人有意摧毁自己的政党是一大政治罪行，因为英国政治机器的正常运转取决于党派力量的平衡，如果一个领导人不能说服自己的同僚，他就应该辞职。皮尔则辩解道，他对全民族的责任高于对本党的责任。他认为，废除《谷物法》是他的神圣使命。他在私人信件中流露出对托利党贸易保护派的不满情绪："真是地地道道的保护派！他们对各种贸易尝试的成果熟视无睹，认为他们指出的每一个人都是错误的；他们对社会舆论的呼吁无动于衷，把《谷物法》称为劳工问题，而多年来对多塞特郡劳工的悲惨境遇却置若罔闻；……他们宁愿冒两次歉收的巨大风险，宁愿看到百姓再度面临1841年冬天在佩斯利和斯托克波特出现的困难局面，也不愿看到《谷物法》……在饥民的要求下遭到废除——这就是保护主义者的真面目！谢天谢地，我总算摆脱了这个政党的桎梏。"

1846年6月25日，皮尔在辉格党和爱尔兰议员的支持下，废除了《谷物法》。迪斯累里立刻采取了报复行动。爱尔兰的动乱摧毁了皮尔的政府。在一次表决之后，19世纪最强大的一届政府便在当天晚上寿终正寝了。自从《改革法案》通过以来，皮尔一直是英国政界举足轻重的力量和核心人物。无论在朝或在野，他都是众目所瞩之人。他并非才思敏捷，但他比当时任何人都更了解英国的需要，而且有惊人的勇气改变自己的立场，以适应这种需要。诚然，他分裂了托利党，但有些罪行比这个行动还严重得多。他执政的时代是工业迅速发展的时代，是铁路时代。到1848年为止，英国已经修筑了5000多英里长的铁路，加速运输和提高产量成为风靡全国的口号。煤和铁的产量翻了一番，机器制造业虽未扶摇直上，却也取得了迅速的发展。所有这些事业不是由政府主持的，而是由个人兴办的，它们将使英国成为19世纪世界头号工业强国。皮尔面对这种经济飞速发展的形势，仍然保持着清醒的头脑。他知道，对于一个变化中的社会来说，自由贸易并非包治百病的灵丹妙药。当时，地主阶级的统治地位即将终结，自由贸易似乎对制造业至关重要，而英国行将称霸制造业。皮尔对这一切了如指掌。他的政府为后来的保守党和自由党在首创精神方面树立了榜样。他有一次在谈到自己的执政方式时说："人民喜欢首相有些固执和武断，他们攻击他专横傲慢，然而却甘愿受其统治。”这些话或许有偏激之处，但确是符合当时的情况。

1850年初，皮尔冷静地旁观了辉格党继任者蹒跚举步的状况。有一天，他在格林公园骑马时不慎跌落，受了致命伤。维多利亚时代英国政治领域的伟大开拓者就这样与世长辞了。

第四章 CHAPTER 4

克里米亚战争

19 世纪中叶，英国的政治生活一如既往，只是在《改革法案》出台后略有变化。约翰·罗素勋爵领导下的辉格党人是当时的执政者。罗素家族从亨利七世时代就开始为国效劳，对他们来说，350 年来可谓一帆风顺，他们及其亲友自信地得出结论：他们最懂得如何从英国的真正利益出发来治理这个国家。工业城镇的劳动者只掌握很少的选票，不管他们当中发生何种新的骚乱，辉格党领袖们仍然推行正确、稳健而非民主化的政策。约翰勋爵的政府维持了六年，其间也出现过几次混乱。它没有建立显赫的功勋，但是，在欧洲其他国家王位倾覆、革命迭起之时，它引导英国安然度过了危机。

托利党内部出现了不可弥合的裂痕。皮尔和自由贸易的忠实支持者乐于让辉格党人承担目前的困局，这些支持者当中有阿伯丁和格拉德斯通两位未来的首相。人们尚未料到自由党即将从辉格党、皮尔派和激进派的联盟中脱胎而出。斯坦利勋爵是反对皮尔派的老派托利党人领袖，他即将成为德比勋爵，他的祖先在英国发挥作用的时间长于罗素家族。德比勋爵在下议院得到他的助手迪斯累里日益有力的支持。迪斯累里声名大噪，而他博得信任的能力并未获得如此迅速的发展。在那些年里，迪斯累里一直努力说服托利党人放弃他们的小麦关税政策，重新制定更广泛的保守主义方针。

在威斯敏斯特的党派斗争轻起微澜之时，欧洲大陆又陷入痛苦的痉挛之中。1848 年 2 月，法国君主制解体了。路易·菲利普国王[1]的统治为法国带来了繁荣，至少为中产阶级带来了繁荣，但他的统治从未被波旁王室的追随者所接受。它对坚定的共和主义者和波拿巴信徒均无吸引力，后者仍然迷恋于拿破仑帝国的荣耀。在几天的骚乱之后，路易·菲利普国王便跌下王位，一个具有浪漫主义观点和社会主义色彩的政府开始了短暂的统治。这个政府垮台后，波拿巴家族的一个成员在年底以绝对优势当选法兰西总统。拿破仑皇帝的侄儿路易·拿破仑王子在经历前半生的阴谋、流亡和默默无闻的生活之后，终于上台执政。他之所以能够上台，是由于祖上荣光和对手无能，也是因为法国人喜欢进行政体方面的尝试。这个和蔼而神秘的人物统治法国 20 多年，在欧洲事务中发挥了引人注目而颇有成效的作用。

意大利人也纷纷起义，不仅反抗本民族的统治者，也反抗占领伦巴第和威尼斯的奥地利人。人们盼望在这场动乱中出现一个统一的意大利国家。意大利中部的统治者教皇庇护九世是个具有爱国主义情操的开明人士，许多意大利人盼望他给予指引和启示。可是，神职对他是个限制，使他不能领导一场民族战争来反对信奉天主教的奥地利。以前曾有一些教皇为地区性争执而发动战争，而庇护九世比他们明智。他的职责不是统一某个国家，而是领导世界性的教会，在政治上领导意大利的任务必须由别人来承担。意大利各省的积极密谋者很快就发现，他们抵御不住奥地利及其盟国正规军的进攻，意大利境内唯一的独立国家撒丁王国的军队也远不是奥地利大军的对手。意大利人的反抗运动失败了，但它在英国博得了广泛的同情，他们后来争取统一

1 King Louis Philippe（1773—1850），法国七月革命后上台的奥尔良王朝唯一一位国王（1830—1848 年在位），于 1848 年二月革命后逊位。——编者注

时得到了英国人的支持。

在阿尔卑斯山以北，德意志、奥地利和波兰也掀起了革命的民族主义运动。统治中欧达 40 年之久的奥地利首相梅特涅，由于维也纳发生革命而被迫辞职。这位堪称大陆专制主义支柱的年迈政治家到辉格党统治下的英国避难，住在一家普通旅馆里。奥地利皇帝被迫退位。年轻的弗朗西斯·约瑟夫[1]大公登上了哈布斯堡王朝的御座，他将经历百般磨难，目睹第一次世界大战的爆发。捷克人、波兰人和匈牙利人也先后拿起武器，后来由于俄国沙皇的积极插手，他们的英勇暴动才被镇压下去。德意志本土的诸侯在人民的暴动和示威中乱作一团，有的流亡国外。国会在法兰克福召开，大会经过长时间的讨论，把统一的德意志王冠交给了普鲁士国王。这位君主及其军师们打算迫使暴动者接受他们提出的宽厚条件，结果遭到拒绝。在 1848 年至 1849 年发生的德意志动乱造成的唯一结果，是促进了德意志统一的思想，增强了只有靠普鲁士的强大武力才能实现统一的信念。

英国人以同情的目光注视着欧洲大陆的动乱，但国内并未掀起大规模的暴乱。已经沉寂了一段时间的宪章运动又从法国的共和制尝试中得到鼓舞，也再一次受到了国内经济危机的刺激。有些人谈到要发动革命，可是决心不足，最后他们决定向国会提交新的请愿书，重申宪章派的要求。宪章派于 1848 年 4 月在威斯敏斯特桥南一英里处的肯宁顿公地[2]召集会议，他们的领导人提出向国会两院进军。政府采取了预防措施，调集军队，招募特殊警察，不过事实上他们并未大动干戈。威灵顿已经 78 岁，仍然是沉着冷静的总司令。他说，英国人是“一个非常温和的民族”。下雨的时候尤其如此。在那个春雨潇潇的日子里，肯宁顿会场上的旁观者多于宪章派。当警察阻止示威

1 Francis Joseph（1830—1917），哈布斯堡王朝在 19 世纪中叶到 20 世纪初的统治者，统治区域为欧洲中南部，即奥匈帝国。他见证了奥地利王朝后期由盛转衰、哈布斯堡家族走向没落的过程。——编者注

2 Kennington Common，位于伦敦南部，是伦敦周边最早的板球场之一，这里也常举办展览、集会及处决犯人。——编者注

者向国会前进时，他们便悄悄地解散了。他们的请愿书由三辆马车带到下议院。1848 年伦敦的革命情绪不过如此而已。

* * *

在这同一年里，曾任英国大臣并在印度政府中任过要职的托马斯 · 巴宾顿 · 麦考利所著的《英国史》(*History of England*) 前几卷出版了。这是一部伟大的著作，它尽管有些偏见和失实之处，却为我们展示了了解英国维多利亚时代进取精神的社会背景。麦考利试图说明，1688 年辉格党革命以来的英国史是不断前进的历史。他在第一章中论述道，“显然，我国 160 年来的历史是物质、精神和文化方面不断发展的历史”。这是令人鼓舞的评论，当时的读者对它赞赏备至。全国各地充满强烈的乐观主义情绪。麦考利暗示道，英国有更光明的前途。事实确是如此。他的观点受到普遍的赞同，不久之后的万国博览会将英国多年来的工业成就充分呈现出来。

阿尔伯特亲王首先提出举办这个博览会的设想。英国先前曾举办过小型的工业展览会，亲王对此甚感兴趣。1849 年，在利物浦新建的阿尔伯特码头开放以后，亲王看到蓬勃发展的英国工业、海上事业及其成果，深受鼓舞，于是热情地制订了举办博览会的计划。这个博览会将向全国和全世界展出各行各业取得的成就。它将超越国界，宣传国际自由贸易的好处，有助于争取世界和平。当时人们以为，自由贸易必然会导致世界和平。那时几乎无人预见到将同俄国发生战争。

阿尔伯特亲王冲破重重障碍，带领一个委员会艰苦地工作了两年，博览会于 1851 年在海德公园[1]开幕。主展厅“水晶宫”占地 19 英亩[2]，由暖房专家

1 Hyde Park，英国最大的皇家公园，位于伦敦市中心。1851 年，英国政府在海德公园内修建了水晶宫，并成功举办万国博览会。——编者注

2 1 英亩约合 0.4 公顷。——编者注

约瑟夫·帕克斯顿设计。由它陈列博览会的大部分展品，场地的所有树木被包在玻璃和铁架结构之内，这是19世纪50年代的奇迹。尽管有人预言博览会注定要失败，但它却成功了。在六个月的展期内，每月有100多万人前来参观。博览会总共展出了1.4万多项工业技术和产品，其中有半数是英国人的创造。事实证明，阿尔伯特亲王的计划是正确的。举办博览会的大笔收入用于文教事业。维多利亚女王说开幕日是"我们一生中最伟大、最光荣的一天"，她为阿尔伯特亲王战胜批评者而感到自豪，那些人总是借机指责亲王干涉国家事务。女王的支持并不仅限于此，她多次驾临水晶宫，和成千上万的民众在一起，唤起了他们的民族自尊心，博得他们的深深爱戴。英国国王从未受到人民如此坚决的拥护。尽管各地的繁荣程度不同，但这一景象使英国人产生了自信心，这种自信心似乎比社会立法活动和进一步改革更有价值。作坊、矿山和工厂创造出各种财富，使英国人的生活逐渐好转。这是全国人民有目共睹的事实。

19世纪中叶，英国在工业领域处于绝对优势。20年以后，工业发展起步较晚的一些国家开始迎头赶上。到1870年为止，英国的煤炭产量占世界总产量的半数以上，她在1870年的生铁产量也超过世界其他国家的总产量。她的外贸额接近七亿英镑，而美国的外贸额只有三亿英镑，法国只有3.4亿英镑，德意志只有三亿英镑。但是，这一比例正在迅速发生变化。在德意志和美国，煤矿和铁矿较为分散，相距甚远，铁路对德、美两国的工业发展起了重要的作用。英国的农业面临着挑战。美洲大平原上种植的小麦这时可以通过铁路运到港口，然后用船远涉重洋运到欧洲市场。尽管如此，英国工业的发展步伐并没有放慢。英国出口的主要项目纺织品在亚洲市场供不应求，庞大的冶金业和机器制造业的领先地位似乎有了长期的保证，迅速发展的英格兰中部和北部地区处处弥漫着矿井和锻造场的烟尘。

批评家们对这个正在形成的大生产时代作出迅速的反应。查尔斯·狄更斯[1]在他的小说中描述了穷人的凄苦境遇，对他们许多人所处的贫穷状态深表同情，鞭挞了残酷压迫他们的国家机构。约翰·拉斯金[2]在漫长的生命旅程上，中途放弃研究绘画和建筑转向研究社会问题。他醉心于中世纪，想象中那个时代的人都是能工巧匠，亲如手足，安居乐业，共同创造着一件件艺术品。他企图在维多利亚时代找到同样的和睦场面，可是未能如愿。他无情地抨击制造业中的恶劣作风和劳资双方的紧张关系。他的作品呼吁人们在艺术领域掀起新运动，而在政治方面则要实现社会主义。

* * *

外交事务和战争威胁又使形势紧张起来。多年以来，土耳其一直使欧洲政治家们感到不安。君士坦丁堡的宫廷斗争分散了苏丹[3]及其谋臣的精力，使他们无暇顾及政务，甚至疏忽防务，这个军事帝国在统治从波斯湾到布达佩斯、从里海到阿尔及尔的东方世界300年之后，似乎处于崩溃的边缘。它的辽阔领土将有怎样的命运呢？它在欧洲和亚洲那些广阔而富饶的行省将归谁管辖呢？这些问题已经迫在眉睫。由于俄国明显地企图控制多瑙河流域、君士坦丁堡和黑海，这些问题变得更加紧迫。已经成为亚洲强国的俄国，似乎也在悄悄地向印度扩张。英国不能忽视这种威胁。英国统治集团的忧虑，同他们对专制制度的反感一样严重。尼古拉一世是专制制度在欧洲的重要支柱，丁尼生称他为“冷酷的莫斯科人”和“东方的野蛮巨人”。与帕默斯顿同时代的人把沙皇的警察国家视为“世界专制制度的基石”、波兰人的压迫者和奥地利反动政府的盟友，它严重妨碍着民族解放，也压制了1848年革命产

1 Charles Dickens（1812—1870），英国最著名的作家之一，代表作有《雾都孤儿》《双城记》《远大前程》等。狄更斯擅长描写底层“小人物”，其作品深刻反映社会现实，对英国文坛影响深远。——编者注

2 John Ruskin（1819—1900），英国作家、艺术家及艺术评论家，被称为维多利亚时代艺术品位的代表人物。——编者注

3 Sultan，某些伊斯兰国家统治者称号，此处指旧时土耳其君主称号。——译者注

生的伟大希望。

大多数英国人已经意识到遏制俄国的必要性，只有科布登之流的激进派坚决反对这一看法。实现这个目标最好的办法是什么呢？英国外交政策在这个问题上出现了分歧。英国人还必须提防法国人，他们野心勃勃，企图在勒旺岛扩张势力。坎宁曾计划阻止俄国在东南欧的扩张，但不是通过正面冲突，而是采取在奥斯曼帝国的废墟上扶植一些独立小国。这些小国将为自己的生存而战。通过这种民族解放的方针，坎宁不仅希望联合法国，也希望同俄国修好。希腊王国的诞生是他的努力结出的第一颗也是最后一颗果实。但是，20 年过去了，英国的政治家们忘记了为希腊自由而献身的拜伦，他们改变了坎宁的政策，开始在东南欧支持腐朽的奥斯曼帝国，以抵制俄国的扩张。英国政府在执行这一计划的过程中，得到了斯特拉特福德·坎宁的大力协助。此人在 19 世纪 40 年代曾任英国驻君士坦丁堡大使，后来受封为斯特拉特福德·德雷德克利夫勋爵。他是乔治·坎宁的表弟，在 1808 年首次访问土耳其，对该国的了解胜过当时的任何一个英国人。他举止傲慢，性格急躁，难以相处。他堪称土耳其问题的权威。他对奥斯曼帝国的本质有清醒的认识，说它“行将就木”，但他希望说服苏丹作一些改革，以便“推迟”最后解体的“不祥之日”，进而推迟争夺奥斯曼领土的全面战争。斯特拉特福德同土耳其政府的慵懒、腐败和无能斗争了多年。这种做法未必明智，如果奥斯曼帝国的中央权力得到加强，君士坦丁堡和各省的关系会更加紧张，而各族人民能够容忍中央政府，正是由于它统治不严的缘故。可是，斯特拉特福德没有认识到这一点，他在 1852 年离开君士坦丁堡时，以为“不祥之日”不会太久了。

土耳其同俄国这场激烈冲突的直接根源产生于耶路撒冷。在那里，希腊东正教会和罗马天主教会对一些圣物的监管权问题发生争执。如果俄国沙皇不支持希腊人的要求，如果此时已经成为法国皇帝拿破仑三世的路易·拿破仑不急于支持拉丁民族以取悦法国天主教徒，那么这场冲突本是无关紧要的。经过长期的谈判，沙皇派他的特使缅希科夫到君士坦丁堡重新提出对土耳其帝国境内所有基督教徒的保护权。如果土耳其答应这个要求，那么俄国将有权主宰奥斯曼帝国境内千百万罗马尼亚人、塞尔维亚人、保加利亚人、希腊人和亚美尼亚人的命运，而英国政府在近东不断寻求的均势就会像在其他地区那样遭到破坏。

缅希科夫缺乏策略，他的要求激怒了土耳其人。新近发明的电报最远只能发到贝尔格莱德。斯特拉特福德再次出任大使，他肩负着千斤重担。由于责任重大，他在很大范围内有权不请示内阁而自作决定。他坚决主张抵御俄国的威胁而支持土耳其。在英国国内，德比勋爵上台不久便被阿伯丁勋爵所取代。阿伯丁组织了辉格党和托利党皮尔派的联合政府，双方的观点大相径庭。首相本人和外交大臣克拉伦登勋爵犹豫不决，主张采取绥靖政策。然而，斯特拉特福德可以指望内阁中最有威望的帕默斯顿的支持，还能利用英国人对俄国人的普遍敌对情绪。有些人指控斯特拉特福德擅权，而他发出的报告并不能证明这一点。他建议土耳其人继续谈判，但态度要灵活一些。土耳其人了解自己的力量，他们知道，斯特拉特福德持同情态度，而且在万不得已时，英国海军会保护君士坦丁堡，防止俄国人占领达达尼尔海峡。因此，他们拒绝了俄国人的要求。1853 年 6 月 2 日，俄国人大有剑拔弩张之势，英国内阁命令海军开往达达尼尔海峡外的佰西卡湾。拿破仑三世希望得到英国的赞赏和支持，因而同意派出一支法国舰队。

英国舰队于 6 月 13 日抵达佰西卡湾。7 月初，俄国军队渡过普鲁特河，占领了土耳其的摩尔达维亚[1]。英国内阁仍然意见不一，既不警告俄国人，也不答应帮助土耳其人。土耳其人拒绝了“维也纳照会”各国大使进行斡旋的建议，斯特拉特福德也不赞成这个建议，但他不得不依照英政府指令劝说土

1 Moldavia，一个位于东欧的历史区域和前公国。它的西部属于现在的罗马尼亚，东部属于摩尔多瓦共和国，而北部和东南部属于乌克兰。——编者注

耳其人让步。然而要土耳其人让步是不可能的，因为君士坦丁堡已经群情激奋，苏丹只好拒和。

还有回旋余地。沙皇看到土耳其人的顽强态度惊讶不已，企图让奥地利出面调停。到了9月，阿伯丁政府疑虑重重，回绝了讲和的建议。10月4日，苏丹对俄宣战，随后立即打过多瑙河。俄国人在黑海沿岸的锡诺普附近攻击土耳其舰队，于是阿伯丁和斯特拉特福德彻底打消了讲和的念头。英国人怒不可遏，指责这次进攻是大屠杀。帕默斯顿于12月因国内问题而辞职，人们认为这是对政府东方政策的抗议，他们还指责阿伯丁懦弱胆小。英国从而参加了战争。1854年2月，尼古拉召回驻伦敦和巴黎的大使。3月底克里米亚战争爆发，法国和英国协助土耳其作战。阿伯丁直到最后还举棋不定。2月间，他在给克拉伦登的信中徒劳无益地写道："我仍然认为，战争不是不可避免的，除非我们决心要进行战争。也许我们非要打仗不可，亦未可知。"

双方都有指挥不力、计划不周的问题。除了波罗的海和白海的两次小规模战斗之外，战争一直在俄国南部进行。联军的主要进攻目标是黑海沿岸的重要海军基地塞瓦斯托波尔。进行这次战斗的必要性值得怀疑，因为土耳其人已经把俄国人赶出多瑙河流域，君士坦丁堡受到进攻的危险业已解除。如果以为攻克塞瓦斯托波尔会对力量庞大的俄国产生重大影响，那就太愚蠢了。然而，英国远征军驻扎在土耳其领土上，必须加以利用。伦敦当局不顾指挥官拉格伦的意愿，把这支军队派往克里米亚作战。联军舰队开到塞瓦斯托波尔附近，交战双方礼节性地互相致意。联军部队在西北方向的小镇耶夫帕托里亚登陆。俄国总督说，军队可以在那里登陆，但根据规定，应该立即受隔离检疫。可是无人理睬这条规定。如果联军立刻从北面发动进攻，塞瓦斯托波尔本来是可以攻克的，无奈法军指挥官圣阿诺德病魔缠身，又是个政客，于1854年9月在奥马河畔首战告捷之后，执意要绕到南边进行正式围攻。拉格伦只好违心地同意这个计划。俄国人趁机调集援兵，并在著名工程师托德列本的指导下加固了工事。联军无力全面包围塞瓦斯托波尔城，同时还得击退俄国人从内地派来的援兵。英军负责防守突击的东侧阵地，在两次战斗中首当其冲。在10月的巴拉克拉瓦战役中，英国骑兵大显身手，面对众多的敌人进行了两次勇敢的冲锋。著名的第二次冲锋是由卡迪根勋爵指挥"轻骑旅"发动的。他率领673名骑兵在密集的炮火中冲上山坡，向俄军炮兵阵地进攻。这支骑兵从容不迫，如同参加检阅一样。他们夺取了敌人的大炮，可是冲锋过后点名时，这个旅只剩下三分之一的兵力了。卡迪根勋爵镇静地回到他所住的快艇上，洗澡就餐，喝了一瓶香槟便上床睡觉了。他的旅建立了令人鼓舞的丰功伟绩，可是这一业绩同这次战争中的许多功勋一样，是由于指挥错误而建立的。拉格伦勋爵的命令含糊不清，造成部下误解，以致"轻骑旅"选错了进攻的目标。

这次战役过后，在11月一天的晨雾之中发生了因克尔曼战役，在这场殊死搏斗中，英国步兵显示了他们的勇气和顽强精神。俄军的伤亡几乎比联军多四倍，但这次战斗并不能决定战局。俄军兵力比联军多一倍，因此，赶在1855年春季到来之前夺取塞瓦斯托波尔显然是不可能的。英军驻扎在风雪之中，没有帐篷、茅舍、粮食和温暖的衣服，甚至没有最起码的医疗条件，死于霍乱、痢疾和疟疾的人不计其数。拉格伦的部队没有交通工具，也没有救护车，数以千计的人死于饥寒交迫之中。英国是世界上建筑业最发达的国家，它的政府竟然没有想到从巴拉克拉瓦港到营地铺设一条五英里长的简易铁路，以缓解给养运输困难。曾打败拿破仑的英国军队已经享受了近50年的和平生活，它过去的荣誉已经失去光彩。它的伟大统帅威灵顿已在1852年去世，受到举国哀悼。他在滑铁卢大战后担任总司令期间，一切都没有发生变化，他的继任者看不出威灵顿公爵指挥过的这支军队有任何改造的必要。士兵生活条件极差，部队管理不善，装备低劣，军官平庸。在可怕的1854年冬天，英法两国在克里米亚只有5.6万军队，其中近1.4万人住院，许多人由于缺医少药而不治身亡。这类死亡多数发生在英军中，法军的军需供应要好得多。俄国人则认为官方举措失当是很自然的事情，他们跨过茫茫雪原奔向克里米亚时，无数士兵在漫长的行军途中已毙命。塞瓦斯托波尔保卫战为沙皇政府造成沉重的负担。他如果像其兄在拿破仑入侵时那样，把军队撤到俄国内地，或许堪称上策，然而，克里米亚战争的双方都缺乏战略眼光。

*　　*　　*

英国陆军部甚至也对部队战斗力的低下和士兵的疾病感到不安。《泰晤士报》（*The Times*）总编辑，大名鼎鼎的 J.T. 德莱思派出史上第一名随军记者威廉·拉塞尔，并利用他的报道在全国掀起反政府运动。阿伯丁四面受敌。1855 年 1 月召开国会时，一位非内阁成员的下院议员提出一项议案，要求成立塞瓦斯托波尔英军状况调查团。这个议案获得通过，议员们对压倒多数的赞成票感到意外，他们不像往常那样发出欢呼声，而是沉默无言，过了片刻才轻蔑地放声大笑。当时一位作者写道，政府受到谴责，“遭到近来历届政府中最可耻的下场”。阿伯丁辞职，帕默斯顿继任，他同意成立调查团。帕默斯顿在就任之初没有得到广泛的信任，迪斯累里这时私下评述说：“他是个滥竽充数的骗子，已经山穷水尽，充其量不过是一瓶啤酒，而绝非香槟。总之，他是个十足的老傻瓜。”迪斯累里的看法错了。帕默斯顿不久便以行动表明，他是一位当世英雄。严重的错误和混乱的状态随即一扫而光，西德尼在大刀阔斧地改组陆军部。

1855 年夏天，联军得到增援，斗志旺盛。他们在 6 月攻打塞瓦斯托波尔，没能成功。拉格伦筋疲力尽，不胜重负，因而挂印去职，十天后便离开了人间。他没有得到政府的全力支持，部下争吵不休，不听指挥，他本人则未能坚持自己的正确见解。他是威灵顿的忠实信徒，在滑铁卢战役中失去了一条胳膊，在军事史上理应享有更高的地位。他勇敢、忠诚，别人作出错误决定时，他的看法往往是正确的，这也是他的不幸之处。

他本来可以赢得的胜利，却被他的后任詹姆斯·辛普森爵士和法国元帅佩利西埃共同摘取。塞瓦斯托波尔在9月终被攻克，战略错误此时暴露无遗。从克里米亚入侵俄国是不可能的。那么下一步该怎么办呢？此时法国投入的军队是英军的四倍，拿破仑三世扬言要撤军。巴黎的主和派开始施加影响。拿破仑三世主张谈判，同时把对俄军事行动降低到消极封锁。他认为，如果要继续进行战争，就必须促使其他大国参战，同时要呼吁波兰人、瑞典人以及俄国的其他宿敌参战。这个宏图连帕默斯顿也是不敢指望实现的。他私下谴责法国主和派是“一伙进行证券交易的政客”，不过他也意识到，这场战争必须停止。俄国慑于奥地利最后通牒的压力，同意讲和。1856年2月，和谈在巴黎开始了。

3月底，《巴黎和约》（*Treaty of Paris*）正式签署。虽然战争的直接诱因得以消除，但它没有彻底解决东方问题。俄国放弃了扼守多瑙河入海口的比萨拉比亚南部地区，她不再提出关于保护土耳其境内基督教徒的要求。达达尼尔海峡恢复至战前状态，在和平时期禁止外国军舰通行。土耳其的独立得到各国的保障，它因此许诺要进行改革，其实这一诺言不过是一纸空文而已。俄国同意使黑海非军事化，可是当欧洲在1870年普法战争中无暇东顾时，俄国却违背了自己的诺言。俄国的扩张暂时受到遏制，但她蠢蠢欲动。不出20年，欧洲列强几乎又同野心勃勃的俄国在近东厮杀起来。只要土耳其依旧疲弱，俄罗斯帝国主义就不会放弃吞并她的野心，她也就会给西欧带来麻烦。这个基本形势没有改变。

克里米亚战争并未涌现多少卓越人物，只有一人除外。此人正是弗洛伦斯·南丁格尔小姐，她被陆军大臣西德尼·赫伯特正式派往战场。她于因克尔曼战役的前一天到达斯库台，在那里建立了第一所近代战地医院。她只有几名护士和很少的器械，却使斯库台的伤员死亡率从42%降到22‰。她的影响和表率作用具有深远的意义，根据1864年《日内瓦公约》（*Geneva Convention*）发起的红十字会运动就是她的努力成果，民间医院管理改革也离不开她的贡献。在 19 世纪男子傲然主宰一切的时代，她赋予女性新的地位，这种新地位推动了国内的社会生活变革，甚至使妇女产生了参加选举的愿望。南丁格尔小姐感到，“有种种弊端使妇女受着比没有选举权还严重的压迫”，缺乏教育便是弊端之一。她主张改进女子中学，建立女子大学。她为实现这些目标而殚精竭虑。由于她的努力，女王的半数国民有机会接受春风化雨般的教育。

第五章 CHAPTER 5

帕默斯顿

帕默斯顿年逾古稀，仍在主持国政。除了托利党组阁的一小段插曲之外，他在 1855 年以后的十年里始终是英国首相。同俄国签订和约以后，他很快就遇到了另一次危机。这次危机也发生在东边，所不同的是在亚洲。印度在东印度公司的统治下自得其乐，伦敦政府只是略加监督而已。有些议员和其他人士批评东印度公司，但他们的批评对公司毫无影响。突然，一场反抗英国统治的惊天动地的运动爆发了。

在某些方面，印度暴动对英国的影响超过了克里米亚战争，它为大英帝国的崛起铺平了道路。在动乱结束以后，不列颠有意识地逐渐成为世界大帝国。这次反抗运动的根源由来已久。19 世纪初，英国的新一代文武官员来到印度。他们生活简朴，秉性正直，笃信基督，具有使次大陆基督教化和欧化的理想。他们在那里曾一度开创了成功的前景。迄今为止，英国人对待印度如同罗马人对待帝国行省那样，在宗教方面采取中立政策，在教育方面则毫无政策可言。团队为敬奉印度教的神祇而游行，印度教和伊斯兰教的节日同样受到公众认可。但是，英国的传教热再度兴起，对异教的尊重逐渐为迫使异教徒改宗的愿望所替代。有一个时期，比较开明的印度教观点似乎可以接受基督教的一些内容，于是寡妇自焚、杀害商旅和溺死女婴的现象遭到禁止。当麦考利担任印度总督的参议会成员时，总督主要根据他的建议采取了一些措施，使印度上层人士和富有阶级能够接触到英国的文化。所有这些不稳定的因素导致了印度反抗运动的爆发。

英国人遭受的一系列失败和挫折是导致这次暴动的直接原因。俄国对印度的威胁开始使英国人感到不安。有人认为，俄国军队能够强行翻越兴都库什山脉[1]，直捣印度河流域。这是极大的夸张，不过在当时似乎确有这样的危险。1839 年，英国人接到一小股俄军侵入阿富汗边境的消息，便向喀布尔[2]派出一支英军，并挑选一人充当阿富汗国王。这步棋导致了灾难性的后果，阿富汗全国奋起抗英。1841 年 12 月，英国人得到允诺可以安全撤走，于是 4000 多英国驻军同将近三倍的妇孺和随军谋生的阿富汗人，开始在冰天雪地之中穿过山口撤退。然而当地人违背许诺，撤退者几乎全被杀死或俘虏，只有一位幸存者在 1 月 13 日逃回印度。英国人在第二年又前往讨伐，报了前一年的背信弃义之仇。但是，欧洲军队的名声深受损害，这次大屠杀的消息很快传遍印度次大陆。

不久，英军在当时印度最北部的旁遮普省挫败叛乱。好斗的锡克教教徒[3]长期控制着该省，他们是一个经过改革的印度教教派，禁止吸烟，必须留过腰的长发。一直约束他们的领袖兰季特·辛格死后，教众跃跃欲试，听到阿富汗人抗击英国人的消息更是受到鼓舞，决心碰碰运气，去进犯东印度公司的地盘。1845 年，他们渡过交界线上的萨特莱杰河，在德里以北 200 英里处被英军击退。英国人在那里建立了摄政团。三年以后，锡克教徒企图推翻摄

1 The ranges of the Hindu-Kush，中亚地区的褶皱山系，绝大部分位于阿富汗境内，历史上该山脉诸多山口具有重大军事意义。——编者注

2 Kabul，阿富汗首都，也是阿富汗最大的城市。——编者注

3 The Sikhs，即锡克教（Sikhism）信众。锡克教 15 世纪产生于印度旁遮普地区，为一神教。——编者注

政团。双方在该省的吉利扬瓦拉村进行了激战，三个英国军团丢失了军旗。不久后，英军打垮了锡克人的军队，一雪失旗之耻。约翰·劳伦斯和亨利·劳伦斯平定了旁遮普的局势，这对著名的兄弟足智多谋，在那里拥有绝对权威，不受东印度公司的限制。他们迫使地主们立下三条誓言："不许你们烧死寡妇，不许杀死你们的女儿，不许活埋麻风病患者。"他们把驰名于世的印度大钻石献给维多利亚女王，并使该省令人生畏的斗士们对英国王室产生了敬仰之情，这种感情持续了将近一个世纪。他们的部下，即后来以德里解放者的英名永垂青史的约翰 · 尼科尔森，甚至被旁遮普省的一些人奉若神明。在印度的其他地区，不明情况者和持敌对态度者在后来的动乱中把"记住吉利扬瓦拉战斗！"当作他们的战斗誓言和血腥口号。

这个时期是英国在印度满怀信心地进行扩张的时期。扩张活动主要是由当地的英国人进行的，他们的行动并非统统得到国内的赞赏。英国人经过另外两次大规模的吞并活动，完成了在印度的扩张。人们以前一直认为，夺取印度河下游的信德是控制西北沿海地区的必要条件。信德被查尔斯 · 内皮尔爵士所征服，他曾参加拉科鲁尼亚战役和 1812 年的美国战争。英国杂志《潘趣》(*Punch*，也译《笨拙》) 对这次征服行动作了冷嘲热讽的报道，说他发电报报告这次战斗时只用了"伯卡维"这个词 (拉丁文，意即"我犯了罪")。内皮尔对这种报道满不在乎，继续以绝对权威实行开明统治。他以简单的手段对付烧死寡妇的做法，在每个柴堆旁立起一个绞刑架，并且说："如果有人活活烧死妇女，我们就绞死他们。"信德也像旁遮普一样，保持了多年的安定局面。英国吞并的另一个地区是孟加拉边界的奥德，一个印度国王长期压迫那里的人民，达尔豪西侯爵在 35 岁时被任命为印度总督，他确信英国的统治和技术给印度带来了好处。在八年的任期里，他运用"绝嗣领土归公论"(doctrine of lapse)，把一些公国并入东印度公司的版图。根据这条原则，印度统治者死后如无本族继承人，他的领土便被没收。印度传统上允许收养的继承人继位，这个惯例此时遭到禁止。达尔豪西在奥德省明确宣布：

“如果英国政府支持一个给千百万人带来苦难的政权，它在上帝和人类面前是有罪的。”他在1856年废黜了奥德的统治者，接管了奥德省。第二年便爆发了反抗运动，舆论将引发动乱的大部分罪责推到了达尔豪西的头上。

* * *

东印度公司的孟加拉军队早已声名狼藉。它的兵源主要来自北方，其中大部分是出身高贵的印度人。这样的军队难以管理。婆罗门[1]士兵不服从出身低贱的军官和军士，一个人在团队里的权力和影响往往取决于他的宗教地位，而不是取决于他的军内职务。公司里的英国军官也多半不称职，因为他们当中的出类拔萃之辈都愿意调到更有前途的行政领域。留在团部工作的许多军官脱离士兵，而且不想改善队伍状况。公司需要派军队同缅甸作战。如果军队渡海出国，他们就会失去社会地位。但是，达尔豪西终于招募到可以在世界任何地区作战的新兵。部队官兵对津贴怨言纷纷，其他与军事骚动无关的事件使局势进一步恶化。19世纪50年代，铁路、公路、驿馆、电报和学校开始向农村发展，引起人们的担心。许多印度人认为，这些新生事物对传统社会造成威胁，因为这一社会的核心结构和精神支柱是严格而不可改变的种姓制度。他们说，如果人人都使用同一条铁路、同一所学校甚至同一条公路，那么种姓制度怎能保持呢？印度王公们对东印度公司最近的吞并活动感到不安和不满。禁止寡妇自焚的规定激起了印度人的仇恨。到处传说英国政府要强迫印度人改信基督教。由于在阿富汗遭遇不幸以及同锡克教徒战斗时的严重伤亡，英军无敌的威力受到质疑，以致印度士兵认为自己和欧洲军队不相上下，或者比他们更强。因此，接替达尔豪西的坎宁勋爵遇到了一系列麻烦。他到印度刚刚一年，便有一种新型子弹引入，引起了广泛的不满。

---

1 Brahmin，印度宗教婆罗门教中执行祈祷职责的祭司，印度种姓制度中的最高等级。——编者注

在普拉西战役100周年之际，恩菲尔德式步枪[1]的子弹上涂着猪油和牛油的传闻不胫而走。穆斯林忌食猪肉，印度教徒禁吃牛肉。这些子弹在装入枪膛之前必须用牙咬一下，这样，信奉这两种宗教的印度士兵就都感觉受到了侮辱。这些传闻有些根据，虽然在印度的达姆达姆兵工厂从未使用过牛油，然而伦敦的伍尔维奇兵工厂确实使用过。士兵的怨言一传出，带有油迹的子弹就不再发放。可是，有关猪油和牛油子弹的谣言在1857年春传遍各团，士兵群情激奋。驻防密拉特的一些骑兵在4月拒绝接受子弹而受到军法审判，被监禁起来，5月9日被公开剥去了军装。一名印度军官向上司报告说，印度士兵策划劫狱。上司不相信他的报告。第二天晚上三个团哗变，他们冲进监狱，杀死英国军官，然后向德里进军。

东印度公司无力阻击他们。在旁遮普以南，只有不到11个满员营和一些辅助部队，总共约有四万英国士兵分布在辽阔的半岛各地，而且没有临战准备。印度叛军比他们多四倍，掌握着大多数大炮。炎热季节已到，路途遥远，车辆不足，当局缺乏准备。然而，当英国人力量薄弱，印度可能再度陷入它经过努力才逐渐摆脱的混乱状态和流血斗争之时，大多数居民却无动于衷，也没有任何印度统治者参加叛乱。在东印度公司控制的三个军中，只有孟加拉军受了影响。尼泊尔籍士兵协助镇压叛乱，旁遮普保持忠诚，那里的锡克教徒和穆斯林仍然尊重已经解除武装、狼狈不堪的军队。恒河流域成为动乱的中心。

起初局势发展很快。两名英国军官和六名士兵守卫着德里的弹药库，他们血战到底，在最后的危急关头将它炸毁。叛军见到欧洲人就杀，他们抓到年事已高、靠东印度公司的年金过着隐居生活的德里国王，宣布他为莫卧儿大帝。这个策略未能奏效，几乎没有穆斯林起来响应。局势停滞了三个星

1 Enfield rifle，由恩菲尔德皇家兵工厂在李氏步枪的基础上改进而成，为1896年至1965年期间英联邦国家的制式装备。——编者注

期，然后叛乱扩大了。英国军官不相信部下会背叛他们，许多军官遭到杀害。在奥德边界的坎普尔[1]，驻军离开要塞去守卫公路。他们信任一个印度统治者的养子那那·萨希布。他已被剥夺继承权，但仍拥有实力。这回英国人的看法错了，他们已经大难临头。亨利·劳伦斯在首府勒克瑙建立了总督官邸，准备在那里进行长期的光荣防御。同时，英国人看出德里是叛乱的中心，便集中一切可能的力量，占领了俯视德里的山梁。这支军队兵力不足，无力进攻。他们有 3000 人马，其中大部分是英国人。在盛夏的烈日之下，他们在这个 50 英尺[2]的制高点上坚持了几个星期，与二三十倍的敌人遥相对峙。8 月初，尼科尔森带着援兵从旁遮普赶到，他们三个星期以来日夜赶路，每天行军近 30 英里。英国人大受鼓舞，在 9 月 14 日发动进攻。经过六天巷战，他们攻克了德里。尼科尔森在巷战中阵亡。可怜的德里国王被送往缅甸，他的两个儿子身陷囹圄，由于发生营救行动而被立即枪决。这一行动使印度人产生了新的怨恨。

坎普尔发生了残酷的屠杀。900 名英国人和亲英的印度人，其中近半数是妇孺，被那那·萨希布率领的 3000 印度士兵围攻了 21 天。6 月 26 日，他们得到安全撤出的保证。当他们要乘船离开时遭到射击，男人统统被打死，幸存的妇女和儿童被投入监狱。7 月 15 日夜晚，在印度长期过着戎马生活的亨利·哈夫洛克爵士率领的援军离坎普尔已经不到 20 英里了。那那·萨希布命令士兵屠杀俘虏，士兵拒不从命，于是，五名刽子手将俘虏统统砍死，并把尸体扔进一口井里。哈夫洛克在两天以后赶到坎普尔。一个目击者在很久以后写道，“如果基督教的哪位主教和我一起目睹那次大屠杀的惨状，我可以断定，他一定会拔剑出鞘的”。英军开始无情地报复。叛乱者有时被贴近身边的大炮活活炸死，或者躯体被缝进牛皮和猪皮之中。

1 Cawnpore，印度北方邦南部城市，位于恒河岸边，是印度北方邦重要的工业城市。——编者注

2 1 英尺约合 0.3 米。——编者注

叛军扑向勒克瑙。这里发生了殊死搏斗。亨利·劳伦斯指挥的1700人当中将近半数是忠诚的印度士兵，他们在总督代表的官邸抵挡着六万叛军的进攻。奥德地区同印度大多数地区不同，当地居民也参加了反抗运动。守军粮草匮乏，疾病流行。9月25日，哈夫洛克和乌特勒姆冲进要塞，但也陷入重围。数日之后，哈夫洛克由于过度疲劳而死亡。11月，帕默斯顿勋爵任命的新总司令科林·坎贝尔爵士解了勒克瑙之围。坎贝尔参加过反对拿破仑的战争，并且在克里米亚战争中功勋卓著。坎普尔面临着新的威胁，他只好前往援救。乌特勒姆得到一些援兵，继续坚守勒克瑙，该城直到翌年3月才彻底解围。那那·萨希布下落不明，他在喜马拉雅山脉的密林中永远消失了。

其他地区的叛乱更加迅速地遭到镇压。在收复德里以后，所谓全国性暴动的说法便难以成立了。印度中部的战斗持续到1858年底，虽然是零星的，却很激烈。由于宽厚而被讥讽为“仁慈”总督的坎宁在11月1日宣布，维多利亚女王是全印度的君主。实际情况也是如此。第一任代表国王的总督坎宁，是著名的外交大臣和首相坎宁的儿子。东印度公司早已不是贸易机构，它的统治权被彻底解除，这是德比和迪斯累里的短期保守主义政府努力的结果。在几乎整整一个世纪以后，克莱夫向皮特提出的建议终于为英国政府所采纳。从此再也不会有吞并活动，不会签订辅助性条约，也不会再发生内战。人人得到宗教自由和法律平等的保证。二三十年以后，印度人仍然频频回顾维多利亚女王在1858年的声明，视之如同《大宪章》(*Magna Carta*)。

对这次印度叛乱的规模不应估计过高。四分之三的军队没有参与叛乱，英管区只有不到三分之一的地方受到影响。印度士兵以前也发动过叛乱，而这次叛乱的主力在数星期之内便被镇压下去。这场动乱并非全国性运动，也不是后来某些印度作者所说的争取自由的爱国斗争或独立战争，次大陆居民组成一个民族和国家的主张和理想是很久以后才形成的。英国人和印度人犯下了可怕的暴行，统治者和被统治者之间的鸿沟从此逐渐加深。18世纪的悠闲气氛荡然无存，维多利亚时代初期及其之前的传教热情和改革热潮也已消失殆尽。英国人再也不把印度当作“家园”，也不把自己视为应召前来拯救芸芸众生的神圣使者。英国在印度的统治变得公正而干练。社会有了很大进步，物质条件也大有改善。边界受到保卫，到处洋溢着一片安定的气氛。饥荒已经消灭，人口大量增长。印度军队得到复兴和改编，它将在两次世界大战中站在英国一边，并且发挥重要的作用。然而，那次叛乱期间的野蛮暴行和报复行动在两国人民的心中留下了难以消除的怨尤。

*　　*　　*

这些事件在印度发生之时，英国的政局仍然混乱不堪，许多问题错综复杂。皮尔转向自由贸易，这个做法摧毁了他所促成的党派阵营。在后来的20年里，英国相继出现多届多党派混合政府。迪斯累里和德比击败皮尔以后，发现要想把托利党内贸易保护派组成一个有力的政党，还需要很长的时间。格拉德斯通等正在崛起的人物仍然坚持皮尔的立场，虽然迪斯累里不止一次极力劝说格拉德斯通进行合作，他们却坚决不同迪斯累里等人来往。如果这两个将要先后担任首相的仇敌此时能够携手合作，那么会出现怎样的局面呢？这是个十分有趣的问题。以罗素和帕默斯顿为首的辉格党人感到，他们的主要目标早已实现了。帕默斯顿愿意改进政府工作，但并不想进行大规模的改革。罗素希望进一步改革选举制度，不过这是他的政策之极限。二者都把自己当作英国传统制度的保护人。就这个态度而言，这两位领袖大概同维多利亚时代中期的普遍看法是一致的，帕默斯顿尤其如此。在这些年里，激进主义在选民中没有市场。全国各地呈现欣欣向荣的景象，激烈的政治风潮也随之平息。端庄和服从成为社会的时尚。绅士仍然受到敬仰，但白手起家的人也颇受尊敬。塞缪尔·斯迈尔斯[1]所提倡的勤奋自助的原则，在中产阶级

1 Samuel Smiles（1812—1904），英国著名道德学家、社会改革家以及作家。——编者注

和许多工匠中间受到广泛的欢迎。人们吸取了宪章派失败的教训，开始认识到教育体力劳动者比发动他们进行革命更为重要。许多体力劳动者也同意这个观点。这一切使人产生了安定的印象，因而也有了稳步前进的感觉。

种类繁多的教派对人们的思想产生了有益影响。数百万人经常到教堂做礼拜，他们占总人口的一半以上，其中赤贫者少一些。宗教争论至为激烈，有时甚至十分刻毒，不过这种斗争仅限于口头上，为宗教而进行内战的时代已经过去了。人们养成了容忍的美德，不过容忍并不等于漠不关心。教会、教派和它们的会众互相攻讦，有时进行激烈的唇枪舌剑。当罗马天主教会在英国重建主教制度时，伦敦出现了骚乱和强烈的抗议声，但没有发生暴乱。

19 世纪初，低教会派的热情和牛津运动[1]的崇高理想唤醒了沉睡的英国国教。低教会派和高教会派极力以娓娓动听的宣讲影响人们的思想。英国教徒中约有半数是国教徒，其他教派的影响有所扩大，卫理公会[2]、浸信会[3]、长老会[4]、公理会[5]和一位论派[6]都有许多信徒。天主教徒恢复公民权以后，英国的天主教会开始复兴，并且吸收了一些高教会派教士加强力量，其中包括约翰·亨利·纽曼。此人是个敏锐的思想家，后来晋升为红衣主教。

自克伦威尔时代以来，人们的宗教感情从来没有如此诚笃，也没有如此普遍。但思想家们也被新出现的进化论所吸引，这一理论是长期科学研究积淀的结晶。查理·达尔文在 1859 年出版的《物种起源》(*The Origin of*

1 主张在英国教会中恢复天主教教义和仪式、反对自由运动的一次运动，约在 1833 年发生于牛津大学。——译者注

2 Methodist Church，基督教新教卫斯理宗教派合并而成的基督教教会。由英国人约翰·卫斯理（John Wesley，1703—1791) 创立。教会主张圣洁生活和改善社会民生，注重在群众中进行传教活动。——编者注

3 Baptist Church，基督教新教主要宗派之一，17 世纪从英国清教徒独立派中分离出来，因其施洗方式为全身浸入水中而得名。——编者注

4 Presbyterians，是英国清教徒的派别之一。它反对英国国教由国王任命主教的制度，提出以选举产生的长老来管理教会，故被称为“长老会”教派。——编者注

5 Congregational Church，创立于 1592 年，是独立于英国国教的自治教会，信奉基督新教公理宗（Congregationalists）。主张各堂会独立，会众实行自治（即公理制）。——编者注

6 Unitarians，否认三位一体和基督神性的基督教派别。此派别强调上帝只有一位，而传统基督教相信上帝由三个位格（即圣父、圣子和圣灵）组成。——编者注

Species）一书中，对这一理论进行了精辟的论述。此书问世之后，那些本就不大相信《圣经》（*The Bible*）中关于万物起源说法的人们更加感到疑惑不解。进化论及其强调的有关世上生物适者生存的原理，有力地加强了维多利亚时代中期的乐观情绪，使人们更加坚信人类必然不断前进的信念。

在英国同胞的心目中，帕默斯顿似乎反映了他们的崇高意愿。他对外国政府一如既往地严惩不贷，他的爱国精神加强了国民的自信心。维多利亚女王和阿尔伯特亲王有时对这种精神并不满意，他不经禀报就发出措辞激烈信件的做法令他们反感。尽管帕默斯顿言词强硬，有时行动轻率，但他却希望在欧洲保持和平。因此，他所支持的外国民主运动也常常令他不安。

在这些年里，欧洲影响最大的事件是意大利统一运动。在 1859 年和 1860 年，意大利人民的这一夙愿终于部分地实现了。意大利人以割让尼斯和萨沃伊为代价换取拿破仑三世的军事援助，而这位法国皇帝从奥地利人手中得到伦巴第以后，便在关键时刻抛弃了他的盟友，这是人人皆知的史实。威尼斯尚未收复，更有甚者，法国军队保护着罗马教皇国的残骸，使意大利人整整十年未能收复他们名正言顺的首都。许多意大利小国相继赶走外族统治者，合并形成统一的君主制国家，英国人普遍乐见其成。加里波第[1]和他领导的数千义勇军，以异常迅猛之势在西西里和那不勒斯推翻了积怨甚多的波旁政府，在伦敦成为众人称颂的英雄。帕默斯顿和外交大臣罗素欢迎这些大胆的行动，同时，他们又怀疑拿破仑三世的意图，担心会爆发更大的战争。因此，他们奉行支持而不介入的政策。这两位辉格党元老欢迎意大利新政府实践 1688 年英国革命的原则，这是他们的基本观点的集中体现。罗素在下议院把加里波第比作英王威廉三世，至于意大利人对此作何反应，史册中没有记录。

1　Garibaldi（1807—1882），意大利民族英雄，国家独立和统一运动的杰出领袖、军事家。——译者注

*　　　*　　　*

在国内的政治事务中，英国政府表现出严重的自满情绪。帕默斯顿同以前的墨尔本一样，不赞成采取过多的立法行动。他以性情温和、看法务实而著称。小说家特罗洛普说得好，他是“一个务实的政治家，根本不考虑目前不需要或不实际的任何事情”。年轻有进取心的下院议员不喜欢他的这种务实看法。反对派成员迪斯累里愤怒地对这个 19 世纪的最后一位政治家发泄出他的轻蔑和不满。有一次，迪斯累里在下议院说：“他对外制造纠纷、激进好斗，以求得国内的安定、保护国内的统治，因此造成入不敷出、税收加重和社会停顿的局面。他的行动方针毫无政治原则，在需要人民支持的时候，他能博取信任的唯一本钱便是他自己的名字。”皮尔的信徒和追随者们对此也同样感到失望而无可奈何。只要政权仍然掌握在帕默斯顿、罗素和辉格党贵族手里，皮尔的信徒所向往的自由目标就无法实现。西德尼·赫伯特在暂时下野时说：“辉格党人对贵族的迷信是无法消除的。我看不出混乱的反对派如何能够组建一个有力的党派，更不用说他们如何能够组建政府了。他们群龙无首，矛盾重重，互相排斥。辉格党贵族似乎筋疲力尽，这个党没有后起之秀，但又对元老们怨言纷纷。精明能干的中年商人们没有得到任职的优先权，因而自尊心受到了伤害。”

托利党的处境同样不妙。他们的名义领袖是德比勋爵，他善于雄辩，认为政治是强加在他这个阶级头上的苦差事。他的真正兴趣是赛马，并曾经出色地翻译过荷马的作品。迪斯累里成为托利党的下院领袖，他为了争取权力而作出了艰苦的努力。一个犹太人竟然能够领导一批乡绅，这在英国政治生活中实属奇闻。《谷物法》废除以后，保护措施不复存在，而且像迪斯累里所说的那样，他们因此受到咒骂，于是他和德比决定放弃该党的这条方针。探索新政策是一个漫长、艰苦而令人沮丧的过程。同时，迪斯累里还必须充当德比的助手。他们在 1852 年和 1858 年上台执政，但任期奇短，碌碌无为。

迪斯累里不止一次试图同激进派联合，向他们保证反对军备和好斗的外交政策。他甚至宣布，殖民地是“挂在我们脖子上的磨盘”。激进派的主要代言人约翰·布莱特对此并不抱幻想，这个精明的贵格派[1]教徒不好骗。他说：“迪斯累里先生可以说是在为托利党变魔术。要是在印第安人当中，他会被称为巫医的。”这样，迪斯累里的计划就落空了。在碰壁之后，他又开始攻击辉格党人。他确信，打垮他们的唯一办法是进一步扩大选举权，以便把可敬的工匠吸收到选民队伍中来，同敌对的中产阶级抗衡。于是他耐心地劝说德比及其同僚。在青年时期，他梦想统一贫富两个阶级，他的小说《西比尔》（*Sybil*）反映了这一梦想。19 世纪 50 年代，托利党逐渐摸索出一套比较实际的民主原则，但要想使人们接受迪斯累里的观点还要很长的时间。

皮尔派介于辉格党和德比的托利党之间，其中最知名的人物是威廉·格拉德斯通。他在 1832 年进入国会，当时是坚定的托利党人，后来转向自由党阵营。皮尔的逝世摧毁了他对托利党原则的忠诚，他开始摸索新的道路。他的父亲是一位利物浦富商，在西印度群岛拥有奴隶，他同老上司皮尔出身于同一个阶级，也同样相信自由贸易的新观点。他虽然享有善于理政和雄辩的盛名，而和他同时代的人却认为他目光短浅、缺乏原则。然而，正如帕默斯顿所料，他已开始意识到英国中产阶级的政治能量。帕默斯顿说：“他堪称为人民的一员，他希望同人民融为一体，具有宗教热情，并以自己的智慧使这种热情对别人产生强烈的影响。”格拉德斯通对神学至为关心，但他比同僚们更了解新选民的想法，比皮尔更懂得党派的作用。“他表里不一”——这就是当时人们对他的评价。他像迪斯累里那样，地位升迁缓慢。克里米亚战争爆发时，他任财政大臣，后来下野。他没有过早地达到权力的顶峰，实属大幸。皮尔就是由于过早担任要职而垮台的，因此未能把自己的主张付诸实

1 Quakers，也称贵格会、教友派，于 17 世纪中期兴起于英国及其美洲殖民地。该教派无成文教义，也无专职牧师，用圣灵启示指导信众，具有神秘主义色彩。——编者注

施。长期的等待使格拉德斯通益发自信。

1859年，50岁的格拉德斯通加入辉格党的阵营，从而结束了长期的探索。一个外交政策问题促使他作出这一决定，不久他却再度集中精力从事财政工作。他在帕默斯顿手下担任财政大臣，开始了自己的黄金时代。他在下议院就预算问题多次发表精彩的演说，有条不紊地处理行政事务，同法国签订了开创自由贸易新篇章的贸易条约，要求紧缩军事开支。他在这个问题上同首相发生了矛盾。他主持的财政工作成就卓著，他提出三个非常成功的预算减少了税收。国家贸易迅速发展。谁将成为党内领袖不久便见端倪。1865年，81岁的帕默斯顿逝世。他在临终时说道："格拉德斯通即将为所欲为了。只要他继任我的职务，我党将作出奇怪的举动。"帕默斯顿的这番话颇有道理。18世纪随着他的去世而消逝。维多利亚统治的后期需要一位新领袖，这位领袖终于出现了。当格拉德斯通再次出现在选民面前时，他在演说的开头这样说道："朋友们，我终于来到了你们中间，而且不再受任何限制了。"但辉格党人还在犹豫不决。格拉德斯通试图像迪斯累里那样，把选举权赋予广大劳动者，因为他急于获得新选民的支持。他说服罗素政府提出一份《改革法案》，但是内阁意见不一，终于全体辞职。德比和迪斯累里组建了少数派政府，维持了两年半的时间。

迪斯累里抓住时机，于1867年提出新的《改革法案》。他对这个议案进行了巧妙的删改，以迎合他所领导的下议院的愿望。选区重新进行了有利于工业城市的划分，选民增加了近100万，大约增加了一倍。托利党人看到新增数目大大超过他们的预期，感到紧张。在许多市镇，工人阶级将在选举中构成多数票，德比说这是"不顾后果的行动"。刚刚发生的美国南北战争似乎并非争取民主的好办法。甚至连激进派也惴惴不安，因为他们不知道未受教育的群众究竟会采取何种行动。这片疑云马上就消散了。帕默斯顿去世不久国会立即通过的第二个《改革法案》，开启了英国的政治领域新时代。新问题以及解决问题的新方法都随之出现。银行家兼经济学家沃尔特 · 白哲特说过：

“一个实行党派政治的国家恰似美洲的一片大森林，只要你砍倒一些树木，新树便立刻破土而出，取而代之。”1868 年 2 月，德比辞去党内的领导职务，迪斯累里终于成为首相，像他自己所说的那样，到达“滑腻竿子的顶端”。他被迫举行大选。举足轻重的新选民支持他的政敌，已经成为自由党领袖的格拉德斯通组成了自皮尔时代以来最巩固的一届英国政府。

第六章 CHAPTER 6

英语民族的迁徙（一）

——加拿大和南非

拿破仑的垮台急剧加速了列强抢占世界的殖民活动。同拿破仑的长期斗争阻碍了英语民族的扩张，足以建立第二大英帝国的人力和船只尽数耗费在20年的世界战争中。一代国民在工厂和农庄里辛勤劳动，或者在海军和陆军中浴血奋战，只有极少数人有去海外寻求新生活和财富的念头或机会。他们的精力和希望都集中在生存和胜利上，无暇考虑移民问题，即便有时间，也抽不出人力。突然，滑铁卢大战改变了这一切。海洋再次畅通无阻，欧洲解除了威胁，船只不需要军舰护航，各大洲的主要海岸线均已绘入海图，新大陆又一次成为人们逃避苦难的地方。战争结束了。各处航行的船只很多，索费甚低，结果促成了人类史上规模空前的大迁徙以及英国工业和贸易的飞速发展。

当然，这个过程需要一定的时间，起初的移民活动规模很小。但是，在澳大利亚定居的罪犯、北迁加拿大的美国效忠派、世界各温带地区的商人、探险家、传教士和捕鲸者已经指出了前进的道路。老百姓当中纷纷传说，还有一些富饶的土地适于居住而迄今无人定居，白人可以在那里过安静自由的生活，也许还能生活得更好。英国的人口急剧增长，加速了殖民扩张的步伐。1801 年，英国人口有 1100 万，30 年以后达到 1600 万，到 1871 年又增加了 1000 万。在出生时或幼年时期夭折的现象极为少见。最近一位权威人士宣布，尽管发生了工业革命，伦敦的环境还是比普鲁士农村和巴黎更有利于健康。随着人口的增长，移民开始了。19 世纪 20 年代移民人数为 25 万，在 30 年代达到 50 万，到 19 世纪中期增至 150 万。在滑铁卢大战的 65 年之后，迁出不列颠的人口多达 800 万。

这次移民运动在动机、方法和性质方面，同 17 世纪到美洲建立普利茅斯殖民地的第一批英国清教徒和斯图亚特时代的种植园开辟者有天壤之别。饥馑至少迫使 100 万爱尔兰人迁到美国和其他地方。黄金把贪婪的财富追求者吸引到澳大利亚和萧瑟的加拿大内地，他们在那里找到了比伊丽莎白时代的冒险家所发现的地方更加荒凉也更为现实的世外桃源。对土地的欲望和对羊毛贸易利润的渴望也吸引着相对理性的富有者。英国政府对此反应冷淡，有时甚至持反对态度。美国独立战争使英国统治阶级中的大部分人感到，拥有殖民地并非好事。在 1854 年以前，政府连殖民地事务大臣的职位都没有设立。政府只对战略基地感兴趣，但如果老百姓想在新地方定居，那就让他们去好了。这样也许会解决失业问题，同时也能为穷愁潦倒的贵族提供一些职务。这些殖民地越早获得完全独立，英国纳税者的负担就越轻。尽管如此，人们对希腊比对新西兰更感兴趣，受过教育的人对奴隶贸易比对肮脏的移民船更关心。第二大英帝国如同在印度的统治一样，几乎是偶然建立起来的，很少得到哪个主要政党的支持。

*　　*　　*

在海外新地中，加拿大是英国人最熟悉、离英国本土最近的地方。长期以来，她的沿海地区一直向英国输送木材。船主们不让船只空舱而归，顺道运回一些移民，只向他们收取较低的旅费。移民者一旦登陆，远离英国，困难诸多。沿海省份的人们过着自给自足的生活，许多移民决定前往下加拿大，即今日之魁北克省。皮特曾于 1791 年试图把加拿大一分为二，以解决民族矛盾。法国人在下加拿大根深蒂固，他们在教士和贵族的统治下形成紧密的外侨社会，对自由欧洲的民主观点不感兴趣，也不受其影响，像布尔人[1]在南非那样，坚决地保留自己的传统和语言。下加拿大的西北部是上加拿大，即现在的安大略省。18 世纪末，有六万英国人不愿生活在美利坚合众国而外迁，其中一部分人迁到了上加拿大。这些自尊心很强的人出于对英国王室的忠诚，放弃自己的大部分财产，得到了“帝国忠杰”（United Empire Loyalists）这一无利可图的光荣称号。莫霍克部族[2]在这种感情的驱使下，也和他们一起北迁。这些部落在森林中垦伐出居住地，在偏僻之地过着孤寂的生活，并时刻警惕着美国的进犯。圣劳伦斯河的急流湍滩把他们同下加拿大隔开了。再往西便是一片荒漠，直到太平洋沿岸才能看到同中国通商的几座商埠。

这些地方的居民属于不同的民族，有着各自的传统和特点，他们因美国入侵的威胁而暂时联合起来。法国人、英国人和印第安人并肩抗击美国人，在 1812 年至 1814 年的三年斗争中击退了他们。这时麻烦出现了。下加拿大的法国人担心新移民在数量上超过他们，进而控制他们；上加拿大的效忠派则欢迎新移民，因为这些人的到来可以抬高土地价格，可是他们又不愿意平等待之。与此同时，这两个省之间也开始对立。上加拿大的出口货物必须经过下加拿大并在那里纳税，两省在分享贸易收入的问题上发生了争执。加之宗教方面的分歧，冲突更加激烈。约在 1820 年以后，下加拿大议会开始像

1 Boers，生活在南非和纳米比亚的白人种族之一，主要为 17 世纪至 19 世纪移民南非的荷兰人后裔。——编者注

2 Mohawk tribe，北美原住民部族，定居地位于易洛魁联盟最东侧。因起源于纽约州莫霍克谷而得名。——编者注

斯图亚特王朝初期的国会和美洲殖民地议会那样行事，拒绝为皇家法官和长期任职的官员拨付薪水。法国人当中的政客们为此发表了慷慨激昂的演说。在上加拿大，新移民为实现同效忠派的政治平等而斗争。自由党人企图使行政机构对议会负责，并扬言要脱离大英帝国。1836 年，他们占据多数席位的议会宣告解散。

次年两省发生叛乱，下加拿大和上加拿大的叛乱分别坚持了一个月和一个星期。居民骚动，部队开枪，当局和叛乱者达成模棱两可的妥协，因此被处死的人很少。一切都是在小范围内进行的，没有造成重大损失，但这次叛乱使英国政府意识到，处理加拿大问题必须谨慎小心。伦敦的辉格党领袖比乔治三世英明，他们看出，一小撮暴动者可以掀起巨大的波澜，于是在 1838 年派德拉姆勋爵前往调查，由爱德华·吉本·韦克菲尔德担任助手。德拉姆作了“恢复正常局势”的含糊指示。同时，《议会立法》（*Act of Parliament*）宣布加拿大宪法无效。德拉姆是个激进分子，他英明果断，性情急躁。韦克菲尔德是位活跃的帝国事务理论家，他同几位女继承人勾勾搭搭，因此受到监禁，后来只好在幕后参与国家事务。德拉姆在加拿大只住了几个月，他以高压手段对待心怀不满的加拿大人，因此遭到来自威斯敏斯特强烈的批评。尽管他同墨尔本勋爵的政府关系不好，这个政府还是应该支持他，可是这个政府没有这样做。他感到政府抛弃了他，于是愤然辞职回国。他起草了一份著名的报告，至少是署名人之一。在这份报告中，他分析了加拿大动乱的根源，主张从议会中选出部长，建立代议制政府，统一加拿大，有计划地拓居无人区。他的建议大部分被 1840 年的《加拿大法案》（*Canada Act*）付诸实施，这是约翰·罗素勋爵努力的结果。

此后，加拿大在和平的环境中得到迅速发展。她的人口在 1815 年约有 50 万，在 1838 年达到 125 万。同年，汽船开始定期往返于加拿大和不列颠之间，穿越大西洋的低价邮政体系也建立起来。殖民地几乎可以完全自行其是，它们的议会可以自己任免部长，对此英国人感到犹豫和怀疑。但是，德拉姆的女婿埃尔金勋爵在 1847 年受命担任加拿大总督，决定了加拿大的发展方向。像德拉姆一样，埃尔金也认为，总督应该代表国王，在政治上不要过于抛头露面。他根据议会的愿望任免部长，为此受到一方的谴责和另一方的拥护，甚至遭到鸡蛋和石头的袭击。他在七年后辞职时，加拿大的各个派别均已接受这条原则：要想使权力深得人心，就必须对人民负责。如果部长们得到多数人的信任，人们就必须服从他们、受他们的统治；如果部长们失去信任，就应该辞职。这时几乎听不到脱离大英帝国、把加拿大分为几个主权国家或者加入美利坚合众国的论调了。相反，英国在 1846 年同美国签订的《俄勒冈条约》（*Oregon Treaty*）把横贯北美大陆的北纬 49 度线定为两国的边界，将温哥华岛全部划归英国。至于这个条约的缔结过程，本卷将另行叙述。

19 世纪中叶，建立加拿大各省联邦的运动增长了势头，得到日益广泛的支持。美国南北战争使加拿大人认识到，他们邻国的政体并非十全十美。北方的胜利则使他们感到，扬扬得意的美利坚合众国或许会企图进一步开拓疆域。加拿大早已把目光转向西部地区。除马尼托巴地区有一些殖民者定居外，安大略省和落基山脉之间的千里荒原上无人居住，那里是印第安人、猎人和野兽出没之地。有人说，这片千里荒原对美国夺取土地的欲望具有很大的诱惑力。在南北战争结束后退伍的爱尔兰士兵已经一再越境进行武装袭击，而美国国会声称无力加以阻止。美国人难道不会继续前进，偷偷地占领这些无人居住的荒原，甚至对他们擅自占据的地区提出主权要求吗？据说这些地方土地肥沃，可供白人谋生。1867 年，美国以 720 万美元的价格从俄国人手中买下了荒凉偏僻的阿拉斯加。但在美国的家门口，却有一块更为可贵而极易得到的土地。统治这块土地的只有查理二世时代建立的哈得孙湾公司[1]，该公司认为农业对它的皮毛贸易有害，因而敌视外来的移民，警惕地保

---

1 Hudson's Bay Company，成立于 1670 年的英国皇家特许贸易公司，长期垄断哈得孙湾地区的所有贸易。——编者注

护自己的权威。11 年以前，弗雷塞河畔发现了黄金，一群群淘金者蜂拥来到太平洋沿岸。哈得孙湾公司的官员无法控制这个混乱的局面，英国政府只好把这些遥远的沿海地区置于王权的直接管辖之下，从而诞生了英国的直辖殖民地——不列颠哥伦比亚。这个殖民地不久同温哥华岛合并，要求并实现了自治。在它和安大略省之间有一片无人区，要想避免这个地区被美国夺走，就必须采取措施。加拿大如何能够独立于美国而生存下去呢？

这些考虑促成了 1867 年的《不列颠北美洲殖民地法》（*British North America Act*），它宣布了英国第一个海外自治领的诞生。当时这一自治领包括安大略省、魁北克省、新不伦瑞克省和新斯科舍省。它们制定了联邦宪法，但它同美国宪法截然不同。凡是没有明确授予各省的权力，皆由中央政府掌握。总督代表国王，通过从加拿大下议院的多数派中选出的部长实行统治。下议院的议员数目依据他们代表的人口比例而定。这样就为扩大领土和增加新省份创造了条件，在铁路时代和向西扩张的前夕，加拿大拥有了稳定的政治局面。

新生的自治领初次召集议会时，关心的主要问题是西部土地。议员们能够放眼未来。这里应该略谈他们的远见所产生的结果。应该立即采取的措施显然是买下哈得孙湾公司的全部产权。这个目标在两年后得到实现，代价是 30 万英镑。哈得孙湾公司将贸易权一直保留到今日，但它把土地统治权上交给了王室。在这个过程中，发生了流血事件。野蛮的印第安人认为他们的自由受到威胁，于是在马尼托巴发动叛乱，但很快就被镇压下去。马尼托巴在 1870 年成为自治领的一个省，不列颠哥伦比亚翌年也并入自治领。单凭这些措施，并不足以把辽阔的加拿大紧密地联结起来。自治领面临的艰巨任务是及早开拓荒无人烟的西部土地，以防美国移民越过北纬 49 度线。解决这个问题的办法是修筑一条横贯东西的铁路。沿海各省加入自治领联邦时提出一个条件：必须有条铁路把它们同安大略省连接起来。经过九年的努力，这条铁路终于在 1876 年建成。不列颠哥伦比亚提出了同样的要求，也得到了同样的允诺。可是实现这个诺言却难得多，因为资本不足，投资者顾虑重重，政治局势复杂，而且那里的大部分地区是人迹未至的荒野。最后，苏格兰人唐纳德·史密斯，即斯特拉思科纳勋爵，承担了这个计划。他的公司要求工期为十年，并获得政府的经济援助，只用了一半时间便大功告成，直通太平洋岸边的铁路于 1885 年通车。其他路线也相继竣工，年产量迅速达到数百万蒲式耳[1]的谷物，开始从大草原源源不断地运到东部。加拿大已经成为一个国家，面前展现出光明的前途。

* * *

南非和美洲不同，没有多少宜人之处能够吸引殖民者和探险家。许多人把它作为航行中的歇脚点，无人愿意在那里久住。圣劳伦斯湾为人们深入加拿大内地提供了方便，而南非沿海则缺少天然港口和可以航行的河流，主要是受着海浪冲击的悬崖和沙冈。离海边不远，便是连绵不断的崇山峻岭，沿海而行，堵塞着通往内地的去路。西海岸的地势相对平缓一些，可是那里一片荒凉，缺乏水源。南边和东边山势逶迤，许多地方陡不可攀。对于欧洲人来说，南非是最难进入的地区，它在很长的时间里只是“海上小客栈”（Tavern of the Seas），是通往东方航线上的停靠港。

在 17 世纪，往返于东印度群岛与阿姆斯特丹或鹿特丹之间的荷兰东印度公司船只，是过往好望角的头号常客，桌湾是它们的停泊地。荷兰人早就谈论要建立永久居住点，但直到 1652 年才采取行动。他们在力量最强大和文化最发达的时候，派年轻的外科医师扬·范·里贝克率领三艘船去占领桌湾。根据计划，里贝克一行不拟进行殖民活动，他们只想为公司的船只建立一个停靠港。那里的居民几乎都是东印度公司的职员，他们无权向外扩张。20 年

1 Bushel，计量单位。蒲式耳与千克的转换，在不同国家以及不同农产品之间均不同。——编者注

以后，桌湾只有 64 名自由市民。17 世纪末，西蒙·范·德斯特尔及其儿子威廉·阿德里安担任总督时，情况发生了变化。他们鼓励荷兰人到南非定居，到 1707 年，自由市民已达 1500 多人。这些人并不都是荷兰人，有许多是受宗教迫害而背井离乡的胡格诺派教徒、德意志人或瑞典人，但荷兰人逐渐同化了他们。这个小社会由当地的黑奴侍候并支撑着。这个殖民地在 18 世纪不断繁荣壮大。第一个欧洲人在 1760 年跨过奥兰治河。后来菲什河在 1778 年成为殖民地的东方边界。到了 18 世纪末，殖民地约有 1.5 万人口和三个殖民点。开普敦成为拥有 5000 居民的港市，兼为东印度公司的总部，殖民者称之为“小巴黎”。好望角附近的一块沿海地带宜于耕作，那里的农民过着原始而悠闲的小康生活。第三个殖民点是离海岸较远的一块带状平原，那里的边塞居民狂躁不安却顽强不屈，自给自足又眼界狭隘，与世隔绝，反对文明政府的种种限制，是 19 世纪集体迁徙者和德兰士瓦省布尔人的先驱。

荷兰逐渐被英国赶上，18 世纪结束时，有帝国前途的显然不是荷兰，而是英国和法国。拿破仑战争破坏了荷兰贸易，将荷兰船只赶出公海，推翻了荷兰国家政权。荷兰东印度公司在 1782 年付出最后一次红利，12 年以后宣布破产，赤字达 1000 万英镑。它的破产引发严重的后果。荷兰再也无力保卫她的属地了。当荷兰人被法国人打败，巴达维亚傀儡共和国[1]建立起来的时候，英国人便把开普殖民地[2]当作敌人的领土加以占领。最后根据 1814 年的和平条约，该殖民地正式割让给英国，英方为此付出 600 万英镑作为补偿。

起初，英国人没有遭到强烈的敌视，一则荷兰东印度公司不得人心，二则英国人没有蓄意推行英国国教化的政策，开普殖民地保持着大部分荷兰传统和习惯。英国人在东部边界采取有力措施，那里的殖民者同大规模南迁的中非班图人[3]发生了接触和冲突。从大陆的东部到西部都进行着这种南迁活

1　Batavian Republic，荷兰在 1795 年至 1806 年期间的国名，自成立之日起便为法国的傀儡国。——编者注
2　Cape Colony，位于南非境内，1806 年至 1910 年期间为英国殖民地，包括开普敦及其邻近地区。——编者注
3　The Bantu peoples，为南部非洲班图语系各族人民的统称。——编者注

动，西边有赫里罗人[1]和达马拉人[2]，东边有沿海地区的恩古尼人[3]。菲什河沿岸经常发生抢劫畜群的事件。1779年，在荷兰人和土著之间爆发了战争。卡菲尔人[4]的战争从此开始，持续了百年之久。殖民者散居在相距遥远的农场里，难以自卫，要求开普敦给予援助。远方的荷兰当局没有帮助他们，因此英国人得以大显身手。

英国人认为，保住菲什河一线的唯一办法是利用英国殖民者拓居戍边，因而在1820年和1821年，近5000英国人从国内来到南非。在这次移民潮期间，英国当局的政策也发生了变化。英国政府确信南非必将永远成为大英帝国的一部分，因而决心尽量使其英国化。英语开始取代荷兰语，成为南非的官方语言；1828年，当地法律程序根据英国的模式进行了改革；英国货币取代荷兰货币；英国人开始控制教会和学校。这些措施导致一系列分歧，正如英属加拿大殖民地经历的那样。尽管英国人和布尔人宗教一致，语言接近，祖先相同，政治和社会传统也很相似，但他们仍陷入了种族斗争。除了爱尔兰人之外，帝国各属地中对英国的统治手段反抗最甚者便是布尔人。

推行英国国教的运动考虑不周，没能成功。就像西班牙人在16世纪发现的那样，没有哪个民族比荷兰人更顽强地维护自己的文化和传统；19世纪20年代和30年代的新政策造成的唯一后果，便是加深了已经出现的意见分歧，尤其是在土著问题上的分歧。当时，英国掀起了慈善博爱的热潮，英国传教士自19世纪初一直在南非积极活动。传教士们信誓旦旦地宣传说，黑人与白人是平等的种族。殖民者主要把土著视为农夫，想尽量严格控制他们。传教士的努力终于在1833年促成奴隶制的废除，殖民者对这种干涉大为恼火，因为这意味着他们的劳动力减少和威望降低，而且大量的班图人将沦为乞丐

1 Hereros，西南非洲民族，属于班图语系族群。——编者注

2 Damaras，游牧民族，生活在那米比亚中部山区。——编者注

3 Nguni，非洲南部和东部操班图语的民族之一。——编者注

4 Kaffirs，属阿富汗民族，主要分布在东北部兴都库什山南坡的努里斯坦。——编者注

和流浪者。起初，英国殖民者同荷兰人意见相同，但以约翰·菲利普博士和伦敦传教协会为主的传教士左右了英国政府和殖民部以后，荷兰人只好独自对英国当局发怒了。

1834 年，第一次危机发生了。菲什河沿岸的定居点未能形成有效的屏障，一群群班图人越过边界，摧毁农场，把拓殖区化为焦土。总督本杰明·德班爵士击退了班图人，为了防止他们再次进攻，他吞并了凯斯卡马河和凯河之间的地区，赶走那里的土著，把土地给予殖民者作为补偿。这个地区改为一个省份，并以阿德莱德王后的名字命名。传教士对这些行动表示反对，他们说服殖民大臣格莱内尔格否定德班的行动并放弃阿德莱德王后省。殖民者丧失了他们得到的一切补偿，接着听说格莱内尔格认为卡菲尔人发动战争是十分正当的行动，这使殖民者在痛苦之余又受到侮辱。大迁徙活动因此开始了。

大约 5000 名布尔人带着妻孥，赶着牲口，分成小股进入茫茫的未知世界，犹如以色列的子孙在寻找上帝赐予的希望之乡。其他许多人也循迹而去。有些人跋涉 1000 多英里，到达林波波河畔。许多人遭到马塔贝莱人[1]和祖鲁人[2]的袭击，所有的人都忍受着饥渴的折磨，然而，他们以加尔文宗的坚韧不拔的精神继续前进。这次大迁徙是 19 世纪的壮举之一，其目的是永远摆脱英国人的统治。布尔人的一位领袖彼得·雷蒂夫写道："我们确信，我们离开这个殖民地以后，英国政府就再也不能向我们提出任何要求，会允许我们在不受干涉的情况下实行自治。"

在很长一段时间里，他们的前途黯淡无光，当时正值恰卡及其继承者丁干所统治的祖鲁军事帝国兼并其他土著部落的时代。祖鲁人屠杀了成千上万土著，布尔人获得迁移空间，可是他们在迁徙过程中也屡遭劫难。在许多偏

1　Matabele，属津巴布韦西南部班图语系民族，主要从事畜牧业与农业。——编者注
2　Zulus，南非人口最多的种族。祖鲁王国曾为英国殖民地。——编者注

僻的地方，他们在用牛车围成的营地里遭到祖鲁斗士的猖狂进攻。直到 1838 年 12 月，他们才在布拉德河畔的一次激战中粉碎了丁干的武装力量。胜利之后，布尔人在彼得马里茨堡周围的地区建立了纳塔尔共和国，第一任总统是安德列斯·比勒陀利乌斯。

他们的自由可谓昙花一现。英国人拒不承认这个共和国，经过短暂的斗争，在 1845 年把它变为开普殖民地的一个省。纳塔尔西部的平原上仍有迁居的布尔人，纳塔尔共和国的许多难民逃至此地，加强了他们的力量。英国人对此偏远之地也加以干涉。1848 年，曾在威灵顿麾下服役，勇敢顽强的哈里·史密斯爵士征服了奥兰治河和瓦尔河之间的地区，在布姆普拉特打垮了比勒陀利乌斯，使布尔人只在殖民地边界的瓦尔河彼岸剩下零星的定居点。

不久以后，当局同奥兰治河对岸的部落，尤其是同巴苏陀人[1]，发生了冲突。在处理纳塔尔问题时，英国人划定了土著保留地，恢复部落统治，将他们置于英国政府的间接监督之下。但英国政府不愿多负责任，于 1852 年承认了瓦尔河以外拓居者的独立地位。两年之后，英国人根据《布隆方丹协定》(*Convention of Bloemfontein*)，退出奥兰治河，建立奥兰治自由邦。政治上的分化还不止于此，阿德莱德王后省和纳塔尔变成两个殖民地，由英国殖民部直接管辖。到 1857 年，现在南非联邦的地域内共有五个共和国和三个殖民地。由于羊毛生产飞速发展，最初的开普殖民地繁荣起来。1853 年，英政府咨询枢密院后未经国会同意便发表敕令，在南非殖民地实行议会制，议会设在开普敦，但尚未实行完善的责任政府制。南非的历史至此进入一段不太稳定的和平时期，我们暂且不谈。

1 Basutos，班图人的一支，生活在非洲南部。——编者注

第七章 CHAPTER 7

英语民族的迁徙（二）

——澳大利亚与新西兰

很久以前，澳大利亚就已进入人类的想象世界。早在希罗多德[1]时代，人们就传说在天水相接之处，曾经看见一个遥远的国度，那里住着奇异的巨兽，像所罗门的俄斐[2]和他施[3]那样充满财富。16世纪是个探索热的时代，人们对这类的传说津津乐道。绕过好望角远航东方的人神秘地谈起马可·波罗笔下的马莱厄[4]和洛卡奇[5]，以及所罗门国王治下的岛屿。公元前10世纪以色列国王的船只如何能够到达南太平洋，我们无法推测。文艺复兴时期的地理学家和航海家的设想源自《圣经》故事的启发。亨利八世时代的《印度群岛宣言》(*Declaration of the Indies*)的作者曾经预言，如果奔向新大陆的航海家继续前进，进入太平洋，"就可能发现许多新土地和新王国……最富饶的土地和王国，盛产黄金、宝石、香脂、香料和我们这里极为珍视的各类物品，这

1 Herodotus（约前480—前425），古希腊历史学家，在西方史学界有"历史之父"之称。——译者注

2 Ophir，《圣经》中盛产金银和钻石的地方。——译者注

3 Tarshish，《圣经》中盛产金银和钻石的地方。——译者注

4 Malaiur，马可·波罗探索过的地方。——译者注

5 Locach，马可·波罗探索过的地方。——译者注

些东西产自神奇的国度”。1526 年，西班牙人派塞巴斯蒂安·卡博特[1]经麦哲伦海峡去寻找俄斐和他施。他根本没有到达太平洋，但这个传说依然流行。在 16 世纪迪耶普[2]制图者绘制的地图中，有一个南太平洋大陆，叫作“大爪哇”。1568 年，阿尔瓦罗·德门达纳和佩德罗·萨米恩塔·德甘博亚发现了他们所说的所罗门群岛。从他们为这些岛屿所起的名字可以看出，当时人们对它们的存在深信不疑。可是 16 世纪结束时，欧洲人尚未在澳大利亚登陆。真正发现澳大利亚的，是头脑冷静、精明实际的荷兰商人。

荷兰人在远航爪哇和苏门答腊时接近了这个最新大陆的北海岸。尽管塔斯曼在 1642 年进行了伟大的探险，但荷兰人还是避开了这个大陆。他们不想在那里定居，认为那里的海岸是不祥之地，他们横渡印度洋的船只常常被风吹到岸边撞碎。直到 18 世纪中叶，人们才知道大洋洲的精确面积。詹姆斯·库克[3]船长在 1768 年至 1779 年之间作了三次航行，他环绕新西兰航行一周，驶过澳大利亚的堤礁，看到了南极的冰川，发现了汤加群岛、新赫布里底群岛、新喀里多尼亚群岛和夏威夷群岛，绘制了澳大利亚东海岸的航海图。他是英国皇家海军训练出来的勘测员，他的报告正式、准确而详细，并及时报送伦敦。长期以来，英国的罪犯一直送往美洲，而美国独立战争以后，罪犯无处可送，许多人在伦敦的监狱和囚船中被病魔夺去生命。为何不把这些囚犯送往澳大利亚呢？经过北美灾难之后，小皮特政府不敢进行殖民冒险活动，但他们认为事不宜迟，遂于 1788 年 1 月将 717 名囚犯送到植物湾，其中有 197 名妇女。植物湾是约瑟夫·班克斯爵士命名的，他是著名的植物学业余爱好者，曾随同库克远航澳大利亚。罪犯们到来时，植物湾附

---

1 Sebastian Cabot（约 1476—1557），英格兰航海探险家、地图绘制员，曾率领船员探索从西欧到北美洲、南美洲及俄罗斯的航线。——编者注

2 Dieppe，法国北部一重要商港。——编者注

3 James Cook（1728—1779），英国航海家、探险家和制图师，被世人称为库克船长（Captain Cook）。曾三次出海探索太平洋地区，他和船员成为首批登陆澳大利亚和夏威夷群岛以及绕新西兰航行的欧洲人。——编者注

近的植物已寥寥无几。他们不久便被迁到北面几英里的杰克逊港，位于今日广阔的悉尼港内。这个定居点受到饥饿的威胁，它很久未能实现粮食完全自给。这些刑事犯和政治犯当中有骗子、盗贼、非法打猎者和爱尔兰叛乱者。他们缺乏训练，没有资金，或者没有劳动的愿望，因此既不想适应这块新土地，也没有这个能力。一位澳大利亚总督写道："新南威尔士的罪犯营地使我想起了西班牙的修道院，里面住着不从事生产的消费者。"这个地区是库克船长根据南威尔士命名的，他认为是自己发现了这两个地方海岸线的相似之处。然而，当时威尔士的居民十分勤勉，它同这一新地区除了海岸线之外没有其他共同点。

起初也有个别自由人移居澳大利亚，但大规模移民的浪潮是在 19 世纪 20 年代才涌向澳大利亚的。未来的"澳大利亚联邦"这个名称尚未确定下来，在正式文件上用的是"新荷兰"（New Holland）和其他名称。拿破仑战争后英国经济萧条，新南威尔士腹地的肥沃牧场吸引来大批英国移民，迅速改变了这里的社会形态和生活方式。1828 年，澳大利亚约有 1.5 万罪犯和 2.1 万自由移民，而到了 1841 年则有 2.7 万罪犯和 10 万多自由移民。自由人不久要求自治，结果如愿以偿。1840 年，英国向新南威尔士流放罪犯的做法终于废止。两年之后该地成立立法院，大部分成员凭多数票选出。

羊毛为澳大利亚带来了繁荣，后来澳大利亚把西班牙和德意志的羊毛挤出世界市场。1797 年，退役军官约翰·麦克阿瑟从好望角得到几只美利奴绵羊进行繁殖，后来它们发展成誉满全球的澳大利亚羊群，从而彻底改变了这个次大陆的经济形态。布卢山脉背后巴瑟斯特平原的发现是个转折点。从巴瑟斯特到悉尼南部地区，以及北方的达令丘陵草原上，有一望无际的牧场。那里人迹罕至，芳草萋萋，只有几个牧羊人和成千上万只不声不响、步履轻盈的绵羊。牧羊人赶着羊群向草原深处前进。羊群迅速增殖，到 1850 年，澳大利亚已有 1600 多万只绵羊，超过人口总数的 16 倍多。那一年的羊毛贸易额接近 200 万英镑。

然而，英国政府并不重视牧羊业，它宣布英国统治下的土地皆是王室的财产，殖民部也深受吉本·韦克菲尔德鼓吹的有计划集中拓殖论的影响。韦克菲尔德主张，任何地区的拓居活动都应该有计划、受到控制，倘若允许个人随便向内地发展，就会影响殖民地的管理，影响已经定居地区的价值。这个理论颇有可取之处，但它不适合澳大利亚的情况。为了使人们难以得到土地，当局制定了一系列土地条例，迫使土地使用者缴纳最低限额的款项。不久，这些条例便相继被取消了。牧场主们需要数千英亩草场，可是无力而又不愿为这些草场支付一镑甚至五先令，他们进入杳无人烟的草原，获取自己需要的东西，并且理直气壮地说，这些土地属于殖民地人民，他们有权自由使用。英国殖民部在时势的压力下作了让步。牧场主们继续使用草场，不久便成为澳大利亚社会最重要的阶层。英国政府起初采取折中方案，实行特许证制度，赋予牧场主的行动合法性，然后在 1847 年批准实行草场租借制度，租期满后，牧场主有按原始价格购买这些土地的优先权。

* * *

早在 1850 年之前，澳大利亚的其他地方就已经有人拓居了。从杰克逊港离开的第一批殖民者前往塔斯马尼亚岛，当时该岛叫作“范迪门之乡”（Van Diemen’s Land）。1804 年有人在岛上开拓出霍巴特，两年之后，朗塞斯顿也出现了拓居者。塔斯马尼亚像新南威尔士一样，在拓殖初期遇到重重困难。麦夸里港和阿瑟港的罪犯定居点声名狼藉，这些地区以恐怖手段或利用一批工贼维持秩序，以致许多罪犯逃往森林，沦为土匪。他们在夜间袭击偏僻的宅舍，趁男人不在时抢劫牧场。在澳大利亚的其他地区，土著人口稀少，散居四处，他们过着原始生活，无力抵抗白人殖民者。塔斯马尼亚的情况则大不相同，那里土著众多且相对先进。然而他们的失败不可避免，命运悲惨。

1830 年，以三万英镑建立起来的全部殖民地军队企图把土著限制在保留地内，结果未能成功。但是到 20 世纪初，塔斯马尼亚的部落已经灭亡。

塔斯马尼亚的发展过程同新南威尔士大同小异，它在 1825 年成为一个独立的殖民地。牧羊业和捕鲸业为这个殖民地带来了繁荣，人口也随之剧增。1820 年，那里有 6500 名居民，其中绝大多数是罪犯；20 年以后，那里的人口增至 6.8 万，大多数是自由人。1850 年，塔斯马尼亚殖民地获准成立立法院。三年之后，流放制度的废除使塔斯马尼亚具有同新南威尔士平等的地位，也使它得到了实行责任政府制的权利。

1835 年，塔斯马尼亚的一些殖民者到菲利普港定居。这个新殖民点在开始阶段受新南威尔士的管辖，但新移民马上要求独立。1848 年，他们撤回竞选立法院成员的候选人，选出殖民大臣格雷伯爵作为“墨尔本的议员”。格雷是当年支持《改革法案》的格雷伯爵之子。这步棋获得成功，数月之后，殖民部同意菲利普港独立。于是在 1851 年，维多利亚殖民地成立了，它已有完整的代表机构，首府设在墨尔本。年轻的维多利亚女王以自己的名字为英语民族的这个新分支命名。这个殖民地的首府则是根据辉格党首相墨尔本的名字命名的，他曾是女王最贤明的谋臣，如今这样的大臣已经不可复得。

新南威尔士的第三个分支是昆士兰。它以布里斯班城为中心发展起来，但发展比较缓慢，直到 1859 年才成为独立的殖民地。当时，在澳大利亚海岸又出现了两个殖民点，二者同新南威尔士以及其他殖民地均无联系。1834 年，伦敦建立了“南澳大利亚殖民委员会”，两年之后便有首批殖民者在阿德莱德城附近登陆。该城是以威廉四世的王后的名字命名的。南澳大利亚的殖民点没有罪犯，它是由一批受吉本·韦克菲尔德思想影响的移民建立的。韦克菲尔德的系统理论也得以实践。总的说来，这些理论是成功的，不过政府和殖民委员会的双重管理造成很多麻烦，所以这个殖民委员会在 1842 年被撤销。不出七年，这个殖民地的人口达到 5.2 万人，并由于发现了铜矿而突然致富。它不久便和东部殖民地一起获得成立代表机构的权利。

西澳大利亚殖民地另有一番由来。它诞生于1829年，险些夭折。那里的土地远不及东部殖民地那般肥沃，同东部隔着无法居住的大沙漠，而且劳动力严重不足。其他殖民地视罪犯为进步的障碍，而这个殖民地则视之为劳动力的唯一来源。当时囚犯又成为英政府的沉重负担，它求之不得地接受了往珀斯输送一些囚犯的要求。1849年，一个罪犯殖民点在那里建立起来，并得到大量的资助。在这种情况下，西澳大利亚的人口在十年内增长了两倍，不过，在流放罪犯的做法被禁止后，它直到1870年才建立代表机构，1890年才完全实现自治。

* * *

1848年，加利福尼亚发现了黄金。在远渡太平洋到那里探寻金矿的人当中，有一个名叫爱德华·哈格雷夫斯的人。他挖掘了几个月，所获甚微。但他注意到，加利福尼亚的含金岩石同新南威尔士殖民地巴瑟斯特地区的金矿石十分相似。1851年，他回到澳大利亚去检验这个猜想。他挖出的第一盘泥土证实了这个猜想的正确性。关于这一发现的消息不胫而走，几个星期之内，澳大利亚的淘金热便开始了。

淘金热席卷东部殖民地，整个澳大利亚似乎都行动起来了，大批淘金者向巴瑟斯特、巴拉腊特或本迪戈进军。激动得发狂的人们扛着镐头和铁锹，腰间挂满盆盆罐罐，蜂拥来到一夜之间崛起的各个淘金城。这些城里五脏俱全，赌场、酒吧和妓院无所不有。维多利亚时代的淘金场很快便有了近十万人口。这些人并不全是淘金者，旅馆老板、杂货店主、妓女和其他服务业人员往往获利最大。一文不名的棒糖小贩在通往巴拉腊特的路上开一个酒肆，每年即可获利6000镑。淘金者回到墨尔本或悉尼后挥金如土，他们的钱财在浮华生活中挥霍殆尽。据说，马蹄上挂着金掌，人们用钞票点烟，送嫁的人穿着淡粉色的天鹅绒衣服参加婚礼。既然财富可以转瞬得失，似乎就不必从事固定的职业了。因此，牧场主失去了牧羊人，商号失去了职员，船只失去了船员。1852年初，墨尔本只剩下两名警察，原来的50多位警员跑去了淘金场。工资增加了一两倍，物价扶摇直上，地价瞬息数变。包括新西兰在内的其他殖民地也有许多人前去淘金，仅在一年之内就有9.5万人进入维多利亚殖民地。在塔斯马尼亚的五万男女老幼中，仅在五个月内就有4000人前往维多利亚。对于新生的墨尔本当局来说，维持治安，排难解纷，提供交通工具、住房和足够的食物，是沉重的负担，况且大部分政府雇员也已跑到淘金场去了。维多利亚各地的士兵一度只剩下44人。1853年，英国政府只好从伦敦派去50名警察。淘金者大概喜欢他们在淘金城的混乱状态，而对英国政府则怀着强烈的不满情绪。王室像对待牧场主那样，向淘金者提出了土地所有权，要求征收执照税。这种税收遭到强烈抵制，难以征集。经过多次威胁之后，淘金者采取了暴力行动。

1854年10月6日，一名淘金者在巴拉腊特的尤里卡酒店附近械斗身亡。店主本特利、他的妻子和一个名叫法雷尔的人受到控告，在证据确凿的情况下被判无罪。十天以后，淘金者烧毁酒店，他们的四名领头者被捕。淘金者义愤填膺，建立了“巴拉腊特改革联盟”，它的政治纲领要求取消执照税，其中包括英国宪章派提出的六点要求中的四点。11月30日，当局搜索无执照的淘金者，引起一场骚乱。淘金者在彼得·莱勒的带领下开始操练并构筑防卫栅栏。当地军事长官托马斯上尉立刻机智地采取行动，他决定在事态扩大之前发动进攻。他率领以士兵为主的300人，在一阵白刃战之后拿下了栅栏，杀死30名淘金者，俘虏120多人。可能发展为大规模叛乱的一场骚动就这样结束了。执照税不久便被取消，黄金出口税取而代之。淘金者获得公民选举权，局势恢复安定。又过了几年，淘金公司取代了个体淘金者，只有公司才有能力进行地下开采。当时在其他殖民地中，只有新南威尔士发现金矿，情况也大致如此。在1851年至1861年之间，新南威尔士开采的黄金价值1.24亿英镑。澳大利亚的人口逐年增加，此时已达100多万。这是更永久的财富。

起初，牧羊业和农业受到淘金热的沉重打击，失去牧羊人的牧场主诅咒金矿的发现。但是，澳大利亚最终获得了好处。由于修筑了更多便捷的铁路，畜牧业兴旺起来，不断增长的人口需要更多粮食，因此马上有100多万英亩土地得到开垦，以前过分依赖羊毛的畸形经济实现了平衡。

政治方面的影响更为深远。由于人口和岁入的增加以及贸易的发展，对1850年临时确立的体制必须进行改革。殖民地经过长期的酝酿，向英国殖民部提出了一系列方案，得到英国政府的批准。在1855年至1859年期间，澳大利亚的所有殖民地均建立了由选举产生的、部长向下院负责的两院制议会，只有西澳大利亚殖民地除外，前面已经说过，那里实现自治较晚。

一些重大变化即将发生。现在的澳大利亚诞生于1901年，当时各殖民地组成一个联邦，首都设在堪培拉。澳大利亚大陆的联邦诞生较晚，因为那些生机勃勃、各不相同且相距遥远的殖民地喜欢自治，而且北方的亚洲尚未构成威胁，因此它们没有统一起来的迫切需要。可是，这种需要就要出现了。今日，大部分澳大利亚人仍然住在19世纪建立的殖民点。澳大利亚中心地带达100多万平方英里[1]，吸引着金属勘探者和牧场主，但目前仍然很少有人在那里居住，只有横贯大陆的列车、呼啸而来的回旋镖[2]或嗡嗡作响的导弹偶尔搅动沉寂的树丛和荒凉的沙漠。

*　　*　　*

新西兰群岛位于澳大利亚以东1200英里的地方。远在欧洲人发现这个群岛之前，好斗的毛利人已从东北方向的波利尼西亚群岛渡海而来，建立了以

1　1平方英里约合259公顷。——编者注

2　Boomerang，又名飞去飞来器，曾为澳大利亚土著的传统狩猎工具。老练的猎人将回旋镖掷向猎物后，如果未击中目标，回旋镖会神奇地回到猎人手中。——编者注

精湛的艺术和有力的军事制度著称的文明。库克船长在 18 世纪末到达这里，他认为毛利人的人口在十万左右。这个数字可能估计过高，但这些人足以构成欧洲殖民活动的可怕障碍，因为他们是一个文明的民族，在这块土地上生活已久，具有独立精神和军事技巧。库克发现新西兰不久，一小批英国人便在北端的群岛湾建立了立脚点，他们多半是捕鲸者、捕海豹的猎人、遇险的水手和一些从澳大利亚逃出来的罪犯，过着寂寞凄清、朝不保夕而不太体面的生活。毛利族的酋长从他们手中得到火器，允许他们在那里生活。他们对毛利人的生活和土地均未构成严重威胁。基督教传教士到达那里以后，抵抗英国殖民活动的运动有所加强。1814 年，塞缪尔·马斯登神父在群岛湾建立了传教点。后来又有一些教士来到这里。基督教在毛利人当中迅速产生影响，许多人成为基督徒。传教士极力打击商人势力，他们从毛利人的利益出发，多年坚持反对吸收英国移民的一切计划。他们的抵制一度有效。在澳大利亚殖民地建立半个世纪以后，英国当局才在新西兰建立了第一个殖民点。然而，伦敦早已开始酝酿推进新西兰殖民化进程，以吉本·韦克菲尔德为首的一群人是这一运动的推动者。韦克菲尔德早已对加拿大和澳大利亚的发展产生过重要的影响，他和朋友们成立了一个新西兰协会，德拉姆勋爵也是会员之一。英国政府对这个协会持反对态度。传教士谴责说，该协会的计划会给新西兰土著带来灾难。殖民部拒不批准它的计划。

韦克菲尔德毫不气馁，他的协会在 1838 年成立了一个拓居新西兰的私有联合股份公司，一年以后派出了由他弟弟负责的一支殖民队。这批殖民者有 1000 多人，他们在北岛创建了惠灵顿殖民点。法国打算吞并新西兰的消息迫使英国政府采取行动。英国政府没有批准韦克菲尔德的远征，而是派出一艘军舰，在霍布森船长的指挥下去争取毛利人承认英国主权。1840 年 2 月，霍布森同毛利人的酋长缔结了《怀唐伊条约》（*Treaty of Waitangi*）。根据这个条约，毛利人把一切主权和权利让与英国，英国承认毛利人“完全单独拥有他们的土地和财产”。

直到此时，韦克菲尔德的公司才得到官方承认。新西兰确立了两股力量，一股是总督的力量，他坐镇霍布森选定的首府、北岛北端的奥克兰，另一股力量是设在惠灵顿的公司。它们维护不同的利益，推行相反的政策。公司要得到土地，而且多多益善，越快越好。但殖民部依据条约规定说，这些土地属于毛利人。在 19 世纪 40 年代，这两股力量一直勾心斗角，争吵不休。公司的拓居者强烈谴责《怀唐伊条约》。1843 年，公司董事长约瑟夫·索姆斯在写给殖民大臣的信中说道："我们始终深深怀疑，《怀唐伊条约》除了被律师当作一时取悦并抚慰野蛮人的工具之外，是否还有其他效用。该条约是一位未受全权的使节同裸体野人缔结的，况且没有得到女王的批准。"然而，这些"裸体野人"是不容欺骗的，他们同霍布森缔结了明确的条约，失去主权的虚名而保留了土地这个实质。土地是他们的命根子。毛利语中有一句谚语："失去女人和土地就是失败。"年长的酋长们意识到，如果他们丧失土地，他们的部落也就行将灭亡。毛利人法律中的巧妙规定激怒了一些殖民者，他们不了解情况，用硬通货购买了土地，可是却无权拥有这些土地，因为部落对土地的永久权利不受个人交易的影响。虽然如此，殖民者到 1859 年已经在北岛占据了 700 万英亩土地，在毛利人较少的南岛占据了 3200 多万英亩土地。

这种占地活动导致了同毛利人的战争。一系列局部冲突从 1843 年持续到 1869 年，冲突的地点也不断转移。到 19 世纪 60 年代中期，交战的部队已达两万人。豪豪主义[1]信徒的宗教狂热和游击队领袖特·库蒂的军事天才使殖民者耗尽一切力量。毛利人骁勇善战。英军的军官们敬佩他们的对手，因而越发讨厌殖民者。但是 1869 年，毛利人已经筋疲力尽，终于被镇压下去。此后，土著事务部长唐纳德·麦克莱恩爵士的怀柔政策取得了显著效果，殖民者占有的土地受到保障。毛利人意识到，英国人准备在这里永久地生活下

1 毛利人的宗教，主张反对英国统治。教徒们在投入战斗时高喊"豪！豪！"（即"起来！起来！"），认为这样就不会受到伤害。因此，这种宗教也称为"豪豪主义"。——译者注

去。19 世纪 60 年代颁布的一系列《土著土地法》（*Native Land Acts*）保护毛利人免于灭绝，而且他们的代表在 1867 年进入了新西兰议会。1871 年，毛利总人口降至 3.7 万，而在 1951 年的人口普查中，他们几乎达十万之众。

尽管这些年冲突迭起，殖民地却在扩大。韦克菲尔德急于冲破传教士的阻力，巧妙地说服苏格兰独立教会和英格兰的国教教会予以合作，共同新创两个殖民点。这两个殖民点分别建立在奥塔哥和坎特伯雷，韦克菲尔德的殖民理论在那里得到了充分应用。二者都位于南岛。1860 年至 1906 年间，南岛繁荣兴旺，居住着大部分殖民者，很少同毛利人发生战争。1868 年，那里的英国人约有 25 万，12 年之后几乎翻了一番。

和平带来了繁荣。在南岛著名的坎特伯雷平原上饲养了大批的绵羊，还出现了当地的杂交品种考力代羊。19 世纪 60 年代，在奥塔哥和坎特伯雷发现了金矿，出现了一时的繁荣。澳大利亚金矿的发现以及墨尔本和悉尼的物价暴涨刺激了农业的飞速发展。澳大利亚在 80 年代出现了经济萧条，而新西兰的繁荣景象却从未衰落。冰箱的发明使这个殖民地能够同 1.3 万英里之外的欧洲和英国农民同台竞争。合作运动，尤其是奶制品生产方面的合作运动，帮助缺乏资本的小农发展起一个规模庞大的产业。不久，新西兰自治领人均外贸额跃居世界之首。

*　　　*　　　*

新西兰在政治方面的发展也同样迅速可观。在德拉姆提交报告以及在加拿大初步实行殖民地自治后新西兰方才诞生，1852 年根据《宪法法案》（*Constitution Act*）后者基本上实现了独立。和老殖民地不同，新西兰的问题不在于实行责任政府制的要求，而是地方政权同中央政权的关系问题，内陆交通极为困难，到 19 世纪末，这个殖民地多为分散的小定居点，它们建立的过程和利益各不相同。《宪法法案》承认这个现实，在民主基础上建立了一些省级议会，它们在很大程度上独立于中央议会。

省务会同中央政权的斗争占领新西兰的政治舞台达20年之久。有些省份比较富饶，其他省份则差一些。奥塔哥和坎特伯雷在发现黄金的刺激下，变得繁荣富饶，而北岛的殖民者则苦于同毛利人的战争，日益穷困。奥塔哥和坎特伯雷一度企图分离出去。1875年新西兰实行政治改革，取消了省份，地方权力交给郡委员会，中央政府的权力大大加强。因此可以说，新西兰早于澳大利亚30年解决了联邦政府制的一切问题，只是规模稍小而已。她的政治活力和经济能量一样惊人。新西兰的传统和过去的偏见不像历史更久的国家那样根深蒂固。1906年由自由党政府引入英国的许多措施被视为彻底的改革措施，而新西兰则采纳已久。工业仲裁、老年退休金、工业立法、国家保险、医疗服务和住房法案，这一切都是1890年至第一次世界大战爆发之前的成就。国家对合作化生产的扶植体现了英国人的政治传统，这种天才即使在遥远而偏僻的太平洋岛屿上也被发扬光大。

PART 11

民主共和国

THE GREAT REPUBLIC

第八章　　CHAPTER 8

美国史诗

1815年标志着美国一个发展阶段的结束。在此之前，美国大陆的社会生活主要受欧洲的影响。随着1812年反英战争的结束，美国开始注意国内问题，背靠大西洋，把目光转向西部。在缔结《根特和约》（*Peace of Ghent*）后的年月里，向西部迁移的活动日益频繁。在政治方面，当代一名新闻记者笔下的“亲善和睦的时代”取代了联邦制拥护者同共和主义者的恶斗。但是，接下来的十年表面风平浪静，实则各种利益集团斗争激烈，这些集团即将形成长期而有组织的政党。在战后各个时期，财政一直是最大的问题。共和党政府曾经在战局的逼迫下，勉强接受了亚历山大·汉密尔顿[1]关于保护贸易制度和信贷制度的主张。1816年的关税法确立了保护贸易制度。根据这一制度，新英格兰发展重心从海运业转向制造业，为19世纪的繁荣昌盛奠定了基础。杰斐逊对联邦信贷制度的种种疑虑已经烟消云散。1816年，政府为创办新的联邦银行颁发了一个特许状，以取代满期的特许状。

1　Alexander Hamilton（1755—1804），美国开国元勋之一，对后世影响至深的政治家、军事家、经济学家，美国制宪会议代表及《美国宪法》起草人和签署人之一。——编者注

美国与欧洲之间的纽带渐渐断裂，英美之间悬而未决的问题通过派出使团协商得到解决。两国确定了加拿大边界，缔结了在冲突迭起的五大湖区裁军的条约。新奥尔良的英雄安德鲁·杰克逊领导的西属佛罗里达战争持续了很久，终于在1819年结束，西班牙政府以500万美元的价格把佛罗里达卖给美国。从此，西班牙永远撤出了北美大陆。

欧洲政局动荡不安，它将再次给美国带来威胁，这将是最后一次。欧洲各国的君主联合起来共同维护君主制，对任何企图反对这个制度的国家进行干涉。“神圣同盟”的这种政策遭到英国的反对。英国在1821年拒绝干涉意大利内政。西班牙也出现新的危机。波旁王朝统治的法兰西急于在新欧洲取得主导地位，派遣一支军队越过比利牛斯山脉，企图恢复西班牙君主制。俄国则有更大的野心。沙皇对世界各地垂涎欲滴，如今他在诏令中重申索取北美西海岸的要求。华盛顿流言纷纷。据说，欧洲列强的反动势力帮助波旁家族在西班牙复辟之后，也会在美洲干出同样的勾当，以便在美洲恢复波旁王朝的统治。南美洲有一些西班牙殖民地，它们已经摆脱了西班牙的羁绊。以坎宁为首的英国政府建议同美国合作，共同防止这一危险的干涉原则蔓延到新大陆。英国宣布，它承认南美洲所有拉丁语共和国的主权。与此同时，美国门罗总统独自采取行动，在国会咨文中宣布了后来被称为“门罗主义”的原则。正像人们所说的那样，著名的“门罗主义”是对所有企图干涉美洲的欧洲列强发出警告，也是美国无意介入欧洲政治的一项声明。在这一告别咨文发表以后，美国便专心致力于国内事务。新一代政治家脱颖而出，创立宪法时期的耆宿则从政治舞台上消失了，只有杰斐逊和麦迪逊的情况不同，他们退休后荣归弗吉尼亚家乡，对政界影响犹在。

* * *

美国在向西部进军。建国不到30年，密西西比河流域便新添了九个州，在新英格兰境内也成立了两个州。早在 1769 年，丹尼尔 · 布恩一帮人便向肯塔基地区推进，与印第安人角力。但是，大规模的越山迁移活动是在独立战争期间开始的。18 世纪的移民活动朝两个方向发展，一是奔向西边的俄亥俄河，在肯塔基和田纳西建立殖民点；二是越过伊利湖，占领皮货商经常出入的西北森林地区。新英格兰和美国东海岸的拓殖活动由大公司主导，这些公司得到了英国王室和拥有特权的封建主的支持。但是，在西部这个新天地里，任何人都可以靠一把斧头和一支来复枪为自己开辟一个新家园。1790 年，在田纳西约有 3.5 万拓居者，而肯塔基有 7 万。到 1800 年，在阿勒格尼山脉以西的美国人多达 100 万。在这些新开辟的土地上成长起来的移民身强力壮，他们自力更生，在美国社会取得了自己的地位。当代美国民主思想发源于密西西比河流域，并在那里得到发展。第一届独立的美国国会宣布了恒久不变的原则：新开发的地区一旦拥有一定数目的人口，就可获得一个州的地位，与美国其他各州享有平等权利。在 1828 年至 1901 年任职的 18 位美国总统中，有 11 位出生于密西西比河流域，或者在那里度过大半生岁月。这就是西部人具有非凡素质与能力的极好证明。丹尼尔·韦伯斯特[1]完全有理由在第一批英国清教徒登上美洲大陆的纪念日朗读这段引起轰动的文字："在新英格兰的广大地区，即从俄亥俄河到伊利湖以及从阿勒格尼山脉（原文如此）[2]到迈阿密北部直至圣安东尼瀑布之间的地区，到处点缀着农场、房舍、村庄和教堂。当年首批清教徒在罗克河畔登陆，如今他们的后代在罗克河以西 2000 英里的地方耕种肥沃的田地，建设城镇和乡村，他们也一定沐浴在优越制度、自由和宗教的阳光下。……在不久的将来，这些清教徒的后代就要到达太平洋沿岸。"

美国的国土迅速扩大，人口也在急剧增加。1790 年至 1820 年，她的人

1 Daniel Webster（1782—1852），美国著名政治家、法学家和律师，曾三次担任国务卿，被认为是美国史上最伟大的参议员之一。——编者注

2 The Alleghenies，作者对山名存疑。——译者注

口从400万增长到950万，此后几乎每过20年增长一倍。世界上还没有过这么高的人口增长率，只有当代英国的人口增长率同它接近。由于印第安部落被赶出密西西比河以东的地区，大规模拓殖西部变得更为容易。印第安人在1812年曾协助英国作战，现在联邦的政策是彻底驱逐他们。他们空出的土地被划分成小块，以更低的价格向外来殖民者出售。“殖民者”（Colonists）这个称号现在可能不得人心，但我们仍不妨这样称呼他们。名副其实的“殖民”是西部拓荒者所面临的艰巨任务。从多石的新英格兰前来的农民耕种着五大湖区以南空旷的肥沃土地。在南方，亚拉巴马河和密西西比河流域的黑土区为大面积种植棉花的新技术提供了肥沃的土壤。

向西部的不断发展也改变着国家的重心，人们的情绪和利益压力陡增。东部的南北各州很快发现，它们的政治权利受到西部拓荒者的挑战。开拓西部使东部企业主担心缺乏劳动力。但实际上，新来的欧洲移民弥补了劳动力的不足。边境线不断向西延伸，新移民区迅速发展成州，它们把困难和要求强加于生气勃勃而又颇感窘迫的联邦政府身上。东部担心主张民主的西部在政治上占据优势，西部则对东部富有阶级在金融和经济方面的偏见深感不满。双方的分歧越来越大，只是由于联邦制在各州权力这个核心问题上比较灵活，才防止了联邦政府同强硬的各州发生冲突。

由于缺乏强有力的全国性党派来调节各派势力之间的矛盾和化解仇恨，1815年至1830年之间的美国政局显得混乱不清。直到1830年，局势才明朗化，未来的各大党派开始对峙。随着联邦立法机构的发展以及有关关税、银行和土地政策等全国性经济体制的建立，联邦政府对各州的猜忌和利益冲突感到不安。开拓西部使政治力量对比有利于新生的西部各州，而北方和南方的旧势力则竭力反对联邦国家内部的新兴民主势力。他们不仅要应对西部的挑战，而且要反对南方小种植园主和北方产业工人的权利要求。在这些人里，有不少人刚刚获得选举权，因为当时美国扩大了实行成年男子普选权的区域。选民不断增加，他们急于发出自己的呼声。与此同时，美国采用了大会选举制。总统和州长候选人逐渐不再由小范围政党秘密会议提名，而是由反映各地和各行各业意见的代表大会选出。这种做法迫使想担任总统和其他公职的人倾听广大群众的不同意见。像亨利·克莱和约翰·卡尔霍恩这样的保守政治家，对完全效忠一党的危险迹象及其给美国带来的威胁感到坐立不安。这些人系统地阐述了他们称为“美国制度”的原则，其实，这个原则不过是汉密尔顿思想的老调重弹。他们要把各个利益集团在联邦制度的框架内统一起来，正如卡尔霍恩在 1817 年所说的那样：“我们正以惊人的速度突飞猛进，这是我们的骄傲和危险，也是我们的力量和弱点……那么让我们用完整的公路和运河网把这个共和国连接起来吧！如果采取贸易保护政策，就能使各州更紧密地团结起来……就能形成无比坚强的整体。”

公共工程启动，密西西比河上出现了蒸汽船。大西洋沿岸各州由于贸易市场集中到墨西哥湾而大为惊慌，它们感到失去了有利可图的市场。但是，这些州急起直追，与之展开竞争。1817 年，纽约州开始建设伊利运河，它将使纽约市成为东部最繁荣的港口城市。联邦政府拨款修筑了跨越俄亥俄河通往伊利诺伊的坎伯兰大公路。逐渐成形的交通网将把充满活力的西部同东部各州连接在一起。但是，在美国 19 世纪的历史上，东部和西部之间以及大西洋海岸南部和北部之间经常出现分裂的危险。而 19 世纪初的政治特征，则是南北双方的政治家为争夺西部各州的选票和支持展开激烈的竞争。

*　　　　*　　　　*

奴隶制的问题即将使南北关系恶化。1819 年国会搁置了吸收密苏里为美国一个州的议案。这个地方是路易斯安那交易的一部分[1]，联邦尚未在法律上

1　1803 年，拿破仑以 300 万英镑的价格将路易斯安那卖给美国，现分为几个州，密苏里州系其中之一。——译者注

对当地的奴隶制问题作出裁决。密苏里人民建议，在他们的宪法草案里允许奴隶制继续存在，而北方人认为，这项议案是加强南方表决权的一个咄咄逼人之举。于是双方激烈地互相攻讦。但由于南北双方都面临着日益严重的西部问题，他们不能再争吵下去了，这个议案引起的激烈斗争以双方相互妥协告终。妥协方案的效力维持到 19 世纪中叶。密苏里作为蓄奴州加入联邦。另外，在北纬 36 度 30 分以北尚未成立州的美国领土上，奴隶制被禁止。作为妥协方案的一部分，刚刚脱离马萨诸塞的缅因地区成为一个禁奴州，从而使蓄奴州与禁奴州数目相等，各为 12 个。一些有识之士认为，这种势均力敌的阵势即将导致一场悲剧。约翰·昆西·亚当斯在日记中写道："我立刻感到，这种均势敲响了美国的丧钟。我敢肯定，目前这个问题仅仅是一部大悲剧的序言。"

这位有修养的新英格兰人是美国第二届总统[1]的儿子，他于 1825 年继门罗之后就任美国总统。所谓和睦时代即将结束。在他任内的四年里，党派活动急剧增加。由于西部的迅速发展，东部各州不得不采取措施，保卫自己的政治和经济利益。西部人团结在开拓边疆的显要人物——安德鲁·杰克逊将军周围。安德鲁·杰克逊声称代表名副其实的杰斐逊民主原则，反对腐败的东部金融界的利益。亚当斯则得到那些害怕民主的阶级的支持，这些阶级由于边疆农民和移民拥有日益强大的势力而忧心忡忡，1828 年杰克逊成为候选人，同企图连任的亚当斯竞选，两派势力开始了激烈的斗争。民主党和国民共和党（即后来的辉格党）在这次竞选的一片混乱中诞生了。这是自 1800 年杰斐逊把老亚当斯赶下台以来，两派之间发生的最激烈的竞争。选举揭晓之后，人们发现，除了新英格兰之外，亚当斯实际上没有得到任何支持。以安德鲁·杰克逊为代表的西部势力掌握了大权。白宫终于出现了一位代表着西部精神的美国总统，他在精神上同欧洲以及深受欧洲影响的美国大西洋海

1 即老亚当斯。——编者注

岸毫无联系。对许多人来说，民主似乎的确胜利了。

在新任总统就职之日，华盛顿出现了混乱场面，杰克逊的对头亚当斯给他起了个绰号——“田纳西的争吵者”。但是，西部人视杰克逊为领袖，他领导他们反对有产阶级的政治垄断。错综复杂的上层政治使这位来自边远地区的人遇到重重困难。他头脑简单，对政敌却疑虑重重，这使他容易受到党派偏见严重和利己主义政客的影响。在某种程度上，他为国务卿马丁·范布伦所左右，但他更加依赖亲自选定的政治心腹，这些人组成所谓“厨房内阁”(Kitchen Cabinet)，因为他们并不是政府官员。他们使杰克逊相信，他的首要任务就是要清洗前政府班子。他免除了一大批文官的职务，将这些职务委派给自己的支持者，从而使许多州长期流行的政党分赃制在联邦政府机构中扎下了根。

安德鲁·杰克逊面临着美国政治上紧密相连的两个重大问题：一是树立联邦的权威，二是建立全国统一的经济体系。保护贸易制度是以牺牲南方利益为代价来保护北方利益的。1832 年，南卡罗来纳州决定向联邦政府推行关税制的权力挑战。它支持 1798 年通过的弗吉尼亚决议和肯塔基决议，用最激烈的措辞阐述了州权主义。在后来的派系斗争中，西部各州的表决权起到了平衡作用。联邦政府控制公有土地的出售，这一行动成为西部各州热烈争论的问题。正如历史学家 S.E. 莫里森所说的那样：“这完全是南方、北方和西部之间的一场均衡游戏，各方都想放弃次要利益，以便在根本利益方面取得决定权。南方以允许西部强占公有土地为条件，要求减少关税。北方建议把出售土地的收入用于西部的公共事业，企图以这个诱人的香饵来维持贸易制度。未来的力量组合取决于这种角逐的结果，也取决于内战本身的结局。将来是北方和西部联合起来反对南方，还是南方和西部联合起来反对北方呢？”[1]

1　引自牛津出版社出版的《牛津美国史》(*The Oxford History of the United States*) 1927 年版第 1 卷第 391 页。——原注

美国参议院就这些问题举行了辩论会，辩论十分精彩。在这次群英会上，最引人注目的要算是马萨诸塞的丹尼尔·韦伯斯特了，他是当时最出色的演说家。他发表了一篇被誉为美国最著名的演说，在当中力陈政府的理由，驳斥了南卡罗来纳州的论点。他颂扬了全国范围内出现的爱国主义新热潮，这种爱国情绪日益强烈，至少在北方是这样。他的演说表明，新英格兰正从1812年盛行的地方观念中摆脱出来。一种更为广泛的爱国思想正在发展。韦伯斯特在参议院说道："我们之所以能够在国内享受安全，在国外博得荣誉和尊严，是因为有我们的国家。我们所值得骄傲的一切，主要应归功于联邦。这个联邦是我们在艰难困苦的严峻考验中靠纪律严明的美德建立起来的。在她诞生之初，国内财政混乱，商业凋敝，信贷瘫痪。但是在她的有效影响下，这些伟大的行业立刻像起死回生的巨人，充满生气地冲向前方。在她每一年的历程中，都有无数新例子证明她的效能和优越性。我们的国土日益辽阔，我们的人口分布渐广，但他们始终没有脱离国家的保护和照顾。对我们每个人来说，联邦一直是民族、社会和个人幸福的坚实基础。"他接着说："议长先生，我尚未越过联邦的现实，去预测苍茫的未来；我也没有冷静地考虑过，在联结我们的纽带断裂时，要维护自由是否可能；我尚不习惯于趴在联邦分裂的悬崖上，看看用自己的有限视力能否估量出脚下的深渊有多深；假如有人不考虑如何能够最有效地维持联邦，而是主要考虑人民在联邦分裂和灭亡之后会陷入何种境地，我不认为他是现政府的可靠顾问。只要联邦存在，我们面前就有令人满意而激动人心的广阔前景，它属于我们，也属于后代。我努力使保护我们的这层纱幕不受破坏。愿上帝保佑这层纱幕至少在我们有生之年不会撕破！愿上帝保佑我永远看不到这层纱幕后面的场景！但愿我向空中的太阳望去最后一眼时，他所照耀的曾经有过光荣历史的联邦没有在耻辱中破裂，他所哺育的各州没有分裂不和或自相残杀，他所抚摸的大地没有被内部纠纷撕裂，也没有被兄弟阋墙的血泊所淹没！相反，但愿我在弥留之际能以模糊的目光看到共和国的光辉国旗！它迎风飘扬，备受尊重，誉满全球；它上面的武器和战利品光彩如故，每一个条纹都了然可辨、洁净如洗，每一颗星星都明光闪闪，如珠似玉；它上面没有‘这一切有何价值’的可悲疑问，也没有‘自由第一，共和国第二’那样荒谬的口号。相反，它像一团熊熊的烈火，在海上、陆上和普天之下飘扬时，每一个巨大的褶皱都用它燃烧的火光照射出真正的美国人所珍视的另一种感情——自由与共和国！二者是不可分割的整体，现在如此，永远如此！”

在印第安纳边界上，有一位年轻人被这个讲演所深深感动，他的名字叫亚伯拉罕·林肯。

杰克逊总统本人也深受感染，他在政治斗争中态度强硬，准备以武力迫使南卡罗来纳州就范。但是，后来双方达成了一个巧妙的折中方案。关税率有所降低，但却长期固定下来；授权总统在必要时可以军队收取关税的《武力法案》(*Force Act*)，被南卡罗来纳州宣布无效。后来这场争执暂时搁置。南卡罗来纳州宣布法案无效的论点表明了联邦面临的危险。杰克逊以边疆居民所特有的直觉预见：“挑起争端的下一个借口将是黑人问题或奴隶制问题。”

然而，引发下一次争端的是联邦银行。它本应在1836年为其执照办理展期手续。克莱领导的辉格党决定在1832年总统大选之前争取使其执照展期。人们长期认为，杰克逊会在政治领域里打击金融势力。联邦银行的处境反映了美利坚合众国的经济困难。查尔斯·比尔德写道：“此时的经济斗争碰巧是以地方冲突的形式出现的：西部农业区的居民必须向东部资本家支付利息，因为他们为了购买土地、进行建设和投资而借了债。”双方在大选中进行了斗争。杰克逊再次胜利地当选为总统，这实际上预示着联邦银行的末日。丹尼尔·韦伯斯特被聘请为该银行的辩护律师，可是也无济于事。杰克逊对银行总裁说：“我对贵行并无特别的反感，但我读了‘南海泡沫’的历史以后，一直对所有的银行心怀疑虑。”他反对通过一项延长联邦银行执照的议案，不是等候联邦银行在1836年自行消亡，而是决定立刻提取政府在该行的存款，转存到各州的地方银行。联邦银行的执照到期以后，没有展期。因此美国在近 30 年的时间里没有中央信贷机构。西部和南方的政客联合向北方报了仇。西部边疆地区的激进主义在政治较量中占了上风。由于杰克逊担任总统，反英战争之后出现的“和睦时代”终于结束，他的经济政策导致了杰斐逊的共和党之分裂。东部各州普遍对西部地区的激进倾向持怀疑态度，杰克逊执政过程并不顺利。

1836 年，杰克逊的助手范布伦当选为总统，这意味着杰克逊政策的继续。而老将军杰克逊则衣锦还乡，退居田纳西。西部地区初次闯入上层的政治斗争，显示了西部边疆民主力量的觉醒，也暴露了他们的领袖缺乏政治经验的短板。

* * *

向西拓殖运动还在继续，不断出现需要适应的新问题。在 19 世纪 40 年代，这个运动达到了高潮。在这十年里，美国吞并了得克萨斯，同墨西哥进行了战争，征服了加利福尼亚，同英国确定了俄勒冈的边界。自 1820 年以来，寻求土地和财富的美国冒险家陆续越过边界，进入得克萨斯。它属于 1821 年摆脱西班牙统治的墨西哥共和国。在这个冒险家的社会发展壮大之时，太平洋沿岸的水手和热衷于中国贸易的船长们，在墨西哥加利福尼亚省的港口建立了立足点。拓居者向内陆前进，搜集兽革和毛皮，在 1826 年到达该省的传教地区。墨西哥人被这些拓居者的出现所震惊，企图阻挡这股洪流，可是鞭长莫及，因为墨西哥政府极不稳定，对边远省份爱莫能助。这时，墨西哥出现了新的军事独裁者圣安纳。他决心加强墨西哥的权威，却激起了拓居者的反抗。1835 年 11 月，得克萨斯的美国人成立自治州，升起了孤星旗。墨西哥人在圣安纳的率领下北上讨伐。1836 年 3 月，一小股得克萨斯人在阿拉莫传教所被占有优势的墨西哥军队彻底消灭。这是美国历史上一次可歌可泣的战斗。得克萨斯全州燃起仇恨的怒火，一支军队建立起来，由田纳西人萨姆·休斯敦将军指挥。在圣哈辛托河畔的一次激战中，墨西哥军队败北，圣安纳被俘。得克萨斯人向敌军阵地冲锋时高喊着："记住阿拉莫战斗的血债！"圣安纳承认了得克萨斯的独立地位，后来墨西哥政府谴责了他的行动，无奈元气已伤，无力再战。得克萨斯人成立了共和国，萨姆·休斯敦当选为总统。在后来的十年里，得克萨斯加入美国的问题是美国政界激烈争论的问题。每当某一个新州要求加入联邦时，奴隶制的拥护者和反对者就会激烈地斗争一番。反对奴隶制的著名记者威廉·劳埃德·加里森说，蓄奴州得克萨斯一旦加入联邦，北方各州应退出联邦。南方人感到，如果把辽阔的得克萨斯分为几个州纳入联邦，他们在参议院即可获得多数席位，因此极力主张吸收得克萨斯。东部的富豪通过建立土地公司来剥削得克萨斯。除了这些公司发行的可疑的股票外，美国还发行了大量的得克萨斯共和国纸币和债券。这些投机活动有助于破坏北方各州反对吸收得克萨斯的统一政治立场。更重要的是，许多北方人转而相信美国"命定说"[1]。这意味着他们命里注定要吞并整个北美大陆。在1844年的大选中，民主党提出吸收得克萨斯，同时占领俄勒冈。这对北方是一种诱饵，因为俄勒冈可以抵消南方得克萨斯的影响。民主党候选人詹姆斯·K. 波尔克获胜。人们认为，这等于是授权吸收得克萨斯加入联邦。1845年2月，国会参众两院联合作出决议，实现了这个目标。

美国下一步需要说服墨西哥承认这个现状，并同她确定得克萨斯的边界。波尔克总统决心尽量向南推进边界，因此战争将不可避免。1846年5月，战争终于爆发。同时，美洲大陆的另一边也发生了一系列事件。美国人向西部的渗透一直没有停止，他们常常受到饥饿和隆冬的严峻考验。但是，任何情况也不能阻止美国人移居太平洋海岸。中国贸易利润的引诱和控制太平洋的梦想使吞并加利福尼亚成为当务之急，这个地区在美国人眼中比得克萨斯更

1　Manifest Destiny，认为某一民族扩张其领土系天命所定的反动史观。——译者注

为重要。1846 年 6 月，加利福尼亚的美国拓居者在华盛顿当局的策动下，举起狗熊旗[1]发动叛乱，仿照得克萨斯州的样子宣布独立。美国军队迅速赶到，星条旗代替了狗熊旗。

美国人的扩张步伐日益加紧。墨西哥的北方军队两次败在未来的美国总统扎卡里 · 泰勒将军的手下。温菲尔德 · 斯科特将军率领一支部队在韦拉克鲁斯登陆，向墨西哥城进军。1847 年 9 月，经过一个月的巷战，这个都城终于陷落。在这次战争中，涌现出一批优秀的青年军官，其中有罗伯特 ·E. 李上尉、乔治 ·B. 麦克莱伦上尉、尤利西斯 ·S. 格兰特中尉和杰斐逊 · 戴维斯上校。

墨西哥被迫求和，她在和约中不仅承认了美国吞并得克萨斯的现实，还割让了加利福尼亚、亚利桑那和新墨西哥。格兰特中尉在回忆录中写下了他的感想："我想不会有比美国侵略墨西哥更卑鄙的战争了。当时我很年轻，就有这样的看法，只是没有勇气辞职而已。"美国的扩张力量如同炸药般，"命定说"的车轮滚滚向前，墨西哥不幸处于它的前进道路上。从墨西哥战争中产生的有关帝国宏图的神话和美国有权开拓美洲南北两个大陆的观点，对此后南美各共和国同美国的关系投下了一层阴影。

* * *

美国即刻获得巨大的经济利益。当代表们同墨西哥就和约举行谈判时，一名美国劳工在加利福尼亚发现了第一块金矿石。这个寂静无名的墨西哥省份及其悠久的西班牙文化立刻被淘金热的狂潮所淹没。1850 年，加利福尼亚的人口约有 8.2 万，两年后猛增到 20.7 万。太平洋沿岸出现了一个无法无天的淘金者阶层。各行业、各阶层的人从东部城市和附近各州来到加利福尼亚，许多人被害死，在斗殴中被打死，在饥寒交迫中折磨致死，或者在绕过

1 Bear Flag，后成为加利福尼亚正式的州旗。——编者注

合恩角的航行中淹死。加利福尼亚的黄金断送了无数人的性命，也使个别人获得难以置信的巨大财富。

啊！加利福尼亚，
那是我该去的地方；
我奔向萨克拉门托，
脸盆放在我的膝盖上。

淘金热造成的混乱状态迫切需要在加利福尼亚建立固定的统治机构，于是华盛顿再次发生是否吸收一个新州的激烈争吵。政府暂时没有采取任何措施，加利福尼亚人自动召开代表大会，草拟了临时宪法。

在此期间，在加利福尼亚以北的地方出现了一块新的美国领土。东北部人口稠密的各州有许多人来到了“俄勒冈狭腰地区”（Oregon Trail），他们沿着尚未明确划定的加拿大边界建立家园和农场，一直发展到太平洋岸边。为了得到得克萨斯和加利福尼亚，美国政府可能在南方进行战争，因此它不急于就北部边界问题同英国发生争执。南方人坚决反对将俄勒冈纳入联邦，因为那里的拓居者反对奴隶制度，俄勒冈会成为另一个“禁奴州”。美国开始同英国进行谈判。尽管有人提出“不得到北纬 54 度 40 分以南的地区就要诉诸武力”的竞选口号，但双方在 1846 年 6 月通过外交途径和平商定以北纬 49 度线为边界线。这场纠纷平息了下去。在很大程度上，这个问题的解决是皮尔政府中善于斡旋的外交大臣阿伯丁勋爵努力的结果。1859 年，俄勒冈成为联邦的一个州。

在美洲大陆上星罗棋布的殖民地中，最奇怪的大概要数盐湖城的摩门教派[1]殖民地了。1847 年春，这个实行多妻制教派的信徒在他们的先知领袖布

1 Mormon Church，1830 年创立于美国的一个教派，初期实行一夫多妻制。——译者注

里格姆·扬的带领下离开伊利诺伊，到西部去寻找不受干扰的乐园。他们在夏天来到盐湖周围的地区，到达那里两个小时后便开始耕种土地，创建家园。不到三年，那里便精心规划发展起具有1.1万人的繁荣社会，人们充满宗教热情和儿女之情，也具有精明的经济头脑。1850年，这片领土得到联邦政府的承认，定名为犹他。这个殖民地位于狭腰地区的要冲，既可通往俄勒冈，也可通向加利福尼亚。途经此处奔往那两个方向的行人和冒险家需要购买食物和用品，在此定居的摩门教徒因此发财致富。不久，目无法纪又不信教的各色人等纷纷来到盐湖城，它渐渐成为美国最富庶的城市之一。

随着这个奇特的殖民地诞生，大陆的拓殖活动进一步展开。联邦政府此时的任务，是在通过墨西哥战争和英美边界谈判所获得的西部边远地区搞好区划工作。围绕奴隶制问题，南北双方的斗争达到了高潮。

第九章 CHAPTER 9

奴隶制与脱离联邦

在 1850 年以后的几年里，美利坚合众国的前途使美洲充满希望，使欧洲既羡慕又嫉妒。美洲大陆已被征服，得到哺育。在十年之间，美国的进出口和国内贸易增长了一倍多，其中国内贸易的发展尤为显著。美国商船的数量超过了英国。1851 年和 1852 年美国发行的金币约达 5000 万英镑。在辽阔的国土上修筑了三万多英里铁路，这使美国国内经济在政治统一的基础上得到了协调。当年在海洋屏障和英国海军的保护下，美国的民主制度免受欧洲的威胁，它根据英国的制度和习惯法建立起来，后来受到法国革命的推动，此时已获蓬勃发展。东部各州发达的工业受到庞大农业力量的辅助，二者实现了平衡。在物质成就方面，美国达到历史新高度。

但是，善于思考的人们早已预见到一场动乱，它不仅要分裂美国的躯体，还将伤害她的灵魂。在北美洲的三种居民中，白人占据至高无上的统治地位；美洲大地的子孙印第安人则受欧洲移民的欺压和剥削，遭到排斥或驱逐，他们往往轻蔑地避开欧洲人的火器，尤其是避免接触后者的文化；黑人在道义、社会、经济和政治等方面也引起了前所未有的问题。后两个种族都受到白人的残酷蹂躏，犹如野兽被人类控制、驱使或消灭一样。深有自尊心的印第安人被人任意推上了灭亡的道路，400 万黑人几乎全部沦为奴隶。

美国幅员辽阔、地理环境多样，因而利益、观点和文化分歧严重。在北纬 40 度线以及密西西比河和俄亥俄河构成的三角区以南，黑人奴隶制已经根深蒂固。南方各州的生活完全建立在奴隶制基础上，这是奇异、残酷和落后的生活发展模式。大种植园主成了贵族阶级，他们在豪华的庄园里过着封建式的生活；无数的小种植园主利用奴隶劳动种植行销世界各地的棉花。在所谓“蓄奴州”居住的 600 万白人中，拥有奴隶的不到 35 万人，只有 4 万人拥有需要 20 个以上劳动力的种植园。三四千个大奴隶主如同中世纪贵族统治英格兰那样，有效地控制着南方的政治事务。在他们之下有三种人，第一种人是几十万小奴隶主，对这些人来说，这个“独特的制度”为家庭生计带来了便利条件；第二种人是庞大的自耕农阶级，他们同北方的自耕农没有区别；第三种人是一群“白人穷鬼”，可以依靠他们组成军队。这几种人均同大奴隶主有一定的联系。

南方白人的生活轻松悠闲，喧嚣繁忙的北方则缺少这种生活。出现这种不正常的状况，当然不能怪南方白人。200 多年来，向新大陆贩卖非洲黑人的奴隶贸易一直是西班牙、法国特别是英国的主要贸易活动。在非洲西海岸捕获的黑人像牲口一样被运过大西洋，成为买主的财产。他们进行繁重的劳动，人口不断增加。大部分人适应了他们的生活环境，这种环境用基督教的文明尺度来衡量是十分恶劣的，但他们的生活并不像在非洲那样艰苦。一般的黑人像中世纪的奴隶那样，由于他们的劳动能力和生殖能力而具有市场价值，这种价值和日益提高的社会标准使他们免遭无缘无故的残酷虐待。

南方的种植园主和他们的奴隶都是在辽阔荒凉的土地上长大的，从不知道人间还有其他关系。如今在 19 世纪中叶，整个社会及其制度遇到了严重的挑战，这个庞大、独特而逐渐成熟的社会，受到稳步发展的基督教世界的敌视和蔑视。这个社会的人们长期舒适地生活在一座火山的肥沃山坡上，现在这座火山闷声作响，开始颤抖，冒出黑烟，预示着即将发生一场可怕的大爆发。

我们今日想象不到，黑人奴隶制是多么紧密而牢固地同南方各州的整个生活、经济和文化交织在一起。奴隶制的触须通过各种经济和政治渠道伸向北方各个禁奴州。有一种现象表明，南方社会无法摆脱奴隶制这种可怕的疾病，它已经成为这个社会的一部分。据说，基督教牧师和新教各派的教徒拥有 66 万奴隶，其中 5000 名卫理公会教士控制着 21.9 万奴隶，6500 名浸信会教徒拥有 12.5 万奴隶，1400 名圣公会教徒奴役着 8.8 万奴隶，等等。所以，不仅各种利益集团维护奴隶制度，南方的各种教会也在支持它，说它是造物主所规定的、基督的福音所批准的制度。然而，情况并非始终如此。在反对乔治三世的革命中，许多南方人表示希望最终废除奴隶制。随着时间的推移，“这个独特的制度”，用莫里森和康马杰的话来说，变得“如此不可缺少，因而不再显得狰狞可憎了”[1]。到了 1830 年，南方人开始把奴隶制当作社会的积极有效的永久基础加以捍卫。这种显著的思想转变有几种原因。棉花种植的迅速发展需要一支庞大的劳动大军，照南方人的说法，只有处于奴隶地位的黑人才能提供这种劳动力。而且，一些白人在黑人的暴动中遭到杀害，南方人产生了普遍的恐惧心理。他们问道，如果解放黑人，白人的生命安全有保障吗？或者说得更中肯一些，白人妇女的尊严能够得到保证吗？早些时候，慈善家想出了一个办法，企图把黑人运回非洲，让他们在自己的共和国里自立。利比里亚共和国因此诞生了。但是，这个计划代价甚大，只好中途放弃。况且，黑人喜欢在美洲生活。对于南方人来说，解放奴隶的前车之鉴就在眼前。英属西印度群岛像大英帝国的其他地方一样，根据 1833 年通过的法案废除了奴隶制。这是格雷伯爵的辉格党政府所实现的伟大改革之一。西印度群岛的种植园主过着同美国南方的绅士极为相似的生活，他们由

1　引自《美利坚合众国的成长》（*The Growth of the American Republic*）第 1 卷第 246 页。——原注

于失去奴隶而得到了补偿，可是，他们的财富立即明显减少了。在附近的美国大陆上，善于思考的人们完全可以看出这一点。

19世纪50年代，一度对奴隶的命运漠不关心的北方开始反对奴隶制度。20年来，威廉·劳埃德·加里森在波士顿出版的《解放者报》（*The Liberator*）一直猛烈地抨击奴隶制度。这家报纸的发行量并不大，但它的语言激怒了南方。同时，设在纽约的美国反奴隶制协会和其他人道主义团体不断发行措辞激烈的小册子和杂志。这些团体雇用一些代言人在全国各地宣传废除奴隶制的主张，结果双方在这个问题上情绪更加对立。1852年，哈丽雅特·比彻·斯托夫人的小说《汤姆叔叔的小屋》（*Uncle Tom's Cabin*）出版，使双方对立情绪进一步加剧。她运用了各种手法，使这部作品具有明显的思想倾向。她反复论述了理论问题和宗教观点，但有一种手法却是奴隶制的其他攻击者望尘莫及的。她向读者展现了一系列同奴隶制不可分割的简单而辛辣的事实：黑人的家庭被拆散，丈夫离开妻子，在母亲怀抱中吃奶的婴儿被卖掉；一个善良的奴隶主一旦死亡，所有的奴隶便被悉数拍卖；仁义的奴隶主无能为力，邪恶的奴隶主残忍无度；奴隶在贩运途中受尽痛苦，偏僻的种植园令人毛骨悚然；上层妇女的侍女稍有过失便遭到鞭笞；有二分之一黑人血统和四分之一黑人血统的混血儿也都遭到同样的不幸；几乎全是白人血统的奴隶姑娘被一再出售供人玩乐，肤色同白人极为相似的孩子也被当作奴隶——这一切是现代的基督教文明社会在广阔而肥沃的土地上所暴露出来的各种问题，作者以各种艺术手法将它们表现得淋漓尽致。

《汤姆叔叔的小屋》极具感染力，出版当年到年底为止已在美国销售数十万册。据说在9月，一家英国书店每日进货一万册。到了1852年底，该书已在英国销售100多万册，它的销售量大概相当于除《圣经》和《公祷书》（*The Prayer Book*）之外其他作品的十倍之多。《汤姆叔叔的小屋》有各种文本流行全世界，在每个国家吸引了大批情绪激动的读者，它预示着一场风暴即将来临。

*　　　*　　　*

当时的道德洪流推动了变革，首先海军消灭了海上奴隶贸易，后来尽管年轻的格拉德斯通先生反对，大英帝国境内还是全面废除了奴隶制。这种精神激励了大西洋沿岸的新英格兰各州和人口急剧增加的美国中西部地区。北方同南方之间在情感和利益方面出现了一条日益加深的鸿沟。这些年来，南北双方隔着这条鸿沟进行了一些思想交流、争论和会谈。北方的许多教俗领袖深深感到，他们赢得的这个神圣大陆处于不祥的境地，如果不能改变这种境况，至少应该防止它进一步恶化。这种反奴隶制的情绪在最初阶段并不是由商业方面的竞争引起的。毫无疑问，在同样的气候条件下，奴隶劳动在耕作方面是无法同自由劳动抗衡的。俄亥俄河畔一个禁奴州的迅速发展和对岸一个蓄奴州的停滞状态形成鲜明对比，这是有目共睹的事实。这个对比是19世纪同17世纪的对比。在经济竞争中，北方的物价并不比南方高。北方各州也种植棉花，只有在这项生产中，奴隶劳动才获利更多。南北方冲突的焦点不是经济问题，而是道义问题，也是社会问题。南方大部分地区的奴隶主贵族感到，他们比北方的商业集团、制造业集团和金融集团更高贵。北方的清教徒后裔则像克伦威尔的铁甲军看待鲁珀特的保皇军那样，怀着成见和愤怒的心情看待养尊处优的南方贵族。在许多方面，这场即将发生的严重斗争颇有英国内战的气氛。

实际上，这场冲突的直接根源是政治问题和制度问题。北方坚决维护亚历山大·汉密尔顿的联邦集权观念，南方则坚持杰斐逊的州权主义。约瑟夫·E. 约翰斯顿、安布罗斯·P. 希尔和菲茨休·李等许多南方将军从未拥有奴隶。在得克萨斯供职的弗吉尼亚籍美军上校罗伯特·E. 李写道，奴隶制“在任何国家都是道义和政治上的弊病”，这是这个文明时代的少数人不得不承认的事实。但在政体问题上，上述那些具有高尚情操的人认为自己和南方各州的前途及独立地位同生死，共存亡。南方人说，北方在牺牲南方的利益而致富，北方佬对于庸俗的商业主义无法达到的繁荣感到嫉妒。他们还说，联邦宪法主要是由弗吉尼亚州的伟人华盛顿和麦迪逊制定的，北方佬无权利用这部宪法来把联邦内最著名的几个州置于自己的指挥棒之下。他们不了解截然不同的南方生活条件，敌视和侮辱南方社会，而南方社会即使不比北方社会更富足，至少比它更文明。他们企图把自己的观点强加于那些为了共同目标而自愿加入联邦的州，殊不知这些州在实现目标以后是完全有权退出联邦的。

1820 年达成的折中方案规定以北纬 36 度 30 分作为路易斯安那新购地区内奴隶制地区和非奴隶制地区的分界线，此刻这个方案已经不能满足人们的要求了。通过墨西哥战争，又有大片领土并入美国的版图，在这些新地区应该采取什么原则呢？1812 年那一代人当中的佼佼者约翰·C. 卡尔霍恩仍然左右着南方人的行动。他们认为，这些领土属于联邦的各个州，而不属于各州的联邦；奴隶是符合习惯法的财产，国会无权在尚未成立州的地区禁止奴隶制。加利福尼亚提出加入联邦的要求，加剧了这场危机。许多温和派人士希望把密苏里折中方案的分界线延长到太平洋岸边。这个设想在加利福尼亚行不通，假如这样做，分界线会从该州的中央穿过。而且，加利福尼亚宪法禁止奴隶制，如果在它们境内实行奴隶制，美国通过墨西哥战争获得的领土在成立州以后就会有先例可循。1850 年 1 月，有关奴隶制和脱离联邦的紧迫问题在参议院引起了最后一次激烈争辩。在这次辩论中，卡尔霍恩、克莱和韦伯斯特进行了较量。为了推迟南北之间的分裂，亨利·克莱在他的提案中提出了最后的折中方案：应该立即把加利福尼亚作为“禁奴州”纳入联邦；在新墨西哥和犹他建立地方政府，不提奴隶制问题；颁布《逃亡奴隶法》（*Fugitive Slave Law*）会使南方满意，由联邦政府承担得克萨斯的公债则将使北方的债券持有者感到满意。克莱希望通过这些彼此让步来保持美国的政治统一。他利用这个最后机会在参议院作了长达两天的发言。卡尔霍恩行将就木，在参议院里坐着一言不发，他的一名同僚替他发言说："议员先生们，我早就认为，如不及时采取有效措施，奴隶制问题所引起的波澜将以联邦的分裂而告终。……联结各州的纽带即将绷断。"奴隶制问题引起南方各州的不安，它们担心在经济和政治方面受到北方的压迫，也担心它们在争取西部各州支持的竞争中走向失败。

三天以后，丹尼尔·韦伯斯特起立发言，"我今天是为维护联邦的统一而讲话，请诸位听取我的意见"。韦伯斯特和克莱的见解得到赞同，折中方案终获采纳。所谓"众裁方针"暂时平息了人们的情绪。根据这个方针，新领土成为州时，应由居民自行决定实行或禁止奴隶制。卡尔霍恩去世后不到两年，克莱和韦伯斯特也相继逝世。他们死后的局势比较平静，但暗流涌动。同时，美国大陆在飞速发展，1850 年已有 9000 英里铁路，到 1861 年增至三万多英里。来自欧洲的德意志和爱尔兰移民源源不断地进入西部的新领土。农业机械的应用改变了拓荒队伍的面貌，他们不再生活在森林里，而是成为大平原上的农民。密西西比河以西大平原开垦活动如火如荼地开始了。

*　　　*　　　*

在建设横贯大陆铁路线的问题上，南北又产生了新的分歧。双方的对立利益集团深深卷入这场争端。在这次政治性的争端中，北方和西部结成了联盟。设想中的南方线路到太平洋海岸的距离最短，它经过新奥尔良到得克萨斯，然后穿过基拉河流域直达圣地亚哥；北方线路的走向是沿着狭腰移民地带西进，这个地带把加利福尼亚和俄勒冈同大湖区周围各州联结起来；在二者之间有一条中间线路，它所穿过的地区尚未建州，但北方在那里进行了大量投资。代表伊利诺伊州的参议员斯蒂芬·A. 道格拉斯迫切希望促进西部地区的开拓，积极主张采纳中间线路，成为北方利益的代表。为了把中部地区组织起来，他在 1854 年 1 月提出一项成立内布拉斯加地区的议案。他在议案中写进一个体现“众裁”原则的条款，作为吸引南方票数的诱饵。这个条款改变了局势，加深了冲突。北方人一直以为 1850 年的折中方案只实行于所夺取的墨西哥领土，而现在则有人建议把这个方案的有效范围扩大到执行密苏里折中方案的地区。由于大平原地区位于北纬 36 度 30 分线以北，新议案变相地否定了《密苏里妥协案》(*Missouri Compromise*)。南方人希望明确废除《密苏里妥协案》，道格拉斯表示同意。这样，奴隶制可能会扩散到这条线以北的地区。

北方的反奴隶制势力早已对道格拉斯反感万分，他们此时坚决反对在新地区实行奴隶制。参议院在 5 月通过了《堪萨斯 – 内布拉斯加法案》(*Kansas-Nebraska Act*)，把密西西比河以西大平原上的新地区分为堪萨斯和内布拉斯加，并且确认了“众裁”原则。这个法案是北方各州爆发大骚乱的信号。根据《逃亡奴隶法》，联邦警察早已得到把逃入禁奴州的奴隶送还主人的指示。以前不断发生较小的意外事件，但在《堪萨斯 – 内布拉斯加法案》通过之后，北方当局已经忍无可忍了。法案生效之次日，波士顿的一些民众企图救出逃亡的奴隶安东尼·伯恩斯。当局拘捕此人后，正准备将他遣返南方。为了把他带到停靠在波士顿码头的船上，当局动用了一个炮兵营、四个排的海军陆战队、一个民防团和 22 个连的民兵沿街保护。“为了把一个奴隶交还主人，联邦花费约十万美元。而真正的账单尚未送来，它需要用鲜血来支付。”[1]

在新划分的堪萨斯地区，废奴派和蓄奴派进行了激烈战斗。蓄奴派的人洗劫了禁奴派控制的劳伦斯城。三天以后，来自俄亥俄州的清教神秘主义者约翰·布朗出于反对奴隶制的决心，带着他的四个儿子去复仇，把五个蓄奴派的人从床上拖下来杀死。在这次地方性恐怖活动中，有 200 多人丧命，但约翰·布朗得以逃生。双方在各行各业和各个地方进行了对抗。在参议院，

---

1 引自《美利坚合众国的成长》(*Growth of the American Republic*) 第 1 卷第 622 页。——原注

马萨诸塞州的一名参议员被南卡罗来纳州的一名众议员用手杖猛击头部，昏了过去。在《堪萨斯－内布拉斯加法案》通过以后，北方和西部反对奴隶制的人组成了新的共和党。在1856年的总统选举中，人们情绪异常激动。民主党人推举宾夕法尼亚州的詹姆斯·布坎南为候选人，他是“坚持南方立场的北方人”。因此南方势力在华盛顿又有了代言人，不过这是最后一次了。

新总统就职两天之后，联邦最高法院对奴隶德雷德·斯科特和他的主人桑福德之间的著名诉讼案作出了裁决。斯科特被他的主人从蓄奴的密苏里州带到禁奴的伊利诺伊州，然后又带到威斯康星地区。他要求获得自由，理由是，在后两个地方居住已经使他成为自由人。法院需要确定两个问题：第一，起诉者要有公民权，斯科特是密苏里州的公民吗？第二，他在其他地方居住是否改变了自己的固有身份？法院在这两个问题上作出了否定的裁决。首席大法官坦尼宣读的裁决体现了当时的法律，但在北方各地引起了轩然大波。他说：“根据宪法的精神，黑人不是公民，因为宪法只是‘为白人制定的’。”黑人无权在美国的任何一个法院起诉。在白人看来，黑人“极其低劣，没有值得白人尊重的权利”。奴隶是主人的财产，而联邦政府无权处置国内居民的财产，也无权在未成立州的地区禁止奴隶制。而且，从宪法角度来看，斯科特要求自由时所部分依据的密苏里折中方案是错误的。最高法院的裁决就是这样的。不过这里应该说明，坦尼大法官说道，至于前辈这样看待黑人是否正确，最高法院无权断定。实际上，法院作出裁决以后，斯科特马上获得了自由。这样审判这个案件是为了试试法律的效力并煽动社会舆论。这一目的确实达到了。共和党成立的宗旨是防止奴隶制扩散到尚未成立州的地区，可是它的整个纲领被宣布为违反宪法。共和党领袖威廉·H. 苏厄德大声疾呼：“美国人民永远不能，也永远不会接受如此可恶的原则。”

蓄奴派和废奴派在密西西比河以西大平原上进行的残酷斗争，把一位新人从偏僻的角落推上了全国性政治舞台。亚伯拉罕·林肯是伊利诺伊州小镇斯普林菲尔德的一名律师，《堪萨斯－内布拉斯加法案》的通过深深触动了他的心灵。他已经担任过一届国会议员，此时在竞选参议院议员。他努力以自己的精神力量反对奴隶制原则。“‘祸起萧墙的家庭是无法维持的。’我相信，现政府不会永远容忍半奴隶制半自由制的状态。我不希望联邦瓦解，不希望这个大家庭分裂，而是希望它停止内讧，实行统一的制度。要么由奴隶制的反对者制止奴隶制的蔓延，使人们安心地相信奴隶制最终将彻底灭亡；要么由奴隶制的拥护者进一步推广奴隶制，直到它在新旧各州和南北各州俱为合法制度。”1858 年夏秋两季，林肯在伊利诺伊平原城镇进行了一系列公开辩论和演讲，同道格拉斯竞选参议员。他虽然竞选失败，但已成为举国瞩目的人物。他使奴隶制成为一个道义问题，而不是法律问题。他提出了一个分裂性的主张，认为可以无视最高法院的裁决，并提倡在新领土上禁止奴隶制。他本能地感到，不久前对南方作出的让步不会取得长久和稳定的效果。他也意识到，随着废除奴隶制的呼声日益强烈，南方人一定会要求进一步保护他们独特的奴隶制社会。布坎南总统和白宫的民主党势力企图征服古巴和尼加拉瓜，以便为联邦增加新的蓄奴地区。南方的商人要求恢复奴隶贸易，因为奴隶的价格高昂。在此期间，北方在一系列有重大影响的事件中一直无视 1850 年颁布的《逃亡奴隶法》。

只要有一点火星，便可引发一场大爆炸。1859 年 10 月，狂热的约翰·布朗带领他的儿子和十几名追随者，在实行奴隶制的边境地区的哈珀斯渡口夺取了联邦军械库，释放了一些感到事出意外的奴隶，并对联邦宣战。他受到罗伯特·E. 李上校指挥的联邦海军陆战队的攻击，在损失一些人马之后被俘，伤势严重。他和四名追随者受审，被处以绞刑。南方人宣称他的暴力行动是共和党策动的结果，因而人人愤慨。在北方，数百万人则把约翰·布朗视为烈士。他的尸体在墓中虽已腐烂，但他的精神却长在人间。

第十章 CHAPTER 10

合众国在危险中

1860年，决定性的总统选举开始了。2月，南方的参议员杰斐逊·戴维斯要求北方各州废除《人身自由法》(*Personal Liberty Laws*)，停止干扰1850年颁布的《逃亡奴隶法》的执行，并服从最高法院通过首席大法官坦尼宣布的裁决。他还要求说，联邦政府无权在尚未成立州的地区禁止奴隶制度，相反，它应该保护这些地区的奴隶制度。针对这些要求，亚伯拉罕·林肯在纽约和其他地方多次从容不迫地发表了洋洋洒洒的精彩演说，开始了反对奴隶制的斗争。民主党在这场危机中分裂了。当它的总统候选人道格拉斯在党内的查尔斯顿会议上促使一套折中方案获得通过时，亚拉巴马州的代表团立即退出会场，其他七个产棉州的代表团也紧随其后。林肯本来就有望当选，这样一来，民主党内部的分裂使他稳操胜券。产棉州提出肯塔基州的约翰·C.布雷肯里奇作为它们的候选人，此人当时担任副总统，是维护南方权利的民主党人。第四名竞争者的出现使局势更加复杂，他是代表肯塔基州的参议员约翰·贝尔，是个老派辉格党人，自称为联邦主义者。虽然人们感到，一旦林肯当选为总统，南方会脱离联邦，但当时人人关心的主要议题并不在此，而是奴隶制的问题。林肯和共和党人试图改变最高法院对德雷德·斯科特案件的裁决，并禁止在新领土上实行奴隶制，希望将奴隶制限制在目前的范围内。道格拉斯和执政的民主党人主张对尚未成立州的新领土实行不干涉政策，由那里的殖民者实行“众裁”。布雷肯里奇及其追随者则要求新领土上的奴隶制得到法律保护。贝尔力图避免这些问题，渴望全国因此忘却墨西哥战争以来所发生的一切。1860 年 11 月 6 日，林肯当选为总统。林肯只得到 40% 的选票，道格拉斯仅次于他。布雷肯里奇尽管标榜忠于联邦，仍然给人留下了分裂派候选人的印象，因而名列第三，甚至在各个蓄奴州也未赢得多数选票。

尽管大多数人反对分裂联邦，但是坚持卡尔霍恩原则[1]的南卡罗来纳州于 12 月 20 日在查尔斯顿通过了著名的《脱离联邦法令》（*Ordinance of Secession*），宣布退出南卡罗来纳州在 1788 年同其他南北各州结成的联邦。这个突然的致命行动受到狂热的欢呼。礼炮轰鸣，钟声回荡，旗帜在一栋栋房子的上空飘扬，欢乐的人群挤满街道。密西西比州、佛罗里达州、亚拉巴马州、佐治亚州、路易斯安那州和得克萨斯州也相继效仿南卡罗来纳州的行动。这些州认为自己是主权州，它们当中的前几个州派出代表，于 2 月在亚拉巴马举行会议，组成一个新的邦联，选举杰斐逊·戴维斯为总统。邦联公布了新宪法，这部新宪法几乎同美国宪法一模一样，不同的只是它明确宣布以奴隶制为基础。邦联的国旗确定为星条图案。戴维斯总统受权组建一支十万人的军队，议会为此拨出了大笔款项。一个三人代表团奉命到欧洲争取获得承认和支持。作出这一决定的主要人物都抱着很大的幻想，他们认为北方不会试图迫使他们返回联邦，即令北方佬这样做，也不是南方的对手。如果北方实行封锁，邦联可望得到欧洲列强的支持。南方人以为，“棉花大王”

1 Doctrines of Calhoun，卡尔霍恩是美国历史上著名的政治人物，他关于反对废奴主义以及“一致多数”等一系列理论和主张在美国曾被奉为公理。——编者注对英国和法国如此重要，它们决不会坐视棉花的供应断绝。

布坎南仍是美利坚合众国总统，当选总统林肯须到 3 月方能就职。即将下台的政府对着四分五裂的大地呆望了四个月，无所作为。陆军部长劳埃德是个狂热的南方人，因而没有表现出特殊的警惕性或远见。他乖乖地让送到北方改进的滑膛枪又运回南方的军火库。正规军的军官也可以不费周折地加入南方正在积极筹建的新军。布坎南巴不得早日解职，因而极力推卸职责，采取中庸之道。北方的备战活动完全处于瘫痪状态。另一方面，布坎南拒绝承认南方退出联邦的合法性。实际上，南方各州的所有联邦据点及其小股守军都已不战而降，落入邦联之手。但是，在坚定不移的安德森少校负责镇守的查尔斯顿港的上空，仍然飘扬着共和国的国旗。敌方要他投降，而他率领部队撤到已成孤岛的萨姆特要塞。他们军粮将尽，北方派一艘船送来给养，但岸上的邦联炮火使它无法靠近，只好退走。此时，一些人为妥协作出艰苦的努力。为了保持和平，许多北方人准备在奴隶制的问题上向南方让步，而林肯则坚定不移。他不放弃竞选时提出的政纲，也不支持把奴隶制扩大到新领土的主张。这是决定一切的关键问题。1861 年 3 月 4 日，亚伯拉罕·林肯在这种紧张的形势下就任总统。在他的周围，联邦政府机构已经支离破碎，每日都有政府官员和军官回到南方的家乡。老战友最后一次友好地握手告别。北方固然憎恨奴隶制度，可是并不想内战。在双方的极端派之间，有一个庞大的温和派，这批人的各种利益和关系通过亲戚关系和习俗而交织在一起，包容各种各样的见解。迄今只有产棉州，即最南部的各州，脱离了联邦。密苏里州、阿肯色州、肯塔基州、田纳西州、北卡罗来纳州、马里兰州和特拉华州仍在观望。古老而尊贵的弗吉尼亚州[1]也未作出抉择，它曾是自治领，是华盛顿总统的出生地，也是美国传统和理想的摇篮。林肯呼吁人们容忍与和

1　Commonwealth of Virginia，美国最初的 13 个州之一，别名“老自治领州”，“反对专制”为该州长久以来的信条。——编者注

解。他宣布决心保卫美利坚合众国的军事据点和财产，并说无意侵犯南方，决不干涉南方各州的奴隶制度。他令人忆起了南北方共同战斗的往事，这些往事“如同神秘的纽带，从这个辽阔国土上的每一个战场和爱国者的坟墓伸向每个生者的心”。他还慷慨激昂地说：“郁郁不乐的同胞们，发动内战的重大决定权不在我的手里，而在你们手里。政府不会进攻你们，只要你们不发动进攻，就不会发生冲突。你们并没有对上帝发誓要摧毁联邦政府，而我要郑重发誓，一定要维护和捍卫联邦政府。”

4 月 8 日，林肯告知南卡罗来纳的州长，他打算再次给萨姆特要塞里的安德森少校及其 83 名部下运送食物。戴维斯总统因此命令率领 7000 人马驻守查尔斯顿的博雷加德将军敦促安德森少校立即投降。安德森少校承认，几天之内他的军粮就要断绝，但他仍然坚守着要塞。双方进行了几次谈判，没有任何结果。4 月 12 日凌晨，邦联的炮兵开始全面轰击，50 门重炮对萨姆特要塞猛轰了两天。安德森和他的一小帮人马躲在防空洞里，直到认为自己保全了荣誉，尽到了职责，才于 14 日满身灰尘、几乎窒息地从要塞里撤出来，得到允许前往北方。这次炮击虽未造成伤亡，却是严重的反叛行动。

萨姆特要塞的炮声响彻全球，它唤醒了北方人民，使他们团结一致。所有的禁奴州联合起来，过去的分歧一扫而光。林肯的竞选对手、有 150 万民主党人为后盾的道格拉斯急忙赶到白宫，与林肯握手言欢。前总统布坎南宣布：“北方将万众一心，支持共和国政府。”在这股浪潮和自己坚定信念的推动下，林肯发表了一项公告，宣布征募“7.5 万联邦民军”，以镇压南方七州的“联盟”。这个联盟“已经具有通常的法律手段所无法制止的强大力量”。美国南北战争就此爆发了。

* * *

林肯发出以武力迫使邦联各州回归联邦的号召以后，弗吉尼亚州立刻作出了她将为之英勇奋斗的抉择。她不愿为奴隶制的问题而战斗，但是坚持合众国各州享有主权这一符合宪法的主张。根据这条原则，弗吉尼亚人拒绝了联邦政府以武力解决的要求。在里士满召开的弗吉尼亚代表大会以 88 票对 55 票的多数作出决定，禁止本州民军响应林肯的号召。弗吉尼亚州退出联邦，把她的全部军事力量交给邦联调遣。这一转变决定了一个最伟大的美国人、军事史上最杰出的一位军事家的行动。

罗伯特·李在美国社会中享有较高的威望。他的父亲是独立战争时期的一名上校。由于和乔治·华盛顿夫人的后代卡斯蒂斯小姐结婚，他成为鸟瞰首都的阿林顿宅第的主人。这座宅第是华盛顿的养子、素称“芒特弗农之子”的乔治·卡斯蒂斯为自己建造的，它同华盛顿的家宅仅相距几英里。罗伯特·李是西点军校[1]的毕业生，曾在墨西哥战争中担任斯科特将军的工兵参谋长，在美国军队中已有 25 年以上的光荣历史。他仪表堂堂，举止斯文，笃信宗教，性格爽朗。美国形势变得紧张之时，他带领一个骑兵团驻扎在得克萨斯边界上，反复权衡职责和道义需要他采取的立场。他反对奴隶制度，认为“脱离联邦的做法毫无益处”，但他自幼受到的是首先要忠于弗吉尼亚州的教导。1861 年 3 月奉召到达华盛顿后，他对一位北方挚友说：“如果我的家乡弗吉尼亚支持旧联邦，我也支持；但假如她脱离联邦（当然，我认为脱离联邦的行动不符合宪法的原则，而且也没有进行这种变革的足够理由），我不惜为她驰骋疆场，必要时可以献出生命。”

他在气氛紧张的 3 月到达首都。他的老上司斯科特将军同他进行了长达三小时的谈话，极力争取他支持联邦。林肯任命他为正在组建的联邦大军总司令，他立刻谢绝了。翌日弗吉尼亚宣布脱离联邦，他便辞去军职，永别阿林顿家宅，怀着沉痛的心情登上了开往里士满的火车。他到达那里后，立刻得到弗吉尼亚全州的陆海军指挥权。他是在星期六辞去美利坚合众国军职

1 West Point，即美国陆军学院，美国历史最悠久的军事学院之一，位于纽约州西点。——编者注

的，到了星期一，他已接受新的使命。在那痛苦的几个星期里，他眼里有时充满泪水——面临重大战斗的胜利或失败他都从未流露过这样的感情。一些目睹此情此景的人写下了他内心的斗争，但其实并不存在这种斗争。站在弗吉尼亚州一边，他从未犹豫过。他为这种选择而痛惜，难过地预见到它即将带来的后果。同时，他并未感到疑惑，后来也不感到懊悔和内疚。

有些人认为，人类的幸福主要是杰出人物推动历史发展的结果。这些人会感到，此刻应该提及罗伯特·李的著名战友“石壁”（Stonewall）将军杰克逊。这场危机爆发时，罗伯特·李54岁，而杰克逊只有37岁。杰克逊和李将军一样，是训练有素的职业军人，在墨西哥战争中功勋卓著。他潜心钻研军事艺术，此时是弗吉尼亚军事学院的教授。他是北爱尔兰人的后裔，住在弗吉尼亚。他为人严肃、沉默寡言，甚至常常令人望而生畏。他生活俭朴，性格像加尔文宗教徒。他能够名载美国史册，也许是因为他指挥着像克伦威尔铁甲军一般的军队。他对北方的统治地位怀有刻骨仇恨，这一点同李将军大不相同。他的胡子浓黑，脸色苍白，薄唇紧闭，鼻如鹰钩，黑色的眼睛炯炯有神，军服已经由于风吹日晒而褪色，俨然是一个无精打采的教授式军人。尽管如此，最了解他的人十分敬爱他。他有一种奇怪的力量，使受他严厉管束的千万士兵对他怀着无限的忠诚。

这两个人常常声称并且相信自己反对战争，实际上他们酷爱战争，把它当作为之献身的一种职业。在他们的言谈和书信中，充满了由于必须执行可怕的命令而流露出的痛苦。但是在一次为了黎明激战而进行的长途夜行军中，杰克逊对他的同伴说：“真是有趣！”李将军后来望着尸首狼藉的战场若有所思地说：“可怕的战争倒也挺有意思，我们会喜欢它的。”李将军和他的优秀助手杰克逊在严峻的局面中进行了一年的精诚合作，令人想起了马尔博罗和尤金的密切配合。此时，联邦调集了一支庞大的军队同他们作战。

*　　*　　*

南北双方都开始建立军队。受过训练的官兵寥寥无几，武器弹药少得可怜。美国人经历了长期的和平，这期间他们进行的战争就是开垦荒原，向土地索取财富。双方都没有意识到他们面临的严峻考验。南方到处洋溢着战斗的热情，绅士和边疆农民如同英国革命时期的保皇党人，比商业化北方的绅士和农民更善于骑射。邦联诸州正在保护家园不受侵略和压迫。南方男子踊跃加入新编的团队，他们坚信会战胜敌人，至少确信自己不会失败。

起初，北方人面对这种挑战感到愕然，他们简直难以想象，党派之间的辩论和竞选的混乱情况此刻会让位于大规模的屠杀。他们衡量了北方的各种丰富资源之后，感到自己具有无敌的力量。人人决心不惜任何代价维护联邦，在这个重大的问题上，反对奴隶制的正义之火正在燃烧。

南北之间力量悬殊，即使外国人亦可一望而知。北方阵营有 23 州，人口达 2200 万，而南方只有 11 州，人口只有 900 万，其中近 400 万是黑奴。南方诸州只要求有独立行动的权利，所以将采取守势，而北方否定这一权利，决心以武力将它们拖回联邦，因而必须采取攻势。对于进攻者来说，任务是十分艰巨的。

只有征服南方的所有地区才能解决根本问题，这个目标不是两三次战斗所能实现的，必须经过长期的努力才能达到。邦联所占的地区南北相距 800 英里，东西达 1700 英里，铁路既少又落后，公路状况也很糟。这些地区人口稀少，进攻者主要得自运给养，因而在南方推进时必须保护漫长的运输线免受敌人的袭击。黑奴本来会给南方造成很大困难，而实际上却恰恰相反，他们大多数人给白人提供了很大帮助。例如，他们在主人出征时照顾种植园，继续种庄稼以供养军队，修护公路，构筑工事，使白人腾出大量人力去作战。

可以说，在北方有一大部分民主党人反对诉诸武力。这场战争似乎最终将采取持久战的形式，在这样的一场战争中，南方可能会更为坚定。在消耗战中，北方的有利之处是工业发达。如果它能封锁南方的3500英里海岸线，那么海军可能就是它打击南方农业实力的最有效的武器。但是，海岸封锁在欧洲引起的棉荒可能会迫使英法两国出面干预，支持南方。

林肯当选以后，最南部的七个州退出了联邦，并于1861年2月在亚拉巴马州的蒙哥马利建立了自己的政府。在萨姆特要塞遭到炮击以后，林肯一发出征兵的号召，中南部的四州便退出联邦，南方邦联的首都也迁到里士满。尚未表态的是同禁奴州交界的蓄奴州肯塔基、密苏里、马里兰和特拉华。在这四州当中，肯塔基州最为重要，一是由于它的地理位置，二是由于密苏里州可能唯其马首是瞻。这场战争的胜败似乎取决于肯塔基州的立场。林肯出生在肯塔基州，据说他也像杰斐逊那样说过："我希望得到上帝的支持，但我必须得到肯塔基州的支持。"然而，肯塔基州坚持"伟大的调解者"亨利·克莱[1]的方针，企图保持中立。南北双方都不能长期容忍这种立场，可是又都不敢采取触犯它的过激行动，以防把它推入敌人的怀抱。事实证明，林肯具有高人一等的外交才能，他亲自掌握政策，终于在9月把肯塔基争取到北方阵营。这是北方取得的第一个重大胜利。

密苏里州同她的姐妹州一样，多数人主张中立。但是双方的极端派控制了权力，引起了内战。州长是个狂热的分裂主义者，他在议会的支持下，极力要把密苏里州拉出联邦。联邦派的领袖是强大的布莱尔家族的成员，他的弟弟是联邦阁员。他得到圣路易斯城联邦军队指挥官莱昂将军的支持，在后者的帮助下挫败了州长脱离联邦的计划，并把州长本人从州府杰斐逊城赶到该州的西南边陲。由于联邦军队介入州内纠纷，许多一直持中立态度的人转而支持脱离联邦的主张。虽然州代表大会罢免了州长，在圣路易斯建立了临

1 Henry Clay（1777—1852），美国历史上最重要的政治家与演说家之一，他于美国内战期间数次调解南北两方的矛盾，从而维护了联邦的稳定，因而被称为"伟大的调解者"。——编者注

时政府，但联邦在几个月之后才完全控制了密苏里州。

马里兰的问题得到较快的解决。巴尔的摩市的脱离主义者力量强大，暂时控制了该城。他们毁掉了两条北上铁路线的桥梁，华盛顿有几天处于危险的孤立境地。马萨诸塞州的援兵穿过巴尔的摩城时受到袭击，一场流血冲突发生了。但是，如果没有弗吉尼亚的帮助，马里兰的脱离主义者便无力向联邦首都推进。忠于联邦的州长赢得了时间。5 月 15 日，巴特勒将军率领一小股联邦军队突袭脱离主义者，占领了巴尔的摩。马里兰州的脱离联邦运动就此结束了。第四个蓄奴州特拉华也留在联邦内。它的议会倾向南方，但地理条件使它站在北方一边。

林肯不仅争取到四个蓄奴州，而且从脱离联邦的弗吉尼亚州分化出一个重要地区。西弗吉尼亚被阿勒格尼山脉同弗吉尼亚州的其他地区分开，在地理上和经济上均属于俄亥俄河流域。它长期对设在里士满的州政府的压迫感到不满，因为政府不顾它的利益，为了沿海地区的利益而掠夺它。于是，它趁此机会离开了脱离联邦运动。5 月份，当弗吉尼亚州经过表决批准《脱离联邦法令》时，它便脱离了弗吉尼亚州，在强邻俄亥俄州的帮助下实现了独立，取名为卡诺瓦州。两年以后，它正式加入联邦，定名为西弗吉尼亚州。

在备战方面，南方的总统比北方的总统顺利得多。他是西点军校的毕业生，曾在正规军里服役数年，参加过墨西哥战争，后来在皮尔斯总统的政府中担任陆军部长，然后任参议院军事委员会主席。他熟悉军官队伍，并且能够最有效地加以利用。他不仅知人善任，而且能够支持处于逆境中的部下。战争初期指挥邦联军队的主要将军除阵亡者外，在战争结束时仍然掌握着指挥权。

林肯则毫无军事经验，他的律师职业没有使他同军官建立任何联系。他任命军官往往纯粹以政治为标准，而且，只要公众要求撤换打了败仗的军官，他便立刻让步。在战争初期更是如此。打过败仗的军官很少能重掌指挥权。每次失败以后，波托马克军团的指挥官都要更换一次。战争结束时的联邦军团将领，在战争初期都不是高级指挥官。留在指挥岗位上的军官当然都是佼佼者，但由于中途失去许多军官，联邦的事业受到了损失。其他指挥官害怕背后的总统超过害怕前面的敌人，由于过度紧张，他们未能充分发挥自己的军事才能。陆军部也没有充分利用正规军的低级军官，让许多人带着自己的队伍留在遥远的西部，而不是利用他们训练和指挥志愿军。起初，北方像邦联一样，努力调集各州的军队。因此，逐渐把各州的权力抓到自己手中的联邦政府迅速控制了联邦内的所有武装力量。另一方面，南方“诸主权州”甚至在战争的压力下也不放弃它们极力维护的分权主义。一些州长虽然忠于邦联，却不愿服从邦联的指挥。当邦联议会在1862年作出征兵的决定时，各州当局大力反对，敷衍了事。

*　　　*　　　*

为了迫使南方回归联邦，北方应该选择哪条南征路线呢？阿勒格尼山脉把密西西比河流域同延伸到大西洋岸边的辽阔平原隔开。密西西比河、它的主要支流俄亥俄河以及坎伯兰河和田纳西河，十分有利于把战争推进到邦联内地，并把它拦腰斩断。北方的技术条件和物质条件使她完全有把握控制这些河道。南方没有能与北方舰队相抗衡的内河舰队。南方从查尔斯顿到孟菲斯的东西铁路干线将立即受到威胁——它经过田纳西河畔的交通枢纽查塔努加，那里是四条铁路线的交叉点。南方骑兵无法切断水路，而北方军队沿河南下正是顺水行舟，所以只有船只才能阻挡北方运送的军队和给养。年迈的北军总司令温菲尔德·斯科特认为，西线是战略进攻的合适路线。当时肯塔基州尚守中立，有碍于北军的战略计划。肯塔基州在9月底加入联邦阵营时，北军主力已经投入不同的战场。

弗吉尼亚加入邦联以后，杰斐逊·戴维斯立即把邦联的首都迁到里士满。该城离华盛顿不到100英里，扼守着詹姆斯河和约克河的入海口以及它们的支流，并且控制着重要的诺福克海军基地。在里士满和北方之间，有波托马克河的宽阔支流和拉帕汉诺克河及其分支拉皮丹河作为屏障。邦联不是要在内地，而是要在这块前线阵地上同敌人一决雌雄。南北双方的首都像国际象棋中的两个王后在前线对峙，它们在其他棋子的配合下，花了四年才下完一局棋。

在战争初期，南方人希望守住弗吉尼亚的北部边界波托马克河一线。他们夺取了谢南多厄河和波托马克河汇合处哈珀斯渡口的北军军火库和兵站。在北军不断聚集之时，杰克逊上校和约瑟夫·E. 约翰斯顿将军先后率领数千人马在那里坚守了几个月。以炮击萨姆特要塞闻名的博雷加德将军率领南军主力，守卫布尔朗河畔的铁路枢纽马纳萨斯——那里离华盛顿只有 30 英里。1861 年的夏天在这样的形势下到来了。华盛顿的政界人士和北方的公众喊道："美利坚合众国对这种无礼的挑战应该容忍多久呢？"林肯在 4 月底征集了一批服役期为三个月的志愿军，必须使他们在服役期满之前打一仗。斯科特将军希望等到建立正规军以后再战。可是，正规军不是很鄙视民军和志愿军吗？在无法抵御的压力下，斯科特对林肯和内阁的恳求让步了。哈珀斯渡口早已被北军夺回，约瑟夫·E. 约翰斯顿率领 1.1 万人撤向谢南多厄河上游。斯科特派 1.5 万人前往阻击约翰斯顿，同时，能征善战的欧文·麦克道尔带领 3.5 万人进攻博雷加德，后者有 2.2 万人马。这个计划的目的是以优势兵力拖住约翰斯顿的部队，以免他在麦克道尔攻击博雷加德之前同博雷加德会师。有些人认为，斯科特虽然身体欠佳，但思维仍很敏捷。如果像萨克斯元帅在丰特努瓦战役中那样，把斯科特用担架或救护车送到战场，那么北军可能会免遭一场灾难。一个指挥官的知识和经验比他的健康状况更为重要。

北军的进军原定在 7 月 9 日，实际上一个星期以后才开始。南军的两位将军都估计各自的部队要受到优势敌军的进攻，因而都要求对方派兵增援。但是，在谢南多厄河流域的北军将领帕特森掉以轻心，结果约翰斯顿悄悄地溜走了，并在战斗的前一天率领两个旅同博雷加德会合。麦克道尔和博雷加德制订了同样的计划，都准备攻击对方的左翼。麦克道尔首先得手，南军的右翼错传命令，进攻受挫。在这样的进攻部队面前，防守的一方或许可以守住阵地。但麦克道尔进行了突袭，他的兵力占绝对优势，有可能在敌人援军赶到之前突破敌人的薄弱左翼。在这个危急关头，杰克逊的一个旅“像一堵石墙”横在亨利山上，阻止了北军的前进，一直坚持到约翰斯顿的另一个旅赶来扭转战局。

战斗很激烈，也很混乱，双方的队伍都乱了阵脚。这一天十分炎热，部队都是新兵，参谋人员缺乏经验。北军撤退后，南军由于队伍混乱，无法追赶。不过，北军的撤退也成了溃退。合众国的内阁成员、参议员、众议员甚至妇女都走出华盛顿观看这个场面。他们惊慌地看到这样的情景——成千上万的军人扔掉武器甚至军服，一直逃到华盛顿周围的工事内才歇脚。在这次战斗中，双方死伤的人马不到 5000，但是，布尔朗河这个地名传遍四方。此时欧洲惊讶不已，南方欣喜若狂，北方怒潮翻滚。同这次战斗的反应相比，北方在炮击萨姆特要塞事件之后的愤怒情绪不过是一圈小小的涟漪。

至今仍然有人认为，南军应该马不停蹄地进军华盛顿。约翰斯顿当时认为，取胜的南军比败退的北军更加混乱。他没有看到北军溃退的情景。杰克逊和南军的其他将军则急于向华盛顿进攻。该采纳谁的主张呢？

* * *

在这次耻辱战斗之次日，一位新指挥官接替了麦克道尔。和罗伯特 · 李一同，在墨西哥斯科特部下担任参谋的乔治 · B. 麦克莱伦将军是一个出色的正规军军官。正当他在西弗吉尼亚积极进攻、勇往直前时，当局调他担任司令官。国会批准征集 50 万志愿军，并拨出 2.5 亿美元的军费。麦克莱伦在接任总司令一周之后，向总统提出了组建 27.3 万大军的庞大计划，准备在强大的海军舰队和运输船队的配合下，攻打大西洋沿岸各州，夺取里士满到新奥尔良之间的所有海港，然后向内地推进，消灭残余的叛乱势力。然而在战争中，事情并不那么简单。众说纷纭的社会舆论要求速胜。时间像一把镰刀，有它的两重性。邦联日益巩固，外国益发可能承认它或者进行直接干涉。斯科特将军在10月底卸任，麦克莱伦成为合众国全军总司令。他积极而干练地根据欧洲的最佳模式组建旅、师、军以及炮兵、工兵和辎重队。

1861年结束了，南方几乎未伤一根毫毛。在辽阔的边境地带和有争议地区的漫长战线上，总共发生了150多次小冲突，没有造成重大伤亡。南军指挥官们意识到，麦克莱伦即将率领一支人数众多、纪律严明、装备精良的军队发动进攻，可是邦联只有四万军队。虽然这些军队斗志旺盛，却不敢进攻马里兰和巴尔的摩，甚至不敢奢望收复西弗吉尼亚。罗伯特·李奉命到这条战线上组织防御，可是他无法消解当地指挥官之间的分歧。他仍然掌握着弗吉尼亚州的军权，但在邦联内他的地位不及约瑟夫·E.约翰斯顿和艾伯特·西德尼·约翰斯顿。博雷加德虽然地位在他之下，但有卓著的功勋。罗伯特·李从西弗吉尼亚回来，威望降低，因此戴维斯总统授权他组织南北两个卡罗来纳州的海岸防务时，必须向那里的州长介绍他的才能。

到此时为止，欧洲一直以为，美国南北战争是民众之间和党派之间的混乱争斗，随时可能由于某种政治因素或谈判而宣告结束。拿破仑三世同情南方，如果英国政府赞成的话，他一定会援助南方。维多利亚女王希望严守中立。奇怪的是，英国的舆论杂沓纷繁。上层社会的保守党人和自由党人基本上支持南方，格拉德斯通也持这种态度。保守党领袖迪斯累里持中间态度。激进派和没有选举权的劳动阶级坚决反对奴隶制，科布登和布莱特是他们的代言人。不过，美国北方实行的封锁政策对商业阶级打击很大，一贯反对奴隶制度的兰开夏开始感受到棉荒的打击。美利坚合众国的一艘巡洋舰逮捕了英国船“特伦特号”上的邦联赴欧代表梅森和斯莱德尔，引起了一场风波。外交大臣约翰·罗素勋爵起草了一份措辞强硬的照会，女王的丈夫说服首相帕默斯顿勋爵作了一些修改。照会中加进了一句话，美国联邦政府因此可以体面地宣布巡洋舰的行动未经政府授权。林肯总统受到一番劝说，最后他明智地说，“不应四面出击”，然后释放了邦联代表。一切又恢复了平静。北方在实行大规模封锁，禁止输出棉花和输入军火，但是，没有任何一个欧洲国家的政府接见邦联使者。在欧洲，无人能够预料到 1862 年战局的趋势，无人能够真正理解交战双方不可平息的怒火，无人了解亚伯拉罕·林肯的力量或美利坚合众国的力量。在邦联之外，也很少有人听说过罗伯特·李和杰克逊的情况。

第十一章 CHAPTER 11

里士满战役

在新的一年开始之际，形势对南方极为不利，人们产生了失望的情绪。设在里士满的邦联政府和司令部不断接到令人担忧的报告和数字，南方的处境似乎十分艰难。北方彻底封锁了海岸。在大西洋沿岸和密西西比河流域，北军拥有两三倍于南军的兵力，并不断提高战斗力。北方物资丰富，军火工业发达。它的强大力量给戴维斯总统及其同僚和将军们造成了很大压力。南方诸州没有兵工厂，钢铁少得可怜，只有几家生产靴子、衣服和装备的小工厂，弹药库几乎空空如也，连燧发滑膛枪也供不应求。南军滑膛炮的射程远远比不上有膛线的北军新式大炮。南方无力解决以上种种问题。正是在这种情况下，这一年发生了一系列军事奇迹。

灾难首先是从密西西比河流域开始的。在那里指挥南军的是艾伯特·西德尼·约翰斯顿，戴维斯认为他是南军最优秀的将军。他当然是一个无限忠诚的人。他熟谙军事艺术，因此作战颇有胆略。1861 年秋，他率军到达俄亥俄河的支流格林河以南极有战略价值的铁路枢纽鲍灵格林。他坚如磐石地守在那里，希望激起肯塔基州和田纳西州的反联邦怒火。在他的西边，和平时期担任路易斯安那主教的利奥尼达斯·波尔克率领一小股部队，在哥伦布封锁了密西西比河。北军以 4∶1 的优势，乘着内河装甲炮艇，分别从圣路易斯和路易斯维尔沿密西西比河和俄亥俄河顺流而下。南军在前哨阵地上坚持数月，未受损伤，守卫着辽阔的地区。从这些地区的人口和资源中，他们可以获得很大的力量。值此新的一年开始之际，北方领导人发动了大规模进攻。无数身着蓝色军装的士兵开始出现在从密西西比河到阿巴拉契亚山脉[1]的 300 英里战线上。各种奇怪的装甲小船载着大炮和迫击炮缓缓地从北方顺流而下。这个阵势瞒不过南军。波尔克放弃了哥伦布，约翰斯顿也撤出鲍灵格林。战线因此向南推进到坎伯兰河和田纳西河一带，直逼密西西比河畔叫作十号岛（Island No.10）的南军要塞。

北军西线部队的指挥官亨利·W. 哈勒克将军十分谨慎。值得庆幸的是，在他的部下当中有曾经退役的正规军军官尤利西斯·S. 格兰特将军。格兰特在墨西哥战争之后一直过着默默无闻的生活，曾在他父亲于伊利诺伊的皮革店里工作过一段时期。南军企图在十号岛封锁密西西比河，在亨利要塞封锁田纳西河，在多纳尔森要塞封锁坎伯兰河，他们的先锋部队驻守着这些据点。亨利要塞防守不严，多纳尔森要塞则是一个掘壕据守的兵营，需要一支庞大的守军。格兰特建议在冬季沿着田纳西河挺进，进攻亨利要塞。哈勒克同意了这个计划。格兰特开始进军，这次进军也为他树立了声威。艾伯特·西德尼·约翰斯顿预见到，北军一定会趁冬季河水高涨之时发动攻势，于是极力要求戴维斯总统和西部各州的州长增派援兵。戴维斯无力派兵，各位州长则袖手旁观。1862 年 2 月，格兰特攻占了亨利要塞。从亨利要塞穿过田纳西河与坎伯兰河之间的狭长地带，到达多纳尔森要塞，只有十英里。格兰特自作决定，在严寒之中进攻多纳尔森要塞。那里有 1.7 万南军防守，指挥官是

1 Appalachian Mountains，北美洲东部的巨大山系，绵延近 3200 千米（一说为 2600 千米），它作为一道天然屏障，隔开东部沿海地区与北美大陆平原，对英国在美洲大陆的殖民和新大陆的开发起着至关重要的作用。——编者注

前美国陆军部长弗洛伊德，他曾在林肯当选到就职这一期间，允许滑膛枪运到南方。经过四天的战斗，多纳尔森要塞投降，北军俘虏 1.4 万名官兵并缴获 60 门大炮。弗洛伊德担心被判处叛国罪，在战斗结束前一夜逃之夭夭。他这样做或许是明智的。

多纳尔森要塞在 2 月 16 日陷落，这是南军的首次重大失利，可是类似的灾难不久便在西部接踵而至。这时，艾伯特·西德尼·约翰斯顿终于建成了一支大军的雏形，他收拾以前科林思战线的残部，撤过田纳西河。波尔克也沿着密西西比河撤回孟菲斯。

*　　　*　　　*

北军总司令麦克莱伦在华盛顿加紧训练他的部队，并以各种手段抵挡要求“进军里士满”的重大政治压力。他夸大敌军的力量，并且把平克顿私人侦探局作为他的情报机构，不断向林肯提供该局的报告，以此证明里士满以及约瑟夫·E. 约翰斯顿在 30 英里之外的森特维尔防线有重兵防守。他屡次保证要发动进攻，以便争取时间训练部队。几个月过去了，而波托马克军团依然按兵不动，人们在 1861 年 7 月麦克莱伦上任时表现出的热情减退了。激进的共和党人开始攻击这位民主党将军，以前他们曾经支持这位将军而排斥自己党内的司令官人选约翰·C. 弗里蒙特。人们知道，麦克莱伦反对激进派要解放所有奴隶的政策。12 月初，他向林肯表明，他不赞成对约瑟夫·E. 约翰斯顿发动正面攻击，也不赞成经过弗雷德里克斯堡直接进攻里士满。他花很长时间制订了一个计划，准备发动两栖进攻，沿切萨皮克湾南下，在离南方首都很近的弗吉尼亚海岸登陆。他在 12 月初把这个计划扼要地告诉了林肯。到了月中，他患了伤寒，一连休息了几个星期。在此之前，在共和党领袖促进下成立了负责指挥战争的联席委员会，其中有三名参议员和四名众议员。这个委员会处于麦克莱伦的激进派敌人的控制之下。林肯和内阁在麦克莱伦病休期间召集几名将军开会，请他们提出积极性建议。但是麦克莱伦病愈返职，使他们的会议突然停止。几天以后，麦克莱伦向总统详细报告了他的计划。他建议利用海军力量运送15万军队沿切萨皮克湾南下，让他们在拉帕汉诺克河下游的厄巴纳登陆。从那里到西点只有一天的路程，再行军两天便可到达里士满。麦克莱伦打算切断J.B. 马格鲁德将军指挥的约克敦半岛守军的退路，并且在约翰斯顿撤回里士满之前占领该城。

谁也无法指摘这个作战方案，它将调动北方的全部军队，包抄华盛顿到里士满之间的所有南军据点，打中邦联的要害。这个计划的具体步骤在审查后作了重要的修改。北军控制着约克敦半岛顶端约克河和詹姆斯河之间的门罗要塞，最后把它选作安全登陆点。林肯对发动海上进攻的计划表示反对，理由是，华盛顿会因此失去保护，约瑟夫·E. 约翰斯顿会立刻扑向无人防守的联邦首都。关于约翰斯顿的实力，林肯大概相信了麦克莱伦的夸大说法，更不用说有关“石壁”将军杰克逊的情况了。在该留多少军队守卫华盛顿和谢南多厄河谷的问题上，发生了激烈的争论。最后守军兵力定为四万人。2月27日，林肯勉强同意了这个作战计划。发动这次重大战役的一切工作已经准备就绪。同时，林肯决定控制最高指挥权，他解除了麦克莱伦的北军总司令职务，只让他指挥波托马克军团。林肯这样做，在军事上是有充分理由的。此外，他感到自己需要一位军事顾问，便决定把哈勒克将军从西线召回。在林肯的特使到达之前，麦克莱伦从报纸上得知他失去统帅权的消息。因此总统大有失礼之处。这种做法在他的一生中实属罕见，难免使人怀疑这是联席委员会幕后活动的结果。

林肯没有任命新的总司令，这是错上加错。指挥军团的将军们奉命听从陆军部长的命令。两个月来，陆军部长这个职务由埃德温·M. 斯坦顿担任，他的前任是腐败无能的卡梅伦。斯坦顿和麦克莱伦一样，也是民主党人，在布坎南政府倒台之前担任过司法部长。也许林肯以为，斯坦顿是麦克莱伦可以接受的上司。林肯显然打算在里士满战役取胜之后重任麦克莱伦为总司令，当时他想不出合适的人选。他希望总司令这个空缺只是暂时的。起初，斯坦顿对麦克莱伦表示大力支持，可是，麦克莱伦不久便起了疑心，怀疑斯坦顿有意阻止他接近总统。不久，斯坦顿显出同联席委员会串通一气的迹象。这位前司法部长说过，“陆军部长的命令便是总统的命令”。这时，陆军部长的办公室开始发出一系列严重妨碍麦克莱伦作战的命令。联邦成立了拉帕汉诺克河军区和谢南多厄河军区。前者由曾经指挥布尔朗河战斗的麦克道尔负责，后者由纳撒尼尔·P. 班克斯负责。因此，麦克莱伦的权限有所收缩，整整一个军从他的部队中调走了。他说他留下的人马不下 7.3 万，在这些部队中，只有 3.5 万人属于班克斯的谢南多厄河军区。麦克莱伦认为这支部队可以保护首都，他的看法是正确的。可是，他没有把这个安排向林肯解释清楚，总统的不信任态度导致不良后果。林肯出于误解，命令麦克道尔指挥的第一军留在华盛顿南面，这就使麦克莱伦可以依靠的部队在大战前夕减少了四万人。

* * *

南方人未能利用 1861 年秋冬两季，失去了最好的取胜时机。他们在布尔朗河战役中取得的胜利像失败一样有害。他们和戴维斯总统都认为外国干涉就在眼前，并且妄自相信，如有必要，他们可以把北方打得一败涂地，因此松懈下来。第一次战斗之后入伍的志愿兵无法武装起来，兵源减少，现役人员也开始还乡。以奖励和休假刺激入伍的办法也未能奏效。1862 年初，形势十分危急。南军的队伍中有三分之二是服役期为一年的志愿兵。他们组成的 148 个团将于 5 月份服役期满，而这些团是南军的主力。与此同时，北方即将发动进攻。征兵制不符合州权原则，但是，邦联议会采取果敢的行动，在 4 月 16 日以一倍以上的多数通过了一项法案，规定凡是年在 18 岁到 35 岁之间体格健全的白人男子均有参军义务。但是，后来入伍的人并不是义务兵，而是志愿兵。他们企图躲避被迫当兵的耻辱。义务参军法案不受欢迎，难以实行。有心怀不满者充分利用法案中的豁免条款，以逃避兵役。

在此期间，杰斐逊·戴维斯总统一直坚持消极防御的政策，没有利用布尔朗河和威尔逊河战役的胜利趁热打铁。他决定亲自掌握最高指挥权，但是只注意东部战局，忽略了西部。直到艾伯特·西德尼·约翰斯顿在9月接过最高指挥权，西部战场的混乱状态才告结束。戴维斯固执已见，不同意调用驻防大西洋海岸的“老兵”。北军以一支较小的陆海军力量夺取了哈特勒斯湾，从那里极易到达北卡罗来纳海湾以及南卡罗来纳的罗亚尔港和博福特，还可以对查尔斯顿和萨瓦纳构成威胁。罗伯特·李从西弗吉尼亚调回以后，奉命组织沿海防务。安布罗斯·E. 伯恩赛德率领大批北军打入北卡罗来纳州的内河时，南军缺乏准备，丢失了罗阿诺克岛和新伯尔尼。因此，戴维斯总统更加坚决地准备保持受到威胁的各州驻军实力。他把李将军从南北卡罗来纳召回，让他在总部担任职权不甚明确的总顾问。

3月中旬，指挥西线部队的哈勒克对占领纳什维尔的唐·卡洛斯·比尔下达命令，要他率领所属的大部分军队向田纳西河畔离科林思30英里的萨瓦纳进军，在西岸的希洛附近同格兰特和威廉·T. 舍曼会师，然后进攻艾伯特·西德尼·约翰斯顿。但是，在比尔的部队渡河之前，约翰斯顿抢先发动了进攻。4月6日清晨，他对希洛营地的北军发动突然袭击，于是南北战争中规模最大的残酷战斗开始了。约翰斯顿起初势如破竹。到暮色苍茫之时，迟迟赶到战场的格兰特处于岌岌可危的境地。这时，约翰斯顿勇中失慎，亲自带领步兵发起冲锋，由于一条大动脉受伤，几分钟之内因流血过多而死亡。他的伟大气概和冲天干劲使之有可能在第二天赢得的一切，均化为泡影。接替他进行指挥的博雷加德不顾下级军官布拉克斯顿·布拉格的反对，将部队撤出战场。在这场激战中，双方各损失一万人马，南军兵力较少，因而伤亡的比例较高。哈勒克带来了北军援兵，但他比较谨慎，阻止北军进行追击。4月8日，约翰·波普将军攻陷了十号岛，俘虏了7000南军官兵。此时似乎可以轻易在南方发动海陆联合攻势，夺取密西西比州的维克斯堡要塞。然而，哈勒克乐于接受林肯总统要在田纳西东部发动攻势的意图。他缓慢地向科林思前进，花了一个月的时间来包围博雷加德，结果使后者迅速后撤，溜掉了。夏季来临时，北军在西部的300英里战线向南推进了200英里。

*　　　*　　　*

在里士满–约克敦半岛已经搭起了一座军事戏剧的舞台。4月初，麦克莱伦的大批部队开始在北军控制的门罗要塞登陆，把那里作为桥头堡。这个无法掩盖的行动一暴露，约瑟夫·E.约翰斯顿便撤出森特维尔，放弃马纳萨斯车站，渡过拉帕汉诺克河上游，在它的支流拉皮丹河南岸崎岖不平的荒野上组织防御。这个行动出乎联邦政府的意料，也使它感到高兴。南军内有两位约翰斯顿将军，这可能使人感到糊涂。艾伯特·西德尼·约翰斯顿在希洛战斗中英勇牺牲之后，只剩下一位约翰斯顿将军，他就是约瑟夫·E.约翰斯顿。他在拉皮丹河南岸同里士满保持着密切的联系，使基本上正确的麦克莱伦战略计划受到挫折。4月中旬，约翰斯顿赶到约克敦，统率这个半岛的军队，他的主力留在西边80英里远的地方。这时他可以进行内线作战，集中一切兵力保卫里士满。联邦海军在一阵猛烈的炮击之后，仍然不能压住位于麦克莱伦右侧约克河岸悬崖上的有力炮火。由马格鲁德部队防守的南军阵地挡在麦克莱伦的面前，横贯整个半岛。麦克莱伦看出，敌军可以在数量上占优势——如果戴维斯同意把大西洋沿岸城镇的守军调给约翰斯顿，南军早就占优势了。

在这种令人沮丧的情况下，麦克莱伦更加谨慎。他将约克敦围困了一个月，不断请求林肯把麦克道尔统率的那个军交给他指挥。林肯则要求他采取积极行动，并在4月9日冷冰冰地写道："我始终认为，不在马纳萨斯或其附近打仗，而到海湾去寻找战机，这不是克服困难，而是转移困难。在这两个地方，我们都会遇到同样的敌人和工事。”一个月以后他又写道：“越是拖延，越是对敌人有利，就是说，他们既可修筑工事，又能获得援兵，而你只能得到援兵。”后来，约克敦的投降为麦克莱伦的船只打开了约克河的航道，他开始向南军的防线进攻。马格鲁德只有1.1万人马，他命令部队不战而退。虽然后卫部队于5月5日在威廉斯堡受到重创，但全军终于安然脱险。到5月中，麦克莱伦沿着约克河向上游推进了60英里，到达怀特豪斯。该地位于里士满到西点的铁路线上，离里士满25英里。他在西点建立了一个新的基地，不再依赖门罗要塞。如果他此时能使麦克道尔的那个军从弗雷德里克斯堡调到自己手下，里士满的末日便指日可待了。

4月，戴维斯在李将军的劝说下增援“石壁”将军杰克逊，以使他在谢南多厄河流域积极牵制敌人。杰克逊只有1.6万人，而北军的班克斯、希尔兹、弗里蒙特和米尔罗伊四位将军则统率着4万多人。杰克逊打赢了一场短暂而辉煌的战役，进一步提高了自己的威望。他对两侧的优势敌军进行袭击，每天都有被敌人咬住的危险。他带领部队长途奔袭，有时分兵突击，取得了一系列重大胜利，使林肯总统及其顾问们深感不安。最后，林肯同意把麦克道尔的那个军调给麦克莱伦。可是六天以后，当北军有一半人渡过水流湍急的奇克哈默尼河时，麦克莱伦接到一份电报，内称麦克道尔行动“受阻”。麦克莱伦的部队便停止前进。倾盆大雨使奇克哈默尼河水位急剧上涨，部队被分隔在两岸，南岸只有两个军。这显然是约翰斯顿的天赐良机，他利用全部兵力攻击南岸的两个军。戴维斯总统在罗伯特·李的陪同下，策马观看“七松林之战”（或称“白橡林之战”）。南军总司令没有请示他们，便向部下的将军们下达了口头命令。南军的进攻未能成功。战斗很激烈，但是不分胜负，双方各损失6000人。麦克莱伦的行动受阻，连绵大雨使他更加无法行动。他的前哨离里士满只有五英里。林肯听说杰克逊正在向上游撤退，便又答应调来麦克道尔的那个军。杰克逊杀了个回马枪，在6月8日和9日先后在克罗斯基斯和共和港打败了后面的追兵。林肯因此再次改变主意，不让麦克道尔率军支援麦克莱伦。当然，最好防止联邦首都落入叛军之手，即使暂时陷落也要避免，因为这种情况虽然不会造成灾难，但会产生不良影响。林肯的举棋不定充分说明了文职官员对前线指挥官进行干涉的危险性。

比“七松林之战”更为重要的是，约瑟夫·E. 约翰斯顿将军在这次战斗的第一天受了重伤，戴维斯总统在 6 月 1 日任命罗伯特·李为永载史册的北弗吉尼亚军团的司令。

*　　*　　*

李将军为了发动攻势而第一次扩充兵力，不久便显出影响战争进程的能力。他得到戴维斯的允许，调用大西洋沿岸的驻军，这是约翰斯顿久未得到满足的要求。罗伯特·李利用华盛顿的恐惧心理，派出 7000 军队到谢南多厄河流域加强杰克逊的力量。这步棋使麦克道尔的那个军更加难以行动。杰克逊骑马来到李将军营中协调计划。他接到的命令是，把“老弱残兵”留在谢南多厄河流域，率领主力部队秘密前往位于里士满到弗雷德里克斯堡的铁路线上、里士满以北 15 英里处的阿什兰，然后继续前进，以便打击北军的侧翼和后卫，切断他们和西点之间的运输线。杰克逊应在 6 月 26 日黎明前做好战斗准备。在此之前，南军中年轻的骑兵指挥官 J.E.B. 斯图尔特率领 1200 名骑兵对麦克莱伦的右翼进行了出色的侦察活动。他穿过麦克莱伦的运输线，由于无法退回原处，便围着北军绕行一周，带着数百名俘虏回到里士满以南的地方。这个行动使李将军感到意外，它很可能起了警告敌人的作用，但是麦克莱伦并不改变军队的部署，他的部队仍然聚集在里士满附近，分驻在奇卡霍米尼河两岸。罗伯特·李和杰克逊的部队共有 7.5 万多人。麦克莱伦的部队有 8.7 万人，其中只有菲茨 – 约翰·波特将军统率的 2.5 万人在奇卡霍米尼河北岸。罗伯特·李决定让大部分部队渡河去同杰克逊会师，以便集中 5.6 万人，击垮波特军的右翼，切断麦克莱伦到西点的运输线。然后在麦克莱伦背后渡过奇卡霍米尼河，彻底摧毁他的大军。留守里士满的只有马格鲁德指挥的1.6万人。如果麦克莱伦看透这步棋，他就会带领6万人马扑向里士满防线，以几乎4∶1的优势发起猛攻。罗伯特·李很了解麦克莱伦，对他有正确的估计，认为他不会采取这样的行动。罗伯特·李对戴维斯说："即便如此，我也会紧追不舍。"意思是说，他将趁北军攻打里士满之时从其背后予以打击。这句话反映了李将军巧妙灵活的战略战术，也说明优秀指挥官调动大军何等容易，简直如同骑马消闲一般。

6月25日夜间，南军的两个军渡过奇卡霍米尼河，转向右方，在梅卡尼克斯维尔向波特的军队发起攻击。波特突然遭到袭击，进行了顽强的抵抗。有膛线的北军大炮杀伤了大量敌人。由于道路难行，杰克逊耽搁了一天，没有赶到战场。波特给敌军造成2000多人的伤亡，而自己在下游四英里的盖恩斯米尔尚有预备队可以依靠。6月27日，南军对盖恩斯米尔再次发动疯狂进攻。这次战斗是罗伯特·李直接指挥的首次战斗，双方打得难解难分。北军的大炮再显神威，南军发动几次全面进攻，均被打退。波特右侧布满树林和沼泽，所以当杰克逊在夕阳西照时分赶到战场时，无法对波特的侧翼发动进攻。罗伯特·李并不因此感到失望。他呼吁部下奋力作战，然后命令J.B.胡德指挥的勇敢善战的得克萨斯部队向敌阵中心发起攻击。太阳接近地平线时，他下令开始全线进攻。得克萨斯部队攻破了久经考验的波特军的中心阵地，北军被赶出阵地。夜幕降临时，南军已经缴获20门大炮，俘虏数千名北军官兵。波特向哪里撤退呢？在这两天的战斗期间，麦克莱伦在马格鲁德对面按兵不动，他将采取什么行动呢？他的运输线已被切断，右翼被打垮。此时杰克逊已经成为罗伯特·李的一只铁拳，李将军的左翼部队一定挡住了北军的右侧和背后。这个打击真有致命的威胁吗？

然而，麦克莱伦是一个经验丰富的军人。当他的将军们在盖恩斯米尔战斗的当天晚上来到麦克莱伦的司令部时，他告诉他们说，自己已经放弃了到西点和约克河的交通线，并已下令海军把基地从约克河转移到詹姆斯河，全军将南下奔向詹姆斯河畔的哈里森渡口，在那里可以得到各种给养。我们现在知道，他事先为此做了准备。不过，他到最后的紧急关头才作出上述决定，这是十分危险的。在奇卡霍米尼河上以及河边的沼泽上，早已筑起一道桥梁，该桥根据它的形状得名为“葡萄藤桥”（grape-vine bridge）。波特的部队正是通过这座弯弯曲曲、摇摇欲坠的桥梁顺利逃脱的。与此同时，所有北军准备进行一次艰难危险的行军，计划渡过白橡沼泽，到达约克敦半岛的南部。现在该轮到马格鲁德对这支处境艰危的军队发动进攻了。他于28日在萨维奇车站袭击北军，夺取他们的野战医院和大批给养。罗伯特·李尚未弄清麦克莱伦究竟是奔向詹姆斯河，还是经过威廉斯堡公路撤向门罗要塞，因此延误了一天，未能及时渡过奇卡霍米尼河追击北军。到了30日，他才在格伦代尔（或称弗雷泽农场）追上麦克莱伦，迫使对方应战。于是，这次战役的高潮来临了。

麦克莱伦利用这一天同海军协商，在詹姆斯河畔建立新的基地，坐待战斗爆发，这几乎是令人难以置信的。南军也有许多失误，地图不完善，时间计算不准确，进攻力量过于分散。此外，南军寄予很大希望的杰克逊身体垮了下来。在罗伯特·李准备用于决战的7.5万人马中，真正投入战斗的不到两万人。这批部队以沉重的代价粉碎了北军的阵线中心，但是，北军在夜色的掩护下又退走了。在莫尔文山上，麦克莱伦的背后是詹姆斯河，没有退路，不过他有海军炮火保护侧翼，而且自己实力雄厚，便回头同敌人决战。在这个星期的最后一次战斗中，又是罗伯特·李主动进攻，他的部下十分勇猛地向敌人冲击。北军的大炮声震耳欲聋，南军士兵的喊杀声响彻云霄，他们那样的喊杀声在炮火纷飞的年代里是经常可以听到的。可是南军的拼杀无济于事，麦克莱伦逃脱了覆灭的命运。他被打败，全军撤退，整个计划成为泡影，损失了大量的物资、弹药、60门大炮和3.6万支步枪，却没有触动里士满的一根毫毛。然而，他和他的勇敢军队以5000人的代价击退了追兵，结束了“七日战役”。

罗伯特·李是七日战役中的胜利者。世界舆论认为北军的宏伟计划遭到彻底失败，华盛顿的舆论也是如此。麦克莱伦毫不气馁，建议渡河前往彼得斯堡，像格兰特后来在1865年那样，“从后门”（by the back door）进攻里士满。他的建议没有得到采纳。对于罗伯特·李来说，这次战役也同样使他感到失望。由于参谋人员缺乏经验，他多次功亏一篑，失去歼敌之机。他损失了两万多精兵良将，而人力充足的北方只损失1.7万人。

林肯和他的顾问们打算恢复原来的计划，在华盛顿和里士满之间的陆路上聚集优势兵力，凭着人多势众杀将过去。无奈他们的军队被驻守里士满的李军所隔开，兵分两处。林肯命令麦克莱伦撤出半岛，将部队沿着波托马克河带到华盛顿附近。在西部战场违背林肯之命而取得胜利的哈勒克声名大噪，被任命为总司令。林肯还把在密西西比河流域作战有功的波普将军调来指挥“弗吉尼亚军团”。波普为人尖刻，傲慢自负，由于在西部武运亨通而趾高气扬，在言谈中贬低东部军队及其战果，并称他将让他们看看应该如何进行战争。麦克莱伦奉命交出部队，官兵们离开他时依依不舍。他受到贬黜，被派去防守华盛顿。波普将是联邦的保卫者。他上任伊始，便以战争中尚未使用的严厉手段对待西弗吉尼亚州的平民。在他的军团控制范围内，所有男子必须宣誓忠于联邦，否则将被赶出家园，而且如果逃回家园就要被处死。杰克逊听到可爱的家乡传来这一消息时，极力抑制自己的激动情绪，才保持了镇静。

战略形势有利于罗伯特·李和他的助手。他们准备趁麦克莱伦的军队从约克敦半岛撤回之前，对波普发动进攻。他们如何进攻，必须在此叙述一番。

* * *

海战史上一次划时代的战斗在此时发生了。1861年春，联邦政府轻率地放弃了诺福克海军基地，把它丢给脱离联邦的弗吉尼亚州，美国海军的几艘舰艇和一些物资被烧毁。其中的护卫舰“梅里麦克号”被南军奇异地修复，并加以改造。他们为它装上了蒸汽机，在甲板上用柚木修建了低矮的炮塔，把铁路上用的铁打成两英寸[1]厚的铁板，用两层铁板护在炮塔上。这些铁板连在一起，第二层横压着第一层，形成了四英寸厚的铁甲防护罩。船首装有金属撞角，炮塔里配置了十门七英寸口径的来复线大炮，从射击孔向外射击。以前曾有许多人设想建造这样的军舰，现在它终于出现了。

这艘新颖的军舰到 1862 年 3 月 7 日才修整完毕。它在 3 月 8 日同雄踞门罗要塞、封锁着约克河和詹姆斯河入海口的北方海军交战，在此之前它没有发射过一颗炮弹，发动机也从未转动过。它的发动机破烂不堪，每小时只能航行五海里，行驶起来像一只浸满水的船。可是它却驶出港去，毫不犹豫地同离它最近的“坎伯兰号”和“国会号”交战。这两艘执行封锁任务的军舰用舷炮齐射，如果对方是一艘普通的护卫舰，早就被击沉了。在射程内的北军其他舰艇和苏埃尔据点的海岸炮也向“梅里麦克号”轰击。重新命名为“弗吉尼亚号”的“梅里麦克号”对这些炮火全然不顾，径奔“坎伯兰号”，与之拦腰相撞。“梅里麦克号”上几乎没有感觉到震动，仅是撞角脱落，“坎伯兰号”船体倾斜，但仍在坚持射击，不久便带着大部分船员沉入海中。然后，“梅里麦克号”冲向“国会号”，在 200 码的距离把它打得火光冲天。一个小时以后，“国会号”升起白旗，北军的其他小艇想方设法抢救它的船员。“梅里麦克号”吃水 22 英尺，当时正值退潮，阻止了它的航行，使之无法靠近岸边，否则搁浅的“明尼苏达号”也会遭到同样的下场。“梅里麦克号”至少受到 100 门重炮的长时间轰击，而它的铁甲却未受损伤。铁甲外面的东西被打得精光，烟囱和两门炮的炮口也被打飞。船内有 21 人被经过射击孔飞进的弹片杀死或击伤。船上得胜的士兵们在大炮旁边躺下来，等待第二天早晨

1　1 英寸合 2.54 厘米。——编者注

摧毁北军的其他舰艇。但是第二天黎明，他们从“梅里麦克号”上望见一艘怪船在保护“明尼苏达号”。“梅里麦克号”上的一名船员写道：“那只船同它所保卫的庞大护卫舰相比，只是一个小东西。”它就是埃里克森指挥的“铁甲舰”——它早已引起人们的议论，现在终于上阵了。“梅里麦克号”是海军史上的一场革命，但在一天之后，“铁甲舰”则较之有长足的进步。“铁甲舰”上只有两门大炮，但它们的口径是 11 英寸，安在有九英寸铁甲的转动炮塔里。它的甲板呈龟背状，有厚厚的装甲保护，几乎同吃水线齐平。它的吃水深度只有 12 英尺，有着行动灵便的优点。

这两个铁甲怪物互相接近，北军的其他舰艇呆呆地在一旁观望。当双方互相靠近时，失去撞角的“梅里麦克号”向“铁甲舰”射击。没有一颗炮弹能够穿透“铁甲舰”的铁甲，可是当两门 11 英寸口径的大炮击中“梅里麦克号”的中间部位时，整个船舷凹进了几英寸，炮手们的鼻子被撞出了血。这两艘铁甲舰互相轰击了六个小时，双方均未受到损失。它们在天黑时各自撤走，再也没有交战。“梅里麦克号”在吃水线以下没有装甲，船上官兵认为它比较幸运。它返回船坞，弥补这个缺陷并消除其他弱点。“梅里麦克号”的适航性极差，在前去作战的途中几乎沉没，因而也需要修理。欧洲人得到这次战斗的消息后意识到，世界上的所有战舰统统过时了。为了适应已经改变的情况，英国海军部作了艰苦的努力，在几年的时间里重建了皇家海军。可是现在，仍有一些蠢人建造几乎没有任何装甲的舰艇。[1] 自从 400 年前火炮装上军舰以来，“梅里麦克号”同铁甲舰的这次战斗是海战史上最大的一次变革。

南军撤出诺福克时，企图让“梅里麦克号”驶到詹姆斯河上游去保卫里士满。它尽量减轻负荷，已经到了无力自卫的程度，可是它仍然吃水很深，无法驶入内河。于是，舰长下令把它烧沉。它的赫赫战功在南方引起的欢乐

1 写于 1939 年。——原注

如今变成了悲伤和怒火。但审理此案的南方军事法庭宣布："本庭认为，在彼时彼地放弃并烧毁这艘船是唯一的办法，所以，被告下达这样的命令是正确的。"

第十二章　　CHAPTER 12

罗伯特·李和麦克莱伦

波普将军在 1862 年 8 月 1 日抵达前线。这位新指挥官的任务就是在麦克莱伦部队从詹姆斯河一线回来同他会师之前，在不打大仗的情况下尽量扩大战果。华盛顿南面不远的阿奎亚港被选为麦克莱伦部队的登陆点，其他大批援兵源源不断地从华盛顿开出，乘火车经亚历山德里亚奔赴前线。波普手下已有四万人，六个星期以后，他将有 15 万大军。他精神饱满，信心百倍，甚至希望在主力部队到来之前攻克戈登斯维尔和夏洛茨维尔，然后拿下里士满。

罗伯特·李认为麦克莱伦不会再发动进攻，便立刻在 7 月中派杰克逊带领两个师（1.1 万人）前往戈登斯维尔，并在月底时使杰克逊的兵力增至 2.4 万人。这个数量对杰克逊来说可谓洋洋大观，因为他面前的敌军还不到他部队的二分之一。他发现，波普的部队正满怀信心地沿着在库尔佩珀会集的三条公路朝他前进。8 月 9 日，他在库尔佩珀以南七英里的塞达山向班克斯将军指挥的波普主力军发动进攻。他利用两万人击溃了班克斯的 9000 人。对方有四分之一的人伤亡，剩下的人只能看守辎重而已。可是在库尔佩珀附近，杰克逊遇到了波普部队的另外两个军，他根据罗伯特·李的计划退到戈登斯维尔。

8 月 13 日，罗伯特·李听说麦克莱伦的军队又在门罗要塞上船，这是他正在等待的信号。这支大军至多过一个月就会在弗吉尼亚北部同波普会师，将发挥重大作用，所以罗伯特·李必须在此之前在那里取得辉煌胜利。他立即命令詹姆斯·朗斯特里特率领里士满守军的主力 12 个旅到戈登斯维尔同杰克逊会师。到了 17 日，他已在克拉克山背后的树林里集中了 5.5 万兵马，可以立即对波普守卫的库尔佩珀发动进攻。波普没有意识到自己的危险处境，他完全可能一败涂地。但是，罗伯特·李需要花一天的时间等候骑兵到来，北军在这一天俘获了一名南军军官及其携带的文件，波普这才如梦初醒，立刻借着晨雾的掩护退过拉帕汉诺克河。罗伯特·李的右拳落空了，接着又挥出了左手。杰克逊在萨尔弗斯普林渡过拉帕汉诺克河上游，可是他的第一个旅刚刚过去，河水便涨潮了，波普第二次虎口脱险。

罗伯特·李此时意识到，他已失去暂时的优势，在一个星期或十天之后，必然有绝对优势的敌军压境。他知道，麦克莱伦部队的几个主力师已经在阿奎亚港登陆。一旦 15 万军队集中起来，北弗吉尼亚军团怎能抵挡大敌？因此，他和杰克逊决心采取一个大胆而漂亮的行动。面对数量上占优势而且仍在迅速壮大的敌军，罗伯特·李把自己的队伍一分为二。8 月 25 日黎明前，杰克逊开始了另一次著名的长途行军。他带领两万人，在行军 26 英里之后，已经远远绕过波普部队的右翼，到达塞勒姆。翌日，他穿过萨勒费山峡，在山中行军 25 英里，然后在马纳萨斯车站以南几英里处切断了波普的运输线亚历山德里亚 – 奥林吉铁路线。27 日，杰克逊夺取了马纳萨斯车站，那里堆积着波普军队的所有给养。食品、装备和各种物资被他悉数缴获，且让供应不足的南军士兵看得眼花缭乱。杰克逊派人把酒看守起来，然后命令部下各取所需。大多数官兵都换上了新衣。但是，这些战利品可能会让南军付出致命的代价，因为在各个方向，都有占优势的北军驻扎或者正在逼近。切断波普的运输线只是顺手牵羊之举，并非杰克逊及其上司的目标所在。只有打赢一场大仗，对他们才有军事价值。于是，杰克逊把马纳萨斯车站和军需仓库尽行焚毁。波普遥望北方，只见熊熊大火映红了夜空。杰克逊的下一步任务是继续迷惑波普，等候罗伯特 · 李和朗斯特里特率领主力部队赶到。

波普进攻里士满的威胁此时已经解除。他受到严重挫折，只好撤退。但是，不断有大部队从四面八方赶来会师，他仍然占有很大的优势。他甚至可以封闭萨勒费山峡，不让罗伯特 · 李率领的其余南军通过。这将是一步十分可怕的行动。杰克逊从马纳瑟斯车站向北撤到萨德利 · 斯普林斯附近的森林。波普以为杰克逊在马纳萨斯车站已成瓮中之鳖，于是调集各路军队合击车站。他到达车站时，只见那里空空如也，一片废墟。28 日这一天，双方都不完全了解形势，只有杰克逊知道，朗斯特里特正同罗伯特 · 李率领的南军主力冲过萨勒费山峡。波普命令分散四处的北军消灭萨德利斯普林以南的杰克逊部队。为了这一目的，他投入七万大军。他只想着杰克逊，似乎忘却了正在向杰克逊右侧聚集的朗斯特里特和罗伯特 · 李。

8 月 30 日，第二次布尔朗河战役（或曰马纳萨斯战役）打响了。5.3 万北军向杰克逊指挥的两万军队连续发动五次进攻，在开阔的战场上勇猛地同敌人厮杀。战斗呈拉锯之势，双方的伤亡不相上下。朗斯特里特早已接近战场，但是尚未引起敌方的注意。他总是三思而后行，因而迟迟没有投入战斗。“三思而后行”这一格言是正确的，然而远远不能适应这次战斗形势的需要。他是一匹与众不同的战马，罗伯特 · 李不会促使他越过既定界线。在第二次马纳萨斯战役的第一天，杰克逊独自承担着一切打击。傍晚时分，杰克逊把最后一批预备队投入反攻之后，一位同他友好的牧师对薄弱的左翼部队表示担心。“石壁”将军时刻关注着战斗的发展，他盯着战场细看一下，然后说：“他们的行动糟得无以复加了。”

31 日黎明时，战斗又开始了。波普得到了从阿奎亚港开来的两个军的支援，他仍未觉察到朗斯特里特的到来，命令武运不佳的波特将军包抄杰克逊的右翼。波特的部队忠实地执行这道命令。这时，朗斯特里特率领南军主力投入战斗。他一旦行动起来，总是坚决有力的。波普的阵线被打乱。邦联的生力军出其不意地从4英里长的森林里全线出击，波普左翼的两个军受到包抄，寡不敌众，开始撤退。波特陷入重围，遭到惨败，后来被军事法庭判处死刑。即使在31日傍晚，波普麾下仍有7万名忠实的官兵，可是他只想躲进华盛顿周围的工事，而且还带着夜间赶到前线的最后1万增援部队后退。罗伯特·李缴获30门大炮和2万支宝贵的步枪，俘虏7000名北军官兵，打死打伤1.35万名敌人，而南军只损失了1万人。罗伯特·李以不到5.5万人的军队打垮了7.5万北军。自从戴维斯总统交给他指挥权以来，整整四个月过去了。那时麦克莱伦离里士满不到五英里，如今罗伯特·李的先锋部队已抵达离华盛顿不到20英里的地方。战争的形势已经完全扭转过来。

*　　　*　　　*

华盛顿的政客们和内阁对待麦克莱伦很不公平，小心顺从的哈勒克将军则是他们的工具。在这个问题上，林肯负有不可推卸的责任。他需要一位勇于进取的将军，以便找到罗伯特·李并击败之。麦克莱伦有指挥才能，却缺少战斗精神。具有知人之能的林肯意识到了这一点。但是他也意识到，麦克莱伦大概是北军中最能干的指挥官。他内心支持自己所选定的这位将军，而在行动上却屈服于社会舆论。他中途换马，结果发现是一匹更差的马。麦克莱伦的部队在阿奎亚一登陆，便立刻被调去支援波普，最后连麦克莱伦的卫队也被调走。不过，他从未丢掉弗吉尼亚军团的指挥权，这支军队已经改名为波托马克军团。他提出正确的意见，可是无人理睬。9月2日，波普及其溃败的军队大有在华盛顿城下瓦解之势，林肯总统的周围一片惊慌，对待麦克莱伦的态度也随之改变。那天早晨，在麦克莱伦进早餐时，林肯总统和哈勒克总司令登门拜访。哈勒克说，华盛顿危在旦夕，请麦克莱伦统率全军。

受到轻视的麦克莱伦指挥官立刻着手保卫华盛顿。他未被正式解职，因此也不需要重新任命。他的旧部又归他指挥。历史从未允许麦克莱伦超出勇敢能干的凡人之列。不过，令人难忘的是，当他策马迎接撤退的大军时，士兵们欣喜若狂。勇敢的士兵们由于受到错误的指挥，感到羞辱，此时从踉跄的队伍中跑出来，几乎把重掌指挥权的麦克莱伦拖下马来。许多士兵抱住和亲吻麦克莱伦战马的大腿。在这种坚决的支持下，麦克莱伦恢复了军队的秩序，使它调头迎敌。

罗伯特·李在第二次马纳萨斯战役胜利之后，采取了第一次战役以后理应采取的行动。他麾军杀进马里兰州，使它有转变立场的机会，如果它有这种愿望或可能性的话。他知道，只有决定性的战斗才能挽救邦联，因而始终伺机决战。他经过利斯堡北上，渡过波托马克河，到达与巴尔的摩平行的弗雷德里克附近。他知道根本不可能攻克华盛顿，但在野战中却是有锦标可夺的。三支北军守卫谢南多厄河流域的马丁斯堡、温彻斯特和哈珀斯渡口。在哈珀斯渡口有北军的一个重要供应站。三个地方共有守军 1.5 万多人。哈勒克拒绝及时撤出这三支部队，因此它们成为罗伯特·李的重要打击目标。罗伯特·李计划夺取哈珀斯渡口，另外两支人数较少的守军已经撤到那里。于是，他从弗雷德里克穿过南山西进，派杰克逊绕到马丁斯堡进行包抄，然后于 9 月 13 日向哈珀斯渡口四面合围。

华盛顿的政客们在惊恐之中抓住麦克莱伦这根救命稻草。起初，麦克莱伦只奉命防守华盛顿周围的工事。可是，出于自己的责任感，或者像他后来自述的那样，在“脖子上套着绞索”的情况下，他受命再次指挥自己的旧部，离开“华盛顿的工事”，出兵追击人数比他少一半的李将军部队。对于麦克莱伦的这段自述，人们有不同的看法，因为实际上林肯同他商讨过进军马里兰的问题，而且不仅口头上授权他指挥首都周围的部队，还授权他“统率野战部队”。麦克莱伦很可能由于政治偏见而歪曲了事实。他有理由感到愤愤不平。无数身居高位的批评者一刻不停地责难他，他们在这个危急关头对这位前线指挥官所持的态度是不体面的。

麦克莱伦企图解救哈珀斯渡口，带着近九万大军追赶罗伯特·李，其中有两个军兵强马壮，没有受过任何打击。北军的一名列兵偶然拣到了用一张纸包着的三支雪茄，这张纸上是罗伯特·李的一道密令。麦克莱伦在13日据此得知，罗伯特·李已把部队分散，主力部队正在奔向哈珀斯渡口。于是，他胸有成竹地前去攻击李将军。此刻，时间成为决定性的因素，杰克逊、沃尔纳和麦克洛能否赶在麦克莱伦在南山关口打败罗伯特·李之前，攻克哈珀斯渡口呢?

麦克莱伦浪费了许多时间。支持他的部长们吓得目瞪口呆，六神无主，而他的政敌正在伺机搞垮他，因此他比平时更加小心也就不足为奇了。14日，罗伯特·李在南山的两个山口被占着优势的北军打退。现在他必须作出重要决定。起先他打算带着战利品和胜利的桂冠渡过波托马克河，凯旋弗吉尼亚。但细想之后，他觉得必须取得这次胜利，于是便决心在面朝安蒂特姆河、背靠波托马克河的情况下作战。他相信杰克逊在此期间会夺取哈珀斯渡口，然后及时赶来增援。

哈珀斯渡口在15日清晨投降，杰克逊的部下缴获73门大炮和1.3万支步枪，俘虏1.25万名敌军官兵。当天下午和夜晚，杰克逊便兼程驰援李将军，后者仅以两万人抵挡着陆续赶到的麦克莱伦大军。值得尊敬的麦克莱伦将军一直惴惴不安地想着来自华盛顿的压力。如果有罗伯特·李那样的胆略，他就会集中力量打赢这一仗，无奈那些懦弱而仇视他的政治势力的影子总是在他的脑际萦回。为了避免不必要的风险，他延误了一天的时间，丧失了取胜的机会。

到了17日，麦克莱伦才发动进攻。这时，杰克逊已经赶到，在罗伯特·李的左侧进入阵地。其他一些师打扫了哈珀斯渡口战场以后，也向这里赶来。罗伯特·李在波托马克河背水而战。夏普斯堡附近只有一座桥，如果他失败，单靠这座桥很难逃脱。在这次激战中，北军的指挥不当达到了顶点。麦克莱伦纵马在前沿军中巡视一周，然后便回到司令部，让战斗按所谓的“总指挥的安排”进行。这就是说，他作出战斗部署之后，任凭战斗自然发展。但是，杰克逊却始终在士兵中间，罗伯特·李也骑着马在战场上奔跑，控制战局。马尔博罗、腓特烈大帝和拿破仑向来如此。杰克逊指挥的南军左翼部队实际上已被摧毁，但它在此之前已经打垮联邦的两个军，即打败相当于自己两倍的兵力。那里的战斗陷入僵局，直到罗伯特·李从受到很大压力的右翼和中阵抽出人马支援杰克逊，才打破这种僵局。北军的中间阵线陆续发动进攻，邦联的一个主力师被打得七零八落，有一半人永卧沙场。伯恩赛德奉命率领北军的左翼部队渡过安蒂坦河，切断罗伯特·李的退路，若非 A.P. 希尔率领归李将军指挥的最后一个师从哈珀斯渡口赶来，伯恩赛德就会成功。希尔从预料不到的方向打击进攻者的右翼，解除了这一威胁。夜色笼罩了大地，在这场不分胜负的战斗中，北军损失了 1.3 万人，这一数字占参战部队的四分之一，占战场上所有北军的六分之一，南军损失了 9000 人，约占部队总数的四分之一。

夜幕降临时，罗伯特·李召集他部下的将军们开会。他们一致建议立即撤过波托马克河，连所向无敌的杰克逊也认为这是明智之举。可是，李将军仍然希望取得彻底的胜利。听了各种意见之后，他表示决心坚持战斗。于是，疲惫不堪的南军等待东方破晓，准备迎击似乎要战胜他们的勇猛的北军洪流。无奈麦克莱伦已经吃够苦头，按兵不动。在他受到任何责难之前，无能的陆军部必然先受到指责。18 日没有发生战斗。李将军严令杰克逊发动进攻。杰克逊亲自和炮兵司令进行了侦察，然后报告说不宜作战。李将军接受了这种明智的看法，于是第一次进犯马里兰州至此结束了。

在 1862 年这次战役中，道义力量和物质力量在至关重要的地点进行了空前激烈的较量。在这次战役中，战斗次数及激烈和残酷程度远远超过了拿破仑发动的任何一次战役。从 6 月 1 日李将军接过指挥权的时候起，北弗吉尼亚军团在七个月内进行了七次血战——七日战役、塞达山战役、第二次马纳萨斯战役、南山战役、哈珀斯渡口战役、安蒂坦河战役以及后来的弗雷德里克斯堡战役。在这些战役中，罗伯特·李的兵力往往不及敌人的四分之三，有几次只占敌人的半数。勇敢的北军固然苦于可悲的政治干预，然而在另一方面，南军则缺少武器弹药、粮食、装备、衣服和靴子。甚至有人说，从赤脚士兵染着鲜血的足迹上，可以寻出南军的行踪。但在这种困难的局面中，北弗吉尼亚军团奋力保卫邦联，进行了史无前例的斗争。

*　　　*　　　*

林肯本来希望取得巨大的胜利，可是，麦克莱伦在安蒂坦河战役中取得的胜利虽然重要，却不是全胜。林肯总统从未由于令人失望的事件而丧失对北方事业的信心，他只是焦灼不安，并因此仔细盘问了每个指挥官，好像他仍是一位检察官似的。将军们不满意这种做法，但林肯在军中享有盛誉，士兵们都信任他。士兵不了解林肯在华盛顿承受的巨大政治压力，不过他们知道他行事果断，宽宏大量。在白宫的工作中，他必须大力发挥这些特点。政客、报纸编辑和其他有影响的人物络绎不绝地来到他的办公室。他们大多数要求速胜，根本不了解战争中的艰难。许多人自以为是地制订了作战计划，私下要求林肯总统采纳。还有许多人极力推荐他们所赞赏的将军。林肯耐心而坚定地对待这些来访者。他那潇洒自如的作风给他很大的帮助，对待这些人的幽默心情减轻了他的负担，紧张时刻的一句玩笑缓和了他的情绪。同时，他日益相信上帝的保佑。当阵亡人数急剧增加、作战计划相继落空时，他在内心深处祈求上帝给予力量。他确实得到了力量。在权力的顶峰，有时必须忍受不忠同僚的阴谋，在别人惊慌之时必须保持镇静，抵制社会上不合理的要求。对于这一切，林肯都做到了。他的家庭里也发生了一些不愉快的事件，他的一个爱子在白宫里死去，他的夫人虽然对丈夫忠心耿耿，却喜欢奢华和参与政治事务，时常引起难堪的非议。随着战争的进程，林肯的面容日益憔悴，脸上的皱纹也越来越深，然而他的表情却更加刚毅。

安蒂坦河之战和李将军撤回弗吉尼亚的行动，使林肯获得了采取一个重要行动的机会。他宣布解放叛乱诸州的所有奴隶。在一系列胜利的或不分胜负的战斗中，李将军斗志旺盛，坚定果敢，在法英两国造成深刻的影响。华盛顿政府担心它们出面调停，也担心它们在调停遭到拒绝的情况下承认南部邦联。北方人由于无谓的严重损失和指挥能力不如南方而灰心丧气，因此征兵困难，开小差成风。许多人要求和平，另外一些人则问道，如果奴隶制将要保存下来，北方蒙受这些杀戮是否值得呢？林肯提出解放黑奴这一最后的挑战，把战争提高到道义的标准，希望以此赢得英国舆论的支持，在同胞中激起新的热情。

林肯对这一步行动考虑已久。甚至在南北战争爆发时，激进派就开始要求彻底废除奴隶制。林肯担心这会对边界上仍然忠于联邦的蓄奴州产生不良影响。他强调说，这次战争的唯一目标是维护联邦的统一。他给纽约的出版商霍勒斯·格里利写信说："我的最高目标是挽救联邦，不是维护或摧毁奴隶制度。……我对奴隶制和黑人采取的一切行动，是由于它们有利于拯救联邦；我所反对的一切，是因为我认为它们不利于拯救联邦。"他考虑着宣布解放黑奴的适当时机，还考虑到宪法中阻挠这一步骤的障碍。他认为自己无权干涉与北方交界的蓄奴州的奴隶制度。因而感到，只有以他的陆海军统帅身份公布这个法令，把它作为一个军事措施，它才有法律效力。这个行动旨在剥夺南方的一股力量源泉。因此，1863 年 1 月 1 日生效的这一法令公布以后，它只适用于叛乱的诸州。美国其他州的奴隶制直到 1865 年 12 月通过宪法第十三条修正案时才正式废除。在南方，这个法令只有在北军所到之处才能生效，也没有取得林肯预期的效果。英国人不理解林肯为何不宣布彻底废除奴隶制。有人怀疑他在耍政治手腕。在美国，战争已经达到不可调和的地步，南方除了被征服之外别无出路。北方的民主党一致反对解放黑奴的法令，军队也表示反对。两个月以前，有希望作为民主党候选人竞选总统的麦克莱伦将军曾经针对这一行动向林肯提出过严肃警告。共和党人在1862年秋的议会选举中失势，所以许多北方人认为林肯操之过急，另一些人则认为他行动缓慢。伟大、英明、审慎的行动往往在开始阶段得不到人们的理解。

华盛顿政府同麦克莱伦的关系实在可叹。可以说，麦克莱伦在马纳萨斯战役之后为政府作出了巨大的贡献。他重振军队，带领它奔赴战场，把南军赶出马里兰州。政府只看到他拯救了首都，实际上，他的功劳不止于此。那年夏天，英国的帕默斯顿勋爵决定出面调停，但安蒂坦河战役的消息使他犹豫不决。这使北方面临着欧洲列强承认南方的危险，不过北方人并未清楚地认识到这一点。同年秋天，帕默斯顿政府中的财政大臣格拉德斯通在纽卡斯尔发表了一个演说，激怒了北方人。他说："我们深知，北方诸州的人民尚未喝进这杯苦酒，他们仍在试图把它从唇边推开，但在全世界都认为，他们最后还是必须喝下去。我们可以对奴隶制有自己的看法，可以支持或反对南方，但是有一点是毋庸置疑的：杰斐逊·戴维斯和南方的其他领袖创建了一支陆军，看来也在建设一支海军，比二者更为重要的是，他们建立了一个国家。"格拉德斯通不知道，帕默斯顿已经改变了立场。

此时，政客们和波托马克河畔的指挥官麦克莱伦互相轻视，而且各怀敌意。严重的党派斗争加深了军事方面的分歧。林肯总统希望立即发动积极进攻，麦克莱伦则同往常一样，夸大南军的实力，少报他们的严重损失。他知道，本届政府企图从背后刺他一刀，因此他决不肯为这样的政府承担任何军事风险。这次战斗过了五个星期，他才慢吞吞地渡过波托马克河，从哈珀斯渡口前往沃伦顿。

罗伯特·李从容地沿着谢南多厄河向上游退去。他曾在10月中派"杰布"（J.E.B的谐音）·斯图尔特围绕麦克莱伦的军队进行了第二次果敢的侦察，并且骚扰了北军的运输线，得到了大量的宝贵情报。如今，他毫不犹豫地在麦克莱伦的大军面前把队伍分散，留杰克逊在波托马克河流域威胁华盛顿，他本人和朗斯特里特屯兵库尔佩珀县政府所在地附近。如果他不能取胜，可以退到戈登斯维尔，他估计杰克逊能够及时赶到那里同他会师。麦克莱伦终于准备进攻了。他计划在杰克逊返回罗伯特·李的身边之前以优势兵力出击。可是此时，林肯总统终于在背后给他一击。1862 年 11 月 7 日夜晚，他接到把指挥权交给伯恩赛德将军的命令。同时，他最得力的部下波特遭到逮捕。政府在绝望之中利用这些人，现在它感到有足够的力量打倒他们了。麦克莱伦反对废除奴隶制，他从未改变这一立场。共和党中占主导地位的激进派千方百计地要他的脑袋。他们确信，麦克莱伦决不会努力争取彻底的胜利，因而怀疑他同情南方并希望同南方媾和。他们还担心，麦克莱伦可能成为民主党的总统候选人。林肯听信共和党激进派的话，认为麦克莱伦已经成为现政府的绊脚石。长期以来，他一直为这位指挥官抵挡着政客的攻击和非议，现在他觉得自己必须让步了。可是，林肯对麦克莱伦并无敌意，他不是歹毒之人。

麦克莱伦被解职的消息传开以后，北军中险些发生兵变。麦克莱伦作出十分得体的反应，他竭力用自己的影响来维护新任指挥官的权威。他再也没有被任用过。罗伯特·李在战后对自己的幼子说，麦克莱伦是他最强的对手。可是这样一位将军却永远从指挥官的地位上消失了。麦克莱伦有明显的弱点，但他在同罗伯特·李和杰克逊的较量中不断吸取了教训。他的解职是对北军的一次摧残，官兵们从未爱戴过其他指挥官。还有激烈的政治斗争等待着麦克莱伦，在这样的斗争中，只有获得数量优势才能取胜，而数量优势却属于另一方。波特将军在马里兰战役中立下汗马功劳，却由于在第二次马纳萨斯战役中的行动而被军事法庭审讯、判罪乃至逐出联邦军队。多年以后，这种不公正的做法得到纠正。此案重新得到审理，法庭郑重宣布波特将军无罪。

在这场难决胜负的战斗中，林肯总统已经多次敦促交战，要求发动正面进攻。他的口号是“向里士满进军！”他终于发现了敢于向敌人发动正面进攻的伯恩赛德将军。伯恩赛德是个讨人喜欢的人，但打起仗来却是个糟糕透顶的将军。他并不愿意接受指挥权。他上任以后，执行了一个简单的计划。他在地图上选择了离里士满最近的道路，把军队集结在这条路上的拉帕汉诺克河渡口弗雷德里克斯堡。为了准备得充分一些，伯恩赛德花了两个星期的时间。罗伯特·李在这个期间调来了杰克逊的部队和其他援兵。在此之前，罗伯特·李一直进行运动战，即使在敌我力量十分悬殊的安蒂坦河战役中，他也没有构筑阵地。此时，他却利用这两周的时间在弗雷德里克斯堡附近的高地上构筑各种工事。他命令部队建起胸墙，墙外有圆木和石头作为防护，上面盖着一层实土。近150门大炮已安置就绪，无数单人射击掩体也已挖好，防线后面的茂密森林中还开辟出一条条道路。12月11日，伯恩赛德占领了弗雷德里克斯堡，带领一大部分队伍渡过拉帕汉诺克河，准备进行战斗。他的军队有11.8万人，而罗伯特·李的部队只有8万人。伯恩赛德在13日发动进攻。起初他的部队分批攻击南军的左右两翼，然后又攻击南军的中阵。北军士兵勇敢战斗，一旅又一旅、一师又一师的队伍冒着密集的炮火向山上冲锋。天黑时，北军退了回去，损失将近1.3万人。南军中主要是杰克逊指挥的部队蒙受了损失，伤亡总共不到6000人。伯恩赛德只想身先士卒，马革裹尸，希望第二天继续战斗。前线将领和首都人士的普遍意见制止了他。不久以后，他便被他的部下约瑟夫·胡克将军所取代。

罗伯特·李根本不想在弗雷德里克斯堡交战。北军离阿奎亚港海军基地很近，南军无法对他们发动反攻。罗伯特·李向戴维斯总统建议后撤30英里，撤到北安纳河。在那里，他可以利用杰克逊和斯图尔特对受到挫折的敌军运输线进行无情的报复行动。戴维斯总统虽然同他的将军们关系密切，但可悲地妨碍了李将军的行动，把他束缚在消极防守的桎梏中，以致弗雷德里克斯堡战斗的成果丧失殆尽。如果南北两位总统让麦克莱伦和罗伯特·李自由较量，战争的结果不会改变，但战局会比较明朗，时间会短得多，鲜血也会少流一些。

* * *

西部地区在1862年底以前没有发生决定性的战斗。11月，在七松林战斗役中负伤后已经痊愈的约瑟夫·E. 约翰斯顿将军被任命为南军的西部战场指挥官，但是他在那里的各支部队中间没有绝对权威。布雷格将军带领4.4万人马在田纳西的默弗里斯巴勒附近同威廉·S. 罗斯克兰斯将军指挥的4.7万北军对抗。J.C. 彭伯顿将军负责密西西比河军区，除了维克斯堡和赫德森港的驻军之外，他大约还有3万野战军。在西部更远的阿肯色州，南军的霍姆斯将军率领在该州征集的5万军队驻扎在小石城附近，那里没有北军能与之相匹敌。当格兰特暴露出准备进攻密西西比州和攻打维克斯堡的迹象时，约翰斯顿敦促阿肯色州的军队渡过密西西比河，与彭伯顿将军会师。如果这样，南军就能取得优势。杰斐逊·戴维斯否定了这个可取而且非实行不可的方案。他知道，如果命令阿肯色州的军队到密西西比河东岸作战，必然会引起西部各州的强烈敌意。这样做的阻力固然很大，可是不这样就会带来灾难。然而，戴维斯总统坚持由布雷格从查塔努加派一万人增援彭伯顿将军，加强维克斯堡的防御力量。这个命令得到了执行。

12月初，格兰特再次打算进攻维克斯堡，派舍曼将军从孟菲斯带领三万人马和波特海军上将的舰队进入亚朱河，占领维克斯堡城北的高地。舍曼在12月29日攻打奇卡索峭壁的南军阵地，不到一个小时便狼狈而归，损兵折将近2000人，而南军只损失150人。为了略消心头之恨，他到阿肯色河上游的阿肯色兵营俘虏了5000南军守卫部队。由于布雷格的田纳西军队受到削弱，12月31日在默弗里斯巴勒发生了一场血战，双方士兵顽强杀敌，视死如归。罗斯克兰斯指挥的北军伤亡9000多人，并有近4000人和28门大炮被俘获。布雷格为此付出了1万多人的代价，可是北军仍然牢牢地控制着田纳西州及其首府纳什维尔。布雷格带着大失所望的军队撤到查塔努加过冬。

南北两军在各州仍然势均力敌。北方海军虽然自称在必要时能够冲过南军的炮兵火力网，但密西西比河航道仍然是北军的禁区。默弗里斯巴勒战役不分胜负，奇卡索峭壁之战则无疑是南军的胜利。然而，双方的力量平衡即将发生重大的变化。

第十三章　　　　CHAPTER 13

钱瑟勒斯维尔之战与葛底斯堡之役

1863 年春，波托马克军团和北弗吉尼亚军团在拉帕汉诺克河两岸继续对峙。素有“勇士乔”[1]之称的胡克曾在安蒂坦河战役中指挥一个军而威名远扬。他曾经策划反对他的上司，而如今自己已是军中主帅。他这次晋升是靠着林肯的支持。林肯知道他是一名优秀军人，也希望他成为一名杰出的指挥官。显然，要恢复麦克莱伦的职务，在政治上是行不通的，还必然会削弱林肯的权威。胡克在 1 月底受任时，北军正处于窘境。这种情况是之前积累的不满情绪造成的。3000 多名军官和八万名士兵开小差或暂时离队，后一种人有的请假，有的则不告而别。像弗雷德里克斯堡战役那样的打击是难以承受的。重组军队的工作直到 4 月才告结束，援兵陆续开到，离队者在家度过圣诞节之后也纷纷归队。胡克手下已有超过 13 万兵马，他们组成六个军，斗志重振，装备优良。此外，胡克还建立了一个骑兵军，兵力达一万人。他自认为有资格宣布自己统领着“地球上最精悍的军队”。

1　Fighting Joe，即约瑟夫・胡克（Joseph Hooker，1814—1879），在美国南北战争中曾任波托马克军团司令，“勇士乔”是他的绰号，据说并不真实，只是传言。——编者注罗伯特·李知道北军必然发动进攻。在准备迎击这次进攻的过程中，戴维斯总统的消极防御和分兵把守的方针严重地束缚了李将军的手脚。虽然只有偷越封锁线的船只能够进入南卡罗来纳州的威尔明顿港和查尔斯顿港，但由于战争的长期压力，保卫这两个港口已成为极端重要的任务。戴维斯总统认为，于 1862 年 3 月在北卡罗来纳州新伯恩登陆的北军部队，以及挺进到詹姆斯河口萨福克而离里士满只有 75 英里的其他部队，共同威胁着上述两个港口及其通往里士满的铁路。鉴于沿海一带的地理条件，这两支北军一直由地方武装对付。李将军虽然知道在拉帕汉诺克河附近筹粮困难，却先后派出三个师，在朗斯特里特指挥下与这些敌人相周旋。这是罗伯特·李的一个错误行动。朗斯特里特一直在谋取独立的指挥权，此时开始不必要地围攻萨福克。李军的九个师因此减少了三个师，而且，他的四个骑兵旅中有两个旅正在詹姆斯河南岸筹集粮秣。他的步兵不及敌人的一半，骑兵不及敌人的四分之一，所以他被迫放弃通过谢南多厄河谷进军宾夕法尼亚的计划，只好等待时机。

胡克占着优势，因而可以兵分两路。他的计划是首先派骑兵提前半个月经过拉帕汉诺克河的上游渡口，绕到罗伯特·李的左侧，然后以三个军攻其左翼；另派约翰·塞奇威克将军率领两个军，在其右翼驻地以南的弗雷德里克斯堡渡过该河。即使这样，胡克还有一个军的后备力量。他估计罗伯特·李会被迫放弃防线后撤，那么，他将跟踪追击，直捣里士满。4 月中，这些行动开始了。由第二流的指挥官乔治·斯通曼率领的北军骑兵军为洪水所阻，结果和主力部队的右路同时渡过拉帕汉诺克河上游。

起初，胡克的计划进展顺利，他的三个军（约有七万人）渡过了拉帕汉诺克河，继而在 4 月 30 日上午渡过它的支流拉皮丹河。这些部队向东挺进，从侧翼和后面攻破罗伯特·李的防线。守卫拉帕汉诺克河畔“合众国渡口”的南军被迫撤退，北方作为预备队的一个军兵不血刃地跨过拉帕汉诺克河。到了 30 日夜晚，九万北军全部越过罗伯特·李的防线，集中在钱瑟勒斯维尔及其附近的地区。北军的庞大骑兵部队以压倒之势向弗吉尼亚中枢铁路前进。这条铁路在罗伯特·李的后方45英里处，是他的主要运输线之一。北军骑兵的任务不仅是要切断这条铁路，而且要破坏它。同时，在弗雷德里克斯堡对面指挥两个军的塞奇威克将军渡过拉帕汉诺克河，准备进攻杰克逊的三个师。这三个师在朱巴尔·A.厄尔利将军的指挥下，守在上次战斗的堑壕里。

罗伯特·李处于两支大军的钳形攻势之下，其中任何一支都能够同他正面交锋。同时，他的后方遭到骚扰，运输线受到袭击。任何一支北军的前进都使他难以抵挡，如果这两路大军会师或同时向他进攻，他必然会一败涂地。到30日夜间，他已处于千钧一发的危险境地。正因如此，后来发生的战斗才成为史册上永不凋谢的一朵鲜花。

伟大的指挥官李将军和他的可靠助手蜷缩在这个大包围圈里，但是他们充满信心。李将军的两侧各有一支暂时互不联系的敌军，他不放弃重要的阵地就无法撤退。在这种情况下，他自然打算顶住一路敌军，打击另一路。那么打击哪一路呢？杰克逊主张打击塞奇威克，把他赶入河中。但是李将军认为，只有打败北军的主力部队，他才能转危为安。他一听说胡克亲自统率北军主力，便留下一个师牵制塞奇威克，立即亲自率领大队人马前往进攻。与此同时，杰布·斯图尔特抱着明确的目的，在漫长的战线上同斯通曼的骑兵相周旋。他虽然处于1∶4的劣势，但能够助李将军一臂之力，使斯通曼将军率领的北军骑兵在这次大战中没有发挥任何作用。

* * *

钱瑟勒斯维尔位于一片茂密森林的边缘。这片森林至今仍然莽莽苍苍，倘不开辟道路，人是无法走动的。胡克等部队聚齐之后，于5月1日下令沿着特恩派克大道和普兰克公路大举东征。在南边30英里的路易莎县政府所在地，他的庞大骑兵队伍切断了弗吉尼亚中枢铁路。他有三个通讯气球和许多信号站，甚至还有一台战地电报机同塞奇威克联系。但是，拉帕汉诺克河谷笼罩在浓密的晨雾之中，通讯气球和信号站上看不见任何东西，电报机也出了故障。他进入森林时，遇到了大批敌军，立刻遭到攻击。这些敌军是受杰克逊灵活指挥的那个军。"勇士乔"作为部将名噪一时，如今肩荷最高指挥官的重担，力难胜任。他原来以为，他进展顺利的战略计划将迫使罗伯特·李撤退，此时他发现自己将受到南军的全力攻击。他立刻调转部队，撤到他事先谨慎地在钱瑟勒斯维尔城下构筑的防御工事。5 月 1 日傍晚，南军队伍从树林里像潮水般汹涌而出，冲到北军的坚固阵地前面。在这段时间里，弗雷德里克斯堡的塞奇威克没有从电报机里接到任何命令，所以当厄尔利勇敢地出现在已被北军士兵的鲜血染红的高地上时，他感到疑惑不解。他虽然听到了枪炮声，却没有采取任何行动。他根据什么断定朗斯特里特尚未赶到战场呢？后者当时完全可能已经赶到。此时天色黑下来了。

罗伯特·李和杰克逊兵合一处，他们知道自己只有一天的时间。如果不能在 5 月 2 日这一天以 2∶1 的优势打败胡克，他们将受到优势敌军的前后夹击。他们要发动正面进攻是不可能的，取胜的唯一希望是分散人数本来就不多的军队，包抄胡克的右翼。为此，一些士兵出去探路。凌晨，杰克逊的一名参谋报告说，有一条用来向一座高炉拖运木材和矿石的隐蔽小路，可以加以利用。杰克逊立刻建议自己亲率一个军顺着这条小路过去。罗伯特·李思索片刻之后，表示同意。于是，杰克逊将要带领 2.6 万人包抄胡克的右侧，而罗伯特·李仅以 1.7 万人应付近八万北军。

清晨 4 点钟，杰克逊率军出发。他的行动不应暴露，这似乎是首要条件。但在 8 点左右，当一个纵队经过森林中一块意料不到的空地时，在榛树林里的北军发现敌人正在向他们漫长阵线的右方前进。实际上，南军行动的暴露反而给自己帮了大忙。丹尼尔·E. 西克尔斯将军部下两个师在犹豫片刻之后猛追上去，企图打击这些南军部队并弄清他们的意图。这两个师同杰克逊的后卫部队交火，后者经过顽强的战斗之后消失在森林里。这时西克尔斯来到这两个师的官兵之中，他们都认为南军在撤退，所以满怀希望地追将上去。西克尔斯以为他已把南军拦腰斩断。事实也是如此。罗伯特·李和杰克逊已经被隔开，只有胜利才能使他们再次会师。倘若胡克向罗伯特·李进攻，必能把他赶到离杰克逊更远而离塞奇威克更近的地方。塞奇威克已经攻克弗雷德里克斯堡的高地，并且在离此八英里以外的地方指挥三万人马把厄尔利赶到罗伯特·李的背后。但是，胡克确信自己在防御工事里万无一失，定能实现自己的战略计划，因而坐失战机。杰克逊在傍晚 6 点钟到达行军的目的地。此时他不仅在胡克的侧翼，实际上处于右翼部队的背后。他布置好队伍，同位于北军另一侧的李将军隔着四英里遥遥相对。北军对他的袭击毫无防备。第 11 军的士兵们正在工事后面吃晚饭或者打牌，突然，从背后的树林里闪出了南军的阵列。不出一个小时，11 军便在优势敌军的打击下溃不成军。遗憾的是，他们在全局中占着 2 ∶ 1 的优势。

当夜空拉下帷幕时，杰克逊认为大好时机已到。他离通往合众国渡口的道路不到半英里，这条道路是胡克全军的唯一退路。在杰克逊和这条生命线之间没有任何有组织的北军防守。杰克逊选择了他必须在夜间占领、在黎明后死守的地点。这步棋的成功将导致北军主力的覆没。他们第二天如果不能战胜杰克逊，必将在莽莽森林里和隆隆炮声中挨饿。杰克逊看出了这一点，便同一些军官策马沿着普兰克公路到前线观察地形。他常常这样冒着生命危险，这次即将付出沉重的代价。当他从前线返回时，他无限忠诚的卡罗来纳士兵在黑暗中把他一行错认为敌人的骑兵，对他们打了一阵排子枪。有三颗子弹打中杰克逊的左肩和左臂，他掉下马来。经过一段痛苦的路程到达野战医院时，他由于流血过多而极度虚弱，思想已经不能集中。他的参谋长本来要带领 A.P. 希尔的那个师奔赴拟定的重要地点，可也在这阵弹雨中丧命。在出事时，刚接过指挥权的希尔询问他的昏迷不醒的上司，得不到答复，便冲上前去，结果也立刻中弹。需要几个小时以后才能把斯图尔特找到杰克逊这里。无人知道杰克逊的计划，而他又处于昏厥之中。小事就是这样影响世界大局的。

斯图尔特在夜间打了一个漂亮仗。5月3日，怒不可遏的南军士兵高喊着“为杰克逊报仇！”冲向北军阵地。他们赶走北军，夺取了榛树林。他们又同罗伯特·李胜利会师，但那天晚上的战机永远丧失了。胡克已经派重兵守卫北军到合众国渡口的退路。他现在一心想撤退，甚至没有在前线牵制罗伯特·李。5月2日，他已经丧失斗志。在5月3日的战斗中，一颗炮弹打在他身旁的房屋柱子上，把他吓呆了。这一炮大概算是手下留情了。

罗伯特·李转身向拉帕汉诺克河南岸处境危险的塞奇威克进攻。后者在5月3日苦战了整整一天，在4日处于背水而战的境地。他的部下只有两万人尚能战斗，面对着至少2.5万南军的进攻。然而，南军士兵经过艰苦的征战已经精疲力竭。塞奇威克虽然遭到失败，受到打击，却利用弗雷德里克斯堡的浮桥脱离险境。不久，他在弗雷德里克斯堡同胡克和其他部队会师。九天以前，这支浩荡大军似乎胜券在握，此时却丢盔卸甲地回到出发地。它的人数仍然等于南军的两倍。它的13万大军损失了1.7万人，六万南军损失了1.25万人。

钱瑟勒斯维尔之战是罗伯特·李和杰克逊并肩作战的杰作，他们的合作简直是天衣无缝。罗伯特·李说：“杰克逊是一位前无古人的优秀军官。他像磁针指着磁极一样，准确地执行我的作战意图。”据说杰克逊说过，“我将闭着眼睛跟随李将军”。可是这一切都已成为过去。罗伯特·李把功劳归于他受伤的战友，他写道：“如果百事能以我的意志为转移，我一定为了国家的利益替你受伤致残。”杰克逊挨过了一个星期。他的胳膊被截除，接着他患了肺炎。5月10日，有人告诉他准备后事，他对此虽感惊讶，却坦然迎接死神。他说：“很好，很好，这没关系。”过了数小时，他又以平静的语调清晰地说：“我们到河对岸的树阴下休息吧。”他的去世对李将军和南方事业是个沉重的打击。

*　　　*　　　*

然而，在那几个月里，战局似乎对北方不利。北方普遍出现失望情绪，部队里开小差成风。许多州竭力抵制征兵，当局被迫从前线撤回许多军队维持治安。在纽约城的反征兵骚乱中，有千百人丧生。主和派（人们根据一种十分厉害的毒蛇称之为“铜头蛇”）领袖克莱门特·L. 瓦兰迪加姆在国会宣布：“你们尚未征服南方，而且永远也做不到这一点。你们花钱如水，流血如注。……失败、死亡、税收和坟墓……你们的战利品除此之外别无他物。”印第安纳州和伊利诺伊州的议会扬言要承认南部邦联。林肯总统的挚友、《芝加哥论坛报》（*Chicago Tribune*）编辑梅迪尔写道：“人人感到，战争接近了灾难性的耻辱结局。失败的民主制度和厌战思归的军队再也不会得到多少款项了。”当时真是危机四伏，但林肯并不灰心。

海上和大西洋彼岸的问题也给北方人带来困难，使之恼怒不已。南方的弱小海军在墨西哥湾和大西洋沿岸积极活动，成绩显著。在公海上，英国为南军建造的商船截击舰给北方船只造成重大损失。这些截击舰中最有名的是“亚拉巴马号”，它于 1862 年 6 月从英国的默西河溜入公海，并以假名活动在公海上。美国驻英大使曾就此多次提出抗议，但并无结果。它的活动硕果累累，但 11 个月以后，它在英吉利海峡被北方的一艘巡洋舰截住，被迫应战。两舰在法国的瑟堡附近英勇搏斗。一些法国画家目睹了这场激战，画家马奈就这个战斗场面所作的名画流传于世。“亚拉巴马号”终因火力不如北军的巡洋舰而被击沉。美国联邦政府坚决要求英国赔偿南方截击舰所造成的损失。双方谈判了很长时间，争论不休。南北战争结束六年之后，谈判才告成功。格拉德斯通政府同意向美国缴纳 1500 万美元的赔款。1863 年春夏两季，建造“亚拉巴马号”的那家英国造船厂正在为南方建造两艘铁甲舰，华盛顿为此日益感到不安。这两艘军舰配置了九英寸口径的来复线大炮和可怕的水下撞角，集中了“梅里麦克号”和“铁甲舰”的优点。它们以造船厂的名字命名，称为莱尔德撞角舰。美国大使一再要求英国外交大臣约翰·罗素勋爵防止莱尔德撞角舰像“亚拉巴马号”那样溜入公海。罗素最终意识到，中立国建造这样的军舰将造成不良的先例，这在未来的战争中可能对英国不利。于是，他在9月下令没收了这两艘军舰。战时的最后一次英美外交危机结束了。

*　　*　　*

此时，罗伯特·李在战场上采取了攻势，他决心实现谋算已久的进攻宾夕法尼亚的计划。但是，密西西比河畔的维克斯堡危在旦夕，如果约瑟夫·E.约翰斯顿不能得到大力的支援，该城很快就要陷落。有人建议在弗吉尼亚采取守势，派罗伯特·李亲自率领朗斯特里特的两个师到密西西比河畔增援，派其他部队到田纳西中部去打败纳什维尔以南的罗斯克兰斯部队，威胁路易斯维尔和辛辛那提两个商业城市，这可能迫使格兰特放弃对维克斯堡的围攻。李将军干脆地拒绝到密西西比河畔增援，他在军事会议上明确地提出这样一种主张：必须冒丢失密西西比州或弗吉尼亚州的危险。他的意见占了上风。5月26日，即钱瑟勒斯维尔战役的三个星期之后，进攻宾夕法尼亚的计划得到批准。北弗吉尼亚军团重新组编为三个军，分别由朗斯特里特、理查德·S. 尤厄尔和A.P. 希尔指挥，每军各辖三个师。李将军在1863年的目标同前一年一样，是迫使波托马克军团在败则灭亡的环境下作战。他认为，只有这样才可望赢得南方的独立。

罗伯特·李的部队在6月3日开始行动。朗斯特里特军集中在库尔佩珀，另外两个军经此地进入谢南多厄河流域，直奔波托马克河。同时，朗斯特里特军沿着蓝岭的东麓北上，前锋和侧翼由斯图尔特的骑兵掩护，全军经过北“山口”也进入了谢南多厄河流域。在这次战役的高潮到来之前，双方的骑兵于9日在布兰迪车站遭遇。在这场无关大局的战斗中，北军骑兵在新指挥官

阿尔弗雷德 · 普莱曾顿的统率下恢复了士气。

这场战役的初期对罗伯特 · 李有利。尤厄尔在 6 月 10 日离开库尔佩珀前往波托马克河流域。一路上，他像“石壁”将军杰克逊那样出奇制胜，把敌方守军赶出温彻斯特和马丁斯堡，俘获 4000 官兵和 28 门大炮，然后于 6 月 15 日横渡波托马克河。他令自己的一军人马在黑格斯敦停留一个星期，等待后卫军过河。他的骑兵旅挺进到宾夕法尼亚的钱伯斯堡，到那里筹运给养。22 日，他奉命继续向宾夕法尼亚内地前进，“如果可能的话”，攻占华盛顿以北 100 英里的哈里斯堡。

尤厄尔在 27 日到达卡莱尔，他的前哨第二天离哈里斯堡不到四英里。另外两个军此时在钱伯斯堡。李将军沿着坎伯兰河谷一直前进到钱伯斯堡，他的右侧有南山作为屏障。但是，他对胡克的动向一无所知。他采纳了斯图尔特的计划，准备打过山去，在宾夕法尼亚同尤厄尔会师。斯图尔特在 25 日出发，他以为胡克仍然驻扎在山的东侧，打算穿过他驻扎的地区，在利斯堡附近渡过波托马克河。可是，胡克在同一天早晨拆毁营盘，带领队伍开往波托马克河。斯图尔特只好第三次绕过北军的背后，在离华盛顿不到 20 英里的地方渡过波托马克河。他未能同尤厄尔右翼的一个师取得联系，在 7 月 2 日下午又同罗伯特 · 李会合，人马疲惫不堪。李军因此有一个星期失去了“眼睛”。在这个星期里，情况发生了很大变化。

罗伯特 · 李一开始北上，胡克便提议向里士满进军。林肯禁止胡克采取这样的行动，他正确地指出，胡克的目标不是里士满，而是李军。林肯的这一决定正合罗伯特 · 李的心愿。胡克渡过波托马克河以后，在弗雷德里克附近设立司令部，这样既可掩护华盛顿，又可威胁李军的运输线。在钱瑟勒斯维尔战役之后，哈勒克和斯坦顿一致同意，决不能让胡克指挥下一次战斗。所以，当胡克将军因未曾获准调动哈珀斯渡口的守军而递上辞呈时，当局立即接受。6 月 28 日早晨，被任命为总指挥的原第五军军长乔治 ·G. 米德将军决定率领全军强行北上，阻止李军渡过萨斯奎哈纳河，同时保护巴尔的摩和华盛顿。米德是个谨慎而顽强的指挥官，没有政治倾向。他不会做出蠢事，也不会有英明之举。他估计李军要从萨斯奎哈纳河南下攻打巴尔的摩，因而准备在威斯敏斯特以北十英里的派普河一线迎击。

罗伯特·李由于斯图尔特未能回来报告而至感困惑，但他确信斯图尔特不会出错，断定胡克一定仍在波托马克河以南。28 日，他了解到实情以后，下令队伍集结到南山东麓的卡什敦。他并不慌忙，“行军时尽量使部队免于过分辛苦”。战役开始时，他同朗斯特里特决定，在战略上采取攻势，在战术上采取守势。他决定只有在有利的条件下才能进行战斗，可是，机会作出了相反的决定。

6 月 30 日，希尔军的一个旅从卡什敦开到八英里以外的葛底斯堡，一方面是为了筹集军鞋，另一方面是为尤厄尔军在第二天的行动侦察路线。他们发现葛底斯堡刚刚被一批北军骑兵占领，在没有弄清敌军的力量之前就调头回营。葛底斯堡是十几条道路的交叉点，这支北军骑兵的指挥官拿破仑·波拿巴·比福德似乎是最先看出葛底斯堡的战略地位的人。他把他的师带到城西，在一条小河后面选择了易守难攻的阵地，要求第一军军长火速增援。第一军出发以后第 11 军也随后前往支援。

7 月 1 日，北军同南军的主力展开血战。紧接着，尤厄尔从东北方向赶来攻击北军的侧翼，迫使第 11 军经葛底斯堡撤到城南三英里的高地上。这块高地名为公墓岭，倒也名副其实。战斗的第一天有五万人马交战，南军的四个师打败并重创北军的两个军。然后便是罗伯特·李和米德的行军竞赛，米德的部队集结得比较早。两人都不想在此时此地决战，可是他们都卷入了南北战争中这场规模最大、最残酷的战斗。罗伯特·李如果不把米德的部队打得龟缩起来，他的部队和辎重就无法脱离险境。米德也同样无法摆脱他认为十分不利的战场。

罗伯特·李打算在这次战斗的第二天早晨派尤厄尔和希尔进攻公墓岭。他认为公墓岭是通往北军阵地的要冲，这种看法是正确的。他的计划遭到部将的反对。朗斯特里特赶到以后，力主绕到米德的左侧，将军队置于米德和华盛顿之间。在斯图尔特的骑兵不在的情况下，采取这样的行动显然是轻率的，因为我们很难看出，李军在这样的位置上如何能够解决军粮问题。最后，罗伯特·李正式命令朗斯特里特在黎明时攻击北军的左翼。朗斯特里特根本不赞成这一任务，直到下午4点才开始战斗。在他等待一个旅的援兵时，北军又有两个军赶到战场。罗伯特·李以为北军的左翼靠着埃米茨堡公路，估计朗斯特里特沿着这条公路的进攻会从左到右横扫北军的阵线。但在这时，北军的军长西克尔斯自作决定，向前推进了阵地，所以他的侧翼不再靠近北军阵线的一端了。朗斯特里特发现这种情况以后，依然坚决执行他接到的命令，虽然他知道李将军并未意识到这种处境。经过数小时的激战，朗斯特里特只能迫使西克尔斯退回米德的阵线。希尔军的大部分兵力在当天没有参加战斗。尤厄尔应该一听到朗斯特里特的炮声就向公墓岭的北端进攻，可是他到傍晚6点才投入战斗。7月2日这一天，南军在进攻中没有进行任何配合行动的迹象。李将军的命令没有得到执行，南军的进攻部队互不联系，不过他们仍使北军遭受了严重损失。在当天晚上的军事会议上，多亏众人极力劝说，米德才放弃下令全军撤退的念头。

战斗的第三天开始了。李将军仍在努力争取胜利。他决定动用1.5万人，在125门大炮的掩护下进攻希尔部队曾在前一天攻破的北军中阵左半部。同时，尤厄尔军将从北面出击。如果乔治·E.皮克特将军突破北军的阵线，南军将全力猛扑上去。进攻的时间又是定在清晨，然而，第三天主动出击的是北军。他们在晨光熹微中夺回了前一天晚上撤出的一些阵地，经过苦战在上午把南军全部赶下卡尔普山。尤厄尔经此一战精疲力竭，没有采取进一步行动。朗斯特里特仍在极力主张全力包抄米德的左侧。他的那个军在7月2日蒙受了惨重的损失，要采取这样的行动更加艰难了。

上午在万籁俱寂之中过去了。下午1点钟，南军开始进行空前猛烈的轰击。朗斯特里特不愿亲自执行他认为会带来灾难的计划，让炮兵指挥官亚历山大给皮克特发出信号。2 点半钟的时候，南军用马车从里士满拉来的弹药即将告罄。亚历山大对皮克特说："快冲吧，否则我就没有足够的弹药掩护你了。"皮克特对忧愁地站在旁边一言不发的朗斯特里特说道："将军，我现在发动冲锋好吗？"朗斯特里特勉强地点头表示同意。皮克特敬了个军礼，然后率领 42 个团向北军中阵进攻。当年的战场后来受到南北双方的妥善保护，所以我们今日可以看到大量步兵向上冲击的光秃秃而坡度不大的高地，那里的许多大炮至今还保持着射击姿态。南军队形严整，战旗猎猎，进行着希望渺茫的冲锋。他们如同老禁卫军在滑铁卢大战之日的傍晚那样，面临着难以抵挡的优势敌军和武器。北军的大炮等敌人冲到 700 码的距离时才开火。又一次轰鸣过后，南军士兵成群倒下，队伍中出现一条条豁口。冲锋的队伍继续前进，没有动摇，也没有混乱。接着又响起一阵致命的炮声，罗伯特·李有一次形容说，这种声音像撕纸一样。但皮克特的那个师仍在前进，在战壕、石墙或栅栏的前面同众多的守军进行肉搏——这些守军即使不是那么斗志昂扬，至少准备为自己的事业而献身。皮克特师里的三名旅长有的战死，有的身受重伤。L.A. 阿米斯特德将军终于带着数百人冲入北军阵地，他手按着缴获的大炮壮烈地牺牲了。他的死难地点如今是美国男子流连忘返之处。但是，继续进行这种勇猛的攻击所需的后备力量在哪里呢？震撼整个阵线的同时进攻又在哪里呢？罗伯特·李在葛底斯堡如同拿破仑在滑铁卢一样，无法取得优势。所向无敌的进攻者有的战死，有的被俘，其余的人则在无情的炮火中踏着漫山遍野的尸体走回家去。从火线上撤回来的人不到三分之一，李将军骑着他的战马"旅行者"（Traveller）对他们解释道："这都是我的过错。"可是，士兵们不会接受这种解释的。很久以后，朗斯特里特在回忆录中写下的一句话是对自己的有力辩解："当我策马回到炮兵阵地前，期待着马上开始反攻时，炮弹纷纷落在我的周围，我不禁希望其中的一颗炮弹能使我摆脱这种可怕的责任。"

南军没有进行反攻，葛底斯堡战役结束了。2.3 万北军和两万多南军死于枪林弹雨之中。罗伯特·李像在安蒂坦河战役之后那样，第二天又同敌人对峙，准备再战。可是他比任何人都清楚，战斗的胜负已定。他利用自己的影响竭力把军队集中起来，长龙般的马车载着伤员，颠簸在16英里长的弯弯曲曲的公路上。“把我送回可爱的弗吉尼亚。”“看在上帝的份儿上杀死我吧。”4日夜间，罗伯特·李开始撤退。米德没有追击，他的部队已经在战斗中打得疲惫不堪。鲜血染红了波托马克河水。罗伯特·李的浮桥被弗雷德里克城里杀出的北军摧毁了一部分，南军因此无法过河，在背水修筑的工事里守了一个星期。朗斯特里特主张等待敌人进攻，但是罗伯特·李仔细权衡了形势之后没有这样做。米德到了12日才出现在南军面前，他计划在14日发动进攻。然而，罗伯特·李在13日晚上进行了艰苦的长途行军，14日天亮时，他已经带着伤员和俘虏安全到达河的对岸。他只失去两门大炮，但是输了这场战争。

华盛顿政府对于米德的消极态度极端不满，这种不满并非毫无理由。假如拿破仑处于罗伯特·李的地位，他也许会发动最后的进攻，但他如果处于米德的地位，绝不会如此懈怠。林肯只把米德提升为少将，作为对他的葛底斯堡战役中的功劳之奖赏。罗伯特·李取道谢南多厄河谷，回到他的拉帕汉诺克河和拉皮丹河以南的基地。南方如今已是强弩之末了。

在某种程度上，李将军在葛底斯堡战役中的指挥值得钦佩。他实现了一些目标，但是，他在战役结束时的失败远远超过了他的功绩。在整个战役中，他的7.5万人马损失了2.8万，这是不可弥补的损失，他从此不能希望通过在北方领土上取得一次胜利来赢得南方的独立。李将军认为他的军队是不可战胜的。在钱瑟勒斯维尔战斗以后，他几乎开始蔑视波托马克军团。他不会区别无能的军队和无能的指挥官所统率的优良军队。他在拉帕汉诺克河畔打败的不是北军，而是北军的指挥官。假如胡克继续指挥部队，罗伯特·李可能会再次打败他。在钱瑟勒斯维尔战斗中，命运女神与他为友，而如今却与他为敌。由于斯图尔特长时间不在，罗伯特·李在战役的最关键阶段不了解敌人的动向。正是在斯图尔特不在的这段时间，李将军犯下了进军南山东麓的致命错误。这一次，罗伯特·李的军事才能没有发挥出来。他由于得不到斯图尔特的消息而感到困惑，“心慌意乱”，他的部下觉察到了这一点。更主要的是，他失去了杰克逊，朗斯特里特违抗命令的行为破坏了南军在葛底斯堡战役中取胜的前景，南方人强烈地谴责他。

在东部战场上，1863 年没有再发生战斗。这一年冬天，两支大军在拉皮丹河畔隔岸对峙。

* * *

现在应该谈谈西部战场。那里也是炮火纷飞，尸横遍野。如果罗伯特·李取得全胜，他就会所向无敌，可以向纽约及大西洋沿岸的各大城市进行勒索，或者迫使它们投降。与东部战场相比，西部战场虽然辽阔，却不那么重要，所以不必细述。诚然，最后征服南方的进军是从西部开始的。在 1862 年和 1863 年，西部战场重要性的提升主要是缘于格兰特升为北方全军的统帅。北军的目标是扫清密西西比河流域。1862 年 4 月，忠于联邦的南方人法拉格特上将率领北方海军建立了殊勋。他率领拥有部分装甲舰的混合舰队，冲过了扼守新奥尔良通路的海岸要塞。新奥尔良是南方的最大城市和商业中心，它在舰队冲过要塞的次日便陷落了。然后，法拉格特继续向上游前进，于 5 月 18 日到达维克斯堡。由于没有陆军的支援，他于 6 月 25 日回头再次冲过南军的海岸要塞，到孟菲斯同一支小舰队会合。人们因此在 1862 年底得知，南军的海岸炮无力阻止北军的舰艇。至于人们侈谈的新词“鱼雷”，法拉格特说：“让鱼雷见鬼去吧！”他果然说到做到。从此，北方的军舰可以在密西西比河上任意航行。当然，这得付出一定的代价。这对大河两岸的北军部队是有力的支持。在密西西比河流域进行的几乎是另一场战争。邦联的西部诸州要求戴维斯总统和里士满政府给予自治权，同时又要求给予帮助。华盛顿对西部战场的看法，同第一次世界大战期间同盟国和协约国对东方战场的看法极其相似：西部战场是次要的，然而也是不可缺少的。它不是胜利的必由之路，可是如果不走这条路，胜利就会长期推迟。

在 1862 年 12 月的河上出击失败以后，格兰特把部队集中到密西西比河的右岸。维克斯堡仍是他的首要目标，但亚祖河流域洪水泛滥，所以在这个季节里只能进行河上行动。格兰特制造出许多假象，骗过防守维克斯堡的彭伯顿将军，冒着维克斯堡南边 36 英里的大湾要塞的炮火，把 4.5 万军队送过密西西比河。他袭击并打退了彭伯顿的军队，于 5 月 3 日在大湾的高地占领一个比较安全的阵地。此时他左边有宽阔的黑河作为屏障，并同北军舰队保持着联系。四天以后，舍曼指挥的第三军同他会师。然后，他开始小心地朝维克斯堡以及将维克斯堡和杰克逊城连接起来的铁路前进。约瑟夫 ·E. 约翰斯顿将军得到戴维斯总统的增援时已经太晚，但他抱病奔赴战场。他一心要解救彭伯顿的部队，因而命令彭伯顿将军立刻向他靠拢，以免格兰特的三个军插入他们之间。可是彭伯顿拒不服从命令，他认为，只要切断北军到大湾的运输线，就能迫使格兰特撤退。他不仅抗拒命令，而且判断错误，因为格兰特像 1862 年里士满战役中的麦克莱伦那样，控制着各条河道，并不依赖任何一个具体的基地。格兰特放弃大湾这条运输线，以右翼部队打退约翰斯顿，然后以绝对优势的兵力扑向彭伯顿。在钱皮恩山的一场大战之后，彭伯顿退回维克斯堡，损失了 6000 多人马。在海军的帮助下，格兰特在维克斯堡北面建立了一个新基地。他对该城发动了两次猛攻，其中的一次进攻使他损失了 4000 人。在受挫之后，他开始了正常的围困。格兰特得到大量援兵，兵力立刻达到七万多人。约翰斯顿只有 2.4 万人，对彭伯顿爱莫能助。维克斯堡在饥饿中屈服了。城内的南方守军和野战军（总共三万多人）在 7 月 4 日投降，这也正是罗伯特 · 李在葛底斯堡战败之时。五天以后，路易斯安那州赫德森港的 7000 名守军迫于饥饿，向北军的班克斯将军投降。密西西比河终于全部落入北军控制之下。林肯总统说：“万水之父又可以悠然入海了。”

这些变化是对南方的沉重打击。

*　　*　　*

战争的重点此时转移到西部战场。在维克斯堡出现必然陷落的趋势之前，能力非凡的罗斯克兰斯将军率领约有六万人的坎伯兰河军团，在他取得默弗里斯巴勒大捷的地方监视着布雷格的部队。此时布雷格的部队横跨在罗斯克兰斯将军和查塔努加城之间的铁路线上。查塔努加位于铁路的枢纽，北傍又深又宽的田纳西河，南倚阿勒格尼山脉的西部支系阿巴拉契亚山脉。它不仅是控制密西西比河流域的战略要冲，而且是进攻繁荣、强大而尚未遭到战火蹂躏的佐治亚州的必经之路。在这段时间里，南军的骑兵发动猛烈袭击，企图破坏北军背后的铁路，北军则袭击了田纳西州南部的重要钢铁厂和兵工厂。在这些活动中，南军处于有利的地位。6 月底，罗斯克兰斯沿着铁路向查塔努加进军，伯恩赛德率领一支四万人的军队攻打东边 100 英里的诺克斯维尔。于是，意义深远的重大军事行动开始了。伯恩赛德攻占诺克斯维尔，切断了南方的一条铁路干线。罗斯克兰斯使用调虎离山之计，把布雷格引离横跨纳什维尔—查塔努加铁路的防线，在 9 月 4 日兵不血刃地占领了查塔努加。

在此之前，罗斯克兰斯表现出卓越的军事才能。可是此时他极端错误地认为，他面前灵活机动、坚定顽强的敌军胆怯了。布雷格是南军最无能的将军之一，总是作出错误决定，遭到部下的怨恨。尽管如此，他仍不失为一个值得重视的对手。在查塔努加以南，阿巴拉契亚山脉像伸开的五个手指。布雷格在拉斐特按兵不动，此时他的兵力已经增加到六万人。9 月 12 日，罗斯克兰斯迟钝地意识到，他的三个军分散在 60 英里长的战线上，而布雷格的部队虎踞其间，兵力相当于任何一个军的三倍。可惜布雷格态度专横，部下不听调动，因而失去了这一战机。如果由罗伯特·李或杰克逊来指挥，他们一定会乘机取得决定西部大局的胜利。罗斯克兰斯将部队向查塔努加收缩，可是为时已晚，他不可避免地要在极不理想的地点和条件下同布雷格交战。

9月18日，布雷格越过佐治亚边界，向奇卡莫加的北军发动进攻。朗斯特里特带着两个师和炮兵从弗吉尼亚赶来增援，其他各路大军也相继赶到。布雷格因此在数量上占了优势。对一名南方将军来说，这是少有的红运。他以七万之众进攻5.5万北军。这次战斗进行了两天，双方官兵均奋勇作战。布雷格一直试图包抄北军的左侧，并切断罗斯克兰斯同查塔努加的联系。指挥北军左翼部队的乔治 ·H. 托马斯将军得到中阵和右翼部队的增援。这时，朗斯特里特带着两万弗吉尼亚军队趁机对北军阵线中兵力不足的地方发动进攻，把罗斯克兰斯的三分之二军队连同他本人和军长们打得狼狈逃窜，只有托马斯除外。朗斯特里特请求布雷格动用全部后备力量进行猛击，可是，布雷格不改初衷，继续攻击托马斯。托马斯在一夜之间用圆木和铁轨在森林里构筑了胸墙。夜色笼罩了尸首狼藉的战场，这一战场几乎堪与葛底斯堡战场相比。获得“奇卡莫加磐石”[1]之称的托马斯率领他的那个军摆脱了敌人，在查塔努加同北军的其他部队会师。

在这次战斗中，双方伤亡惨重。北军和南军的伤亡及失踪官兵分别为1.6万人和两万多人。南军取得了胜利，他们缴获了40门大炮，把敌人赶出战场，暂时摧毁了敌人的战斗力。这次战役本来可以像拉米伊、滑铁卢或者甚至像坦嫩贝格[2]那样留名青史，而实际上它只取得了莫拉克战役的效果。

布雷格封锁并几乎包围了查塔努加城内的罗斯克兰斯及其指挥的坎伯兰河军团，控制着卢考特山和米申纳里岭上的两个制高点。他一度切断了该城的运输线田纳西河。10月初，受困的坎伯兰河军团大有投降之势。同时，在朗斯特里特的攻势下，屯兵诺克斯维尔的伯恩赛德也是朝不保夕。华盛顿政

1 Rock of Chickamauga，奇卡莫加战役是美国南北战争中的重要战役之一，北军将领乔治 · 托马斯因其在战斗中体现出来的坚强意志力和非凡魄力，赢得“奇卡莫加磐石”这一昵称。——编者注

2 这几次战役具有重要历史意义，前书已有详述。——编者注

府这时开始大力依靠尤利西斯·格兰特将军。格兰特的弱点和错误都很明显，但他的长处也同样突出。在北方受挫、困惑、失望、对流血和破费感到厌倦之时，格兰特开始巍然出现于血雨腥风之中。从多纳尔森要塞战斗到维克斯堡战斗，胜利女神一直跟随着他。他俘获大批南军官兵和大炮，攻占了大片南方领土。除他之外，还有谁能取得这样的赫赫战果呢？10月16日，格兰特荣获俄亥俄河军区、坎伯兰河军区和田纳西河军区的指挥权，他的助手舍曼受命为田纳西军团司令。

罗斯克兰斯被撤职，因为他打输了一场大仗。在华盛顿政府的将军中，打了败仗的注定要下台。然而，他已在西部战场发挥了重要作用，他的战斗史也没有污点。在奇卡莫加战役之久以前，他就失去了哈勒克将军的宠信。可怜的哈勒克处于严酷的政治斗争的门口，试图向军队转达政客们的要求，并向政客们解释他们所能理解的必要的军事行动。1863年2月，他写信给格兰特和罗斯克兰斯说，谁先取得大捷，谁就荣任当地的军政长官。格兰特没有回信。罗斯克兰斯在复信中坚决地驳斥说："爱国者和君子改造自己的义务，并不需要任何刺激。"所以，当他摔跤时，摔得很重。

格兰特通过一系列复杂的行动，粉碎了敌人对田纳西河的封锁，猛攻米申纳里岭和卢考特山，击溃布雷格的部队，将他们赶出查塔努加。同时，他还解除了伯恩赛德在诺克斯维尔的倒悬之危。邦联的边界又大大地向南收缩。维克斯堡的陷落使南方的领土分为东西两部，而查塔努加的失守又使东部沿着阿勒格尼山脉一分为二。1863年12月，南军被迫退回佐治亚州，密西西比河流域全部落入北方的控制之下。假如戴维斯总统在钱瑟勒斯维尔战斗之后或者更为理想地在1862年任命罗伯特·李为南军最高统帅，假如他利用自己的全部权威和能力使南方忠诚、顽强而又不幸地主张各州政治独立的力量支持李将军，那么局势或将出现截然相反的重大变化。1863年底，一切幻想都破灭了。南方人知道，他们打输了这场战争，将要被征服。但是，他们一如既往地进行抵抗，这是美国人民永放光辉的传统之一。北方人胜利在望，因而有余力进行激烈的内部斗争。失败的一方失去了希望，但是决心血战到底。他们宁可这一代人全部牺牲，辽阔的土地受到蹂躏，农场统统化为焦土，城市统统被炸毁，战士统统战死，也不愿在历史上留下他们投降的记载。每个人都可能被更强大的力量所征服。死，不管它以什么形式出现，毕竟是一死而已，而人人皆有一死。我们纵观 1863 年的军事形势之后，几乎难以相信，这场战火在 1864 年又燃烧了整整一年，一直烧到 1865 年。南方人喊道："你们如果有本事就杀死我们，毁掉我们的一切吧。"大多数北方人则坚定地答道："如君所愿。"

第十四章　　CHAPTER 14

合众国的胜利

邦联失败了。南北战争中漫长的最后阶段，是北方对南方的征服。在钱瑟勒斯维尔和葛底斯堡战役、维克斯堡战役、查塔努加战役和奇卡莫加战役发生之后，战争在同年冬天处于僵持状态。北方集中它的优势力量，执行艰巨的使命，南方对戴维斯总统指挥战争的权力提出疑问。他不仅亲自掌管有关邦联统一的巨大工作，处理它的政治经济事务，而且武断地指挥它的军事行动。敌我力量悬殊，所以只有在战场上取得决定性的胜利，才能缩小这种差别，可是戴维斯一味推行消极防守的政策。这种政策必然导致失败。当局要求罗伯特·李和朗斯特里特提出1864年的全面军事计划。他们建议，博雷加德应该带领从南卡罗来纳撤回的两万军队到东田纳西去，以加强朗斯特里特的力量，并同他一起向肯塔基州进军，打击北军主力的唯一运输线路易斯维尔铁路，因为人们预料北军主力将从查塔努加南下攻击约瑟夫·E. 约翰斯顿。然后，约翰斯顿和西部的所有南军部队将兵合一处，向北朝俄亥俄河挺进，一路上只有在必要时才同北军交战。罗伯特·李和朗斯特里特说，如果这样，就能分割西部的北军，至于东部战场，罗伯特·李和北弗吉尼亚兵团可以负责。当这个宏伟的计划在一次军事会议上提交戴维斯总统时，布雷格极力推崇另一套方案，结果没有确定下来任何计划。约翰斯顿必须在西部战场尽力而为，罗伯特·李将继续保卫里士满。

3月9日，林肯总统授权尤利西斯·格兰特指挥联邦的所有军队，提升他为中将。北方的军队指挥权终于统一起来，而且有了能够行使这种权力的将军。格兰特的战略简单却很厉害，可以归纳为“消耗”二字。在各有伤亡的激战中，数量上的优势将取得胜利。格兰特对名义上仍然保留波托马克军团指挥权的米德下令说：“李军开到哪里，你就跟到哪里。”格兰特对于同他一起升迁的朋友舍曼则授予西部战场的指挥权，并下达了同样的命令，不过还补充了一点：“进攻约翰斯顿的部队，打垮它，尽量向内地挺进，毫不留情地破坏南方的战争资源。”约翰斯顿和罗伯特·李有内线作战的有利条件，如果他们当中的一个人表现出向另一个靠拢的迹象，北军必须全力追击之。

格兰特还下令进行三个辅助行动：第一，在海军的配合下进攻墨西哥湾的莫比尔；第二，从门罗要塞进逼里士满；第三，破坏谢南多厄河流域，因为那里是南方的产粮区，也是南军进攻马里兰州和华盛顿的惯用路线。前两个行动遭到失败，第三个行动在年底派出菲利普·H.谢里登将军指挥的两个军和三个骑兵师以后才获得成功。

初春，格兰特挥军到拉帕汉诺克河和拉皮丹河的旧战场同罗伯特·李进行较量。当时，钱瑟勒斯维尔战役的遗迹依稀可辨，人们对“石壁”将军杰克逊记忆犹新。5月初，格兰特带着12万大军同罗伯特·李的六万人马激战。他在“勇士乔”胡克前一年使用过的渡口跨过拉皮丹河。在那里的荒凉土地上，双方进行了一场残酷的战斗。在5月5日和6日这两天复杂而激烈的战斗中，格兰特遭到失败，损失了1.8万人马。李损失了大约一万人，大部分伤亡是在一次猛烈的反攻中造成的。格兰特接着向左翼进攻，在8日到19日之间进行了多次混战，企图切断南军到里士满的退路。这次战斗称为“斯博齐法尼亚县政府之战”，北军又伤亡了1.8万多人，南军损失了9000人。格兰特没有被惨重的损失所动摇，继续向左行进，接着两军先后在南安纳河畔的荒凉地区和帕芒基河畔进行了长久的激战。格兰特的部队虽然英勇作战，却始终未能击溃李军的右翼，罗伯特·李和他的忠诚将士们也一直没有制服比他们多一倍的敌人，只能使之遭受一定比例的损失。根据格兰特的战略观点，这个较量过程虽然代价惨重，但为了取得预期的效果，必须持续到一定的时间。他给华盛顿的哈勒克写信说："我建议在这里决战到底，哪怕需要整个夏天的时间也在所不惜。"但是，其他不甚明显的因素产生了影响。

在1862年"七日战役"的战场科尔德港，格兰特驱军穿过树木枯萎、地势起伏的森林，杀向补给不足、形容憔悴而士气高涨的南军队伍。邦联的邮政部长前往观看这场战斗，同李将军进行了交谈，他问道："如果他打破你的防线，你有多少后备力量呢？"李说："一个团也没有，开战以来一直如此。如果我缩短防线以抽出后备力量，他就会包抄我们的侧翼。倘若我减少防线中部队的密度以省出后备力量，他就会打破我的防线。"但这一天的战斗使格兰特停止了人海战术。北军在一个小时左右损失了7000官兵，部队再也不肯继续进攻了。人们对指挥官所期望的，并不是果断地推着士兵去送死。北军的伤亡将士倒在两军之间，死者在烈日之下迅速发臭，伤者喊着要水喝。格兰特没有争取停火以处理伤亡将士。在战斗以后的第三天，罗伯特·李给格兰特写信说，倘若北军提出休战，他乐于同意。格兰特根据此信提出正式停火的要求，因此双方实现了数小时的停火。可是在我们近来所经历的两次世界大战中，却没有这种好事，使南北战争相形见绌的大量伤员无可奈何地受尽长时间的痛苦，在他们倒下的地方慢慢地死去。然而在美国那个相对文明的时代，科尔德港战役的场面则被认为是不可言状的惨剧。

在30天里，格兰特部队战死数目相当于北弗吉尼亚军团的总人数。此时格兰特转而认为，必须依靠运动战取胜。他完全采取了麦克莱伦两年前在同一战场运用的策略。他进行大胆巧妙的进军，使全军抄过约克敦半岛，利用海军力量渡过詹姆斯河，在南岸建立一个新的基地。罗伯特·李无力阻挡这些行动。格兰特开始像麦克莱伦过去希望的那样，从“后门”攻打里士满。他在波得斯堡受挫之后，便利用增至14万的大军围攻该城和里士满东边的防线。他向詹姆斯河以南运动，企图包抄罗伯特·李的右侧，未能成功。于是，他在6月底开始用铁锹、地雷和大炮进行堑壕战。这样并不能封锁罗伯特·李，因为他的西侧仍然敞开着。这种相持状态持续到1865年4月。格兰特的战术虽然最终达到了目的，却是指挥无能的表现。不过，堑壕战倒也是一种致命的战争形式。

* * *

同时，在西部几乎占2∶1优势的舍曼，于5月开始挥戈南下，沿着从查塔努加到佐治亚州亚特兰大的铁路前进。约瑟夫·E.约翰斯顿率领的战斗力较强的三个军前来迎击。这两位能征善战的将军进行了激烈的较量。舍曼避免发动正面进攻，而是用迂回战术夺取了约翰斯顿的一个个坚固堡垒。两军的前哨不断进行紧张的战斗。在一次小规模的冲突中，约翰斯顿的一位军长利奥尼达斯·波尔克将军被炮弹炸死。在凯纳索山，舍曼发动了第一次正面进攻，结果被南军击退，伤亡2500人。但是，约翰斯顿由于舍曼的阔步前进和自己的消极避战而失去了戴维斯总统的信任。当约翰斯顿决心在桃树溪固守时，戴维斯派约翰·B.胡德接替了他。南军对长期的撤退已经不耐烦，他们为这一变动欢呼。但军界人士始终认为，撤换约翰斯顿是戴维斯总统在忧虑重重的任期内犯下的最严重的错误之一。胡德认为自己应该发动进攻，便在桃树溪、迪凯特和东点下令将士尽情厮杀。这些攻势使他所效劳的政府和他率领的军队感到振奋。南军在保卫自己的家园，所以向敌人勇猛进攻，受到不可弥补的损失。仅在迪凯特一处，他们就损失了一万人，而北军的伤亡人数不到这个数字的三分之一。在损失5000名南军士兵的东点战斗之后，西部军团和里士满都意识到，约翰斯顿大概是正确的。胡德奉命采取守势，在受困几个星期之后，被赶出亚特兰大。经过四个月的战斗，舍曼向南方境内推进了150英里，部队损失了3.2万人，而南军的伤亡人数超过了3.5万。因此可以说，舍曼取得了可观的成绩。

这一胜利为另一场胜利打下了基础。1864年最重要的斗争是选举角力。在残酷内战的高潮阶段，竟然按部就班地举行正常选举，实在令人震惊。林肯的第一次任期将满，必须在选举中重新接受他统治下的美国诸州选民的评断。这段不协调的插曲最有力地证明了他所捍卫的一套制度的力量。他所刻薄对待的麦克莱伦将军是民主党的候选人，此人于8月在芝加哥提出了这样的竞选方针："四年来以武力恢复统一的努力已经失败……现在应立即争取停止敌对行为……在恢复各州联邦的基础上实现和平。"这个建议得名为"和平纲领"，而共和党人有充分的理由称之为背叛纲领。其实，这个建议只代表民主党内一部分人的意见。它的最大弱点是不切合实际。南方只要还有力量，就不会同意恢复联邦的统一，这是人人皆知的事实。林肯内阁里精明能干的财政部长萨蒙·P.蔡斯成为同他争夺共和党提名的对手。这是共和党内心怀不满的人策划的行动之一，他们打算由他们认为更有进取精神的人取代林肯总统。林肯的政敌虎视眈眈，对他的进取精神却视而不见。这一切都不利于把战争进行到底。格兰特使波托马克军团遭受的惨重损失以及里士满城外的长期僵局，使北方人产生了不祥之感。但是，攻克亚特兰大以及法拉格特海军上将对南方最后一个通商口岸莫比尔港的进攻使人们受到新的鼓舞，政客们知道如何利用这种情绪。1864年11月，400万公民进行了投票，林肯仅仅获得了40万票的多数。他只有依靠公众的支持，才能推行强迫南方诸州重返联邦的方针，而这种支持却是如此之小。这并不是说，所有的民主党人都要求不惜一切代价实现和平。麦克莱伦在接受提名时明确宣布，在开始停战谈判之前，南方必须同意回归联邦。但是，以男子普选权为基础的美国宪法的制定者设计了间接选举总统的制度。林肯在选举团内得到除新泽西、特拉华和肯塔基之外联邦各州的支持，有212名代表投了他的票，而麦克莱伦只得到 21 票。

为了抚慰或迷惑主和的选民，林肯事先鼓励同南方进行非正式和谈。《纽约论坛报》(*New York Tribune*) 的霍勒斯 · 格里利作为他的代表，在加拿大的尼亚加拉瀑布城同南方代表谈判。格里利很快就发现，南方代表无权作出实现和平的决定。无论如何，这次谈判肯定是要失败的，因为林肯提出了要恢复统一和废除奴隶制等条件。于是，互相尊重的南北双方以及长期互相敬佩的两支军队在精神和物质方面的无情斗争中迎来了第四个冬天。

虽然亚特兰大已经陷落，胡德率领的 4.4 万同仇敌忾的军队仍在积极活动，经常袭击舍曼的运输线。胡德还有一万骑兵，指挥官是邦联日薄西山时崛起的新秀内森 ·B. 福里斯特。此人几乎是个文盲，但人们都说他有特殊的军事才能。他说，战争艺术包括“以优势兵力先发制人”。这是一句精辟的论述。胡德的这些部队都在舍曼部队的附近和背后活动，寻找战机。11 月 12 日，舍曼说服了惴惴不安的华盛顿政府，放弃他的运输线，开始了穿过佐治亚奔向大西洋海岸的可怕的进军。北方封锁了南方的棉花出口以后，南方妇女带着服从和尊敬她们的奴隶，在地里种上了谷物。所以，佐治亚州在这个艰难的冬天仍然有丰足的粮食。舍曼将队伍拉开长线向前推进，就地取食，并且摧毁了途中的所有农场、村庄、城镇、铁路和公共设施。他的军队过去之后，留下的是一片废墟。当地人对他的仇恨至今未消。他说：“战争就是灾难。”他确实是这样做的。不过我们不要以为，他的破坏和劫掠可以同 20 世纪的世界大战或中世纪的暴行相提并论。经过深入的调查研究，至今并未发现舍曼部队有任意杀人或强奸妇女的现象。然而，他们的所作所为为美国的这个地区留下了挥之不散的阴霾。

胡德带领的西部军团破坏了舍曼同北方的交通线，使北方在一个月里得不到他的任何消息。胡德还率领近六万大军杀进北方的占领区。他冲进田纳西州，迫使奉舍曼之命负责监视他的托马斯率军撤退。家乡的遭遇激怒了南军将士，他们以近 7000 人的代价攻克了富兰克林。大有再次打到俄亥俄河边之势。但是，他们于 12 月 15 日在纳什维尔战斗中被托马斯击溃，混乱不堪地撤到南方。舍曼风尘仆仆地赶到大西洋岸边的萨瓦纳城下，及时地以攻克该城的消息作为“圣诞礼物”献给重新当选的林肯总统。

*　　　*　　　*

这场战争即将结束。舍曼制订了 1865 年的作战计划，准备采取比对待佐治亚州更严厉的措施来惩罚南卡罗来纳州。这个州几年来傲慢地仇视美国人民。数年前也是这里的人轰击了萨姆特要塞的星条旗。林肯内阁的部长们要求彻底毁灭查尔斯顿，使它成为盐碱滩。于是，舍曼斗志昂扬地向南卡罗来纳进军。这时，罗伯特·李在里士满城外耗尽了抵抗力量。格兰特到达詹姆斯河南岸的行动，未曾阻止罗伯特·李派厄尔利将军率领一支强大的部队进军谢南多厄河流域。1864 年 7 月，厄尔利像杰克逊那样打败了北军的指挥官，华盛顿再次听到敌军进逼的炮声。但是，谢里登率领一支拥有优势的大军扫清了谢南多厄河流域。长期以来，里士满附近的彼得斯堡防线挡住了北军的每一次进攻。一颗巨大的地雷在防御工事下面爆炸，在弹坑中引起了一场厮杀，结果使 4000 名北方人丧生。然而，罗伯特·李已经支撑不下去了。

到了 1865 年 2 月，南方处于无望的困境，戴维斯总统才任命罗伯特·李为总司令。同月，戴维斯尝试再次进行谈判。他派副总统 A.H. 斯蒂芬斯到詹姆斯河口汉普顿海峡的一艘汽轮上同林肯总统会面。交战双方的领袖在战争期间进行谈判，实为奇事。这种现象至今尚未重现过。而且，这位南方代表曾是林肯几年前的一个朋友。在主要问题上，双方都丝毫不想让步。戴维斯在斯蒂芬斯行前嘱咐说，可以缔结一个使“我们两国能够实现和平共处的”条约。林肯在谈判中表现出宽宏大量的气度，但有一个前提：美国必须恢复统一。结果如他预料的那样，南方不会自愿地重返联邦，北方也不会在这个问题上主动地作出让步。

此时，罗伯特·李立即使约翰斯顿重掌西部军团的指挥权。在战争中，对各州和军队的指挥方式没有统一规定，一切都要视当时的形势和部队状况而定。但是，如果出现杰出将领，文职政府应该立刻明智地授予他军事全权。在第二次马纳萨斯战役以后，或者说在最后的钱瑟勒斯维尔战斗以后，罗伯特·李显然已是南军最有名的将领。然而那是1862年春天的事情了。如今已是1865年之春，南军的每一次反攻均被粉碎，北军在败局已定的南方横冲直撞，格兰特终于兵临里士满城下。

在法弗福克斯战役和彼得斯堡防线崩溃之后，在4月2日这个星期天，戴维斯总统正坐在里士满的教堂里。一名通讯员走上前说："李将军要求立刻撤退。"这样一来，邦联政府就必须南迁，它仍可统治纵横千里的土地。南方尚有力量，没有一个战士逃跑。南方将战斗到最后一刻，战斗到最后一人，战斗到最后一寸土地。李将军自有计谋，他打算从里士满迅速南下，同约翰斯顿会师，打垮舍曼，然后回头迎击格兰特和庞大的波托马克军团。然而，这一切只是为了保全面子。所幸最后的痛苦得以避免。罗伯特·李撤离里士满以后，受到三倍敌军的追击。谢里登带着一支骑兵团封锁他的退路，袭击他的辎重队。南军三面受敌，士兵连青小麦和块根植物也吃不到了。格兰特此时向罗伯特·李进行试探，希望他承认已处绝境。弹尽粮绝下，罗伯特·李屈服了。他骑着战马"旅行者"赶到阿波马克托斯县政府所在地，去了解对方提出的条件。格兰特用几句话把条件写了出来：北弗吉尼亚军团的官兵必须交出武器，凭誓释放回家，只要遵守美国法律，绝不会受到伤害；李军的军官可以保留自己的佩剑；南军官兵可以到北军粮车上领取口粮。格兰特还说："你的部下必须保留他们的骡马，他们春耕时会需要这些牲畜的。"这是格兰特将军一生中最高光的一天，在美国历史上留下重要一笔。长期以来"用刺刀支撑着邦联"的北弗吉尼亚军团尚有2.7万人，全部投降。半个月以后，约翰斯顿不顾戴维斯总统的反对，以同样的条件向舍曼投降。戴维斯本人被北军的一支骑兵队伍所俘虏。南方诸州的武装反抗至此全部被镇压下去了。

林肯和格兰特一同进入里士满，在返回华盛顿时听到了罗伯特·李投降的消息。林肯成为征服者和主人，其地位和威望超过任何人。在未来的四年里，他似乎可以稳操政柄。他经历过各种危险的局面，遇到过以他的知识无法解决的种种困难，但他总是坚定不移，用武力拯救了美利坚合众国。如今他在专心考虑着如何医治祖国的创伤。他具有实现这个目标的精神力量和智慧，并且拥有至高无上的权力。有些人主张绞死杰斐逊·戴维斯，林肯回答说："不要以非受审者的眼光看待这个问题。"4 月 11 日，他宣布了宽厚待人的必要性，要求人们同战败者和解。14 日，他在内阁会议上以仁慈的口吻谈到罗伯特·李和南方的其他领袖，指出要原宥他们，友好相待。但在当天晚上，当他在福特剧场的包厢里看戏时，一个暗杀团伙中的狂热演员从后门溜进去，朝他的头部开了一枪。这个歹徒跳上舞台，高喊着："暴君的下场就是如此。"他的踢马刺卷进一面美国国旗里，使他的踝骨扭伤，可是他竟然逃到了弗吉尼亚。后来他被抓获，在一个谷仓里被枪毙。国务卿苏厄德也在家遇刺，这是暗杀阴谋的一部分，好在他的伤势并不十分严重。

林肯一直没有恢复知觉，次日逝世。战败的南方因此失去了唯一的保护人。其他人也许想仿效他的宽宏大量，但除他之外，无人能够控制北方人强烈的政治仇恨。刺客的子弹对美国造成的危害，超过南军的所有炮弹。北方人即使在狂怒之中，也没有对南方的领袖进行报复。杰斐逊·戴维斯和另外几个人确实囚居了一个时期，但后来获得释放，过着安宁的生活。然而，林肯的不幸逝世使美国失去了舵手，只有他能够解决重建美国的问题，只有他能够在军事胜利的基础上，在人们的心中赢得永恒的胜利。

靠武力征服，

并不能完全征服敌人。

轰轰烈烈的南北战争结束了。总体看来，在历来有记载的战争中，它最为崇高又难以避免。75 万人战死沙场。北方负债累累，南方沦为废墟，美国的经济发展倒退了一个时期。共和国的生活和历史中的许多传统不复存在，因此美国人民的天赋秉性受到了影响。但是，正如约翰 · 布莱特对英国劳动者说过的那样，“战场上的硝烟飘散之后，笼罩美国大陆的阴影终于消失，一去不复返”。

PART 12
维多利亚时代

THE VICTORIAN AGE

第十五章 CHAPTER 15

德意志的兴起

当美利坚合众国受到严峻的考验、狂躁不安的拿破仑三世巩固他在法国的统治地位之时，莱茵河彼岸发生了巨大的变化。1861年，普鲁士的威廉一世继腓特烈大帝之后登上了御座。他在继位初年任命的三个人，对欧洲史和现代政治产生了不可估量的影响。冯·毛奇伯爵被任命为总参谋长，冯·罗恩伯爵被任命为国防大臣，更重要的是，奥托·冯·俾斯麦伯爵从巴黎使馆奉召回国，成为普鲁士首相。俾斯麦先任北德意志联邦首相，最后成为德意志帝国首相。他以超群的才能和冷酷的手段主宰着德意志实现统一和普鲁士化的过程，消灭了普鲁士在欧洲的近敌，在1871年把威廉推上了德国皇帝的宝座。他将时刻辅佐或控制威廉一世及其两个继任者，直到他在1890年同年轻的威廉二世皇帝发生冲突而丢官为止。

俾斯麦体魄强健，受过良好的教育，能够担负他的艰巨使命。他担任过普鲁士政府官员和波美拉尼亚[1]地方议会的议员，然后受命为普鲁士驻法兰克福

1 Pomeranian，曾为神圣罗马帝国在波兰的一个省份，位于现在德国和波兰北部。——编者注

联邦议会的代表。他游历很广，并在管理波美拉尼亚的巨大家产时积累了实际经验。他在成为首相以前担任的最后两个职务，是驻彼得堡大使和驻巴黎大使。他在步入社会的早年便对目标和手段有了根深蒂固的看法，他对这些看法并不隐讳，有时甚至和盘托出。君主专制是他的理想和目标，自由主义和议会制度则是他心目中的可恶事物。普鲁士必须摆脱软弱和自由的倾向，以便完成领导并控制德语民族的历史使命。这意味着同奥地利的斗争不可避免。

以紧张、巧妙和不择手段的外交活动为依托，俾斯麦深思熟虑地准备并打出了锻造德意志的三锤。第一锤是 1864 年同丹麦进行的战争，通过这次战争，石勒苏益格[1]和荷尔斯泰因[2]两个公国成为普鲁士的附属国；第二锤是 1866 年的七周战争，奥地利战败，她在德意志的盟友受到蹂躏；最后一锤是 1870 年的普法战争。

为了在其他方向自由行动，俾斯麦一直认为，必须保证普鲁士东部边界的安全。他在法兰克福说过："普鲁士必须永远保持同俄国的友谊，须知在欧洲大陆上，她的友谊是最容易得到的。"普鲁士没有参加克里米亚战争，不久以后，她有了向俄国沙皇再送秋波的机会。1863 年，波兰人一时英勇地发动了毫无胜利希望的反抗俄国的斗争，此类行动在这个悲情民族的历史上经常发生。俾斯麦支持并鼓励俄国人，甚至允许俄国军队到普鲁士领土上追击波兰起义者。他所反对和害怕的波兰独立运动再次被镇压下去，俄国人从中看到了普鲁士的好意和进一步提供方便的暗示。

同年，俾斯麦抓住机会向西北扩张了普鲁士的领土，控制了基尔港和丹麦半岛的脖颈地区。丹麦国王死后没有直系继承人，关于石勒苏益格公国和荷尔斯泰因公国继承权的历史纷争又趋激烈。几百年来，丹麦国王作为神圣罗马帝国的附庸统治着这两个公国。如今神圣罗马帝国已经瓦解，而这两个

---

1 Schleswig，11 世纪至 12 世纪时，石勒苏益格为依附于丹麦王室的公国；1866 年被普鲁士王国吞并。——编者注

2 Holstein，荷尔斯泰因公国诞生于 1474 年，曾为丹麦统治，1866 年被普鲁士王国吞并。——编者注

公国仍是维也纳会议界定的松散德意志联邦的一部分，不甚明确。石勒苏益格的人口有半数是丹麦人，所以丹麦人想把它并入丹麦的版图。荷尔斯泰因的人口则都是德意志人。继位之争使民族情绪更加激化。出身其他家族的新丹麦国王有权继承这两个公国吗？当时另有一位竞争者也在争夺这个继承权。德意志人的爱国主义情绪日益高涨，他们决心防止这两个公国脱离德意志祖国。

俾斯麦深知如何浑水摸鱼。德意志联邦已经在这个问题上同丹麦人发生冲突，当丹麦的新国王开始对这两个公国行使主权时，汉诺威[1]士兵和萨克森人[2]组成联邦军队，占领了荷尔斯泰因。这时，俾斯麦拉着奥地利介入这场纠纷。奥地利仍是德意志联邦的成员，她仍然拥有意大利属地，因而也反对民族主义在与她无关的地区取得胜利。1864 年 1 月，奥地利和普鲁士联合向哥本哈根发出最后通牒。到了 7 月，丹麦已被打败，惨遭蹂躏，石勒苏益格被占领。强大的普鲁士新军几乎没能展示身手，所以它未来的受害者尚未领教它的威力。

英国在这场纠纷中没有发挥实际作用。帕默斯顿主张干预，因为英国在 1852 年的《柏林条约》（*Treaty of Berlin*）中保证维护丹麦的完整，他本人也参加了这个条约的谈判。在普奥两国兴师出征之前，他在下议院说："我们确信，至少我个人确信，如果有人以武力侵犯丹麦的权利，破坏她的独立，那么他们需要对付的不仅是丹麦一国。"但是，英国内阁犹豫不决，意见不一，不准备履行这一含蓄的诺言。维多利亚女王坚持已故丈夫的观点，支持普鲁士强盛起来。更主要的是，帕默斯顿对法国怀有戒心，他是在反对拿破仑一世的战争中升任大臣的。他担心，如果爆发全面战争，拿破仑三世或将占领莱茵兰，在欧洲扩大他的力量，从而对英国构成威胁。实际上，法国拒绝了

1　Hanoverians，此处指加入德意志联邦军的汉诺威王国士兵。——编者注
2　Saxons，日耳曼人的一支，居于德国境内的下萨克森州。与居住在英国的撒克逊人同源。——编者注

英国要采取联合行动的试探性建议。她知道，英国只能向大陆派出两万人的军队，如果同普鲁士和奥地利作战，英国大概只能承担用海军封锁波罗的海这个容易而无足轻重的任务。所以，拿破仑三世希望避免战争，只向普鲁士索取补偿。他的双重外交没有成功。俄国欠着俾斯麦一份人情，并且考虑到未来事态的发展，所以她拒绝介入这场纠纷。在这种情况下，帕默斯顿感到，他所能做的只是敦促开会，进行调解。英国只说大话，而不采取行动，这在她的历史上绝非仅有的一次。帕默斯顿的话使丹麦人产生了错误的安全感，使他们固执地坚持不完全合法的要求。当然不能否认，他们的要求还是有些正当之处。由于英法袖手旁观，德意志人为他们自己委婉指出的“现实政治”开创了不祥的先例。“现实政治”的意思是，只要有实利可图，便可不顾国际事务中的道义标准。在这次纠纷中，受害的小国丹麦没有被消灭，和平条件并不算太苛刻。在当时和后来，俾斯麦都懂得稍稍宽待失败者的意义。

丹麦战争的后果不久便为下一步更为重要的行动提供了借口，这步行动便是强迫奥地利脱离德意志联邦，并使它归普鲁士统治。石勒苏益格和荷尔斯泰因成为普鲁士和奥地利的共管领土。俾斯麦利用这种棘手的解决方案玩弄手腕，留有许多借口，准备对付愤愤不满而长期受难的奥地利人。同时，他寻求其他方面的支持。1865 年，他到比亚里茨会见了拿破仑三世。关于这次会见，没有准确、详细地记录保存下来。估计俾斯麦重申了他不断向法国驻普鲁士使馆阐述的立场：如果法国允许普鲁士对奥地利采取任何行动，那么法国向“任何讲法语的地方”进行扩张的活动可望得到普鲁士的支持。这里显然指的是比利时。而且，法国可以在普鲁士的行动之最后阶段出面斡旋，甚至可能在德意志南部得到一些土地作为报酬。拿破仑三世既不允诺，也不反对。俾斯麦心满意足地返回国内，他的诺言没有落实到文字上。

意大利的友谊也同样重要，因为她也在走向统一。加富尔[1]和加里波第几乎把整个半岛统一在萨沃伊王朝[2]的统治之下。但是，威尼斯、的里雅斯特和蒂罗尔南部仍在奥地利人控制之下，意大利人渴望收复这些地区。1866年4月，维克托·埃曼努尔国王同普鲁士签署了一项秘密条约。根据这项条约，如果三个月之内爆发战争，意大利将进攻奥地利。

一切已经安排就绪。法国同意中立，俄国表示友好，意大利成为盟友。英国在这个问题上无足轻重，再说，她支持意大利的解放运动，而且多年来同奥地利的关系一直不好。向奥地利及其在德意志联邦内的盟友进行战争挑衅的活动按计划准确地开始了。

在战争爆发后的十天里，汉诺威、黑森和萨克森均被普军占领。乔治三世的孙子汉诺威国王逃到英国，他的国家被并入普鲁士。有权选举神圣罗马帝国皇帝、在1714年为英国提供一个新教王朝的汉诺威王国就这样消失了。普鲁士后来把汉诺威王国的资金谨慎地用在其他德意志地区的统治阶级身上，以缓和他们对普鲁士的不满情绪。普军主力接着南下进入波希米亚，同时，俾斯麦的特务在奥地利的后方煽动匈牙利人的敌对情绪。普军参谋部巧妙地利用铁路进行部队的战略集结，经过一个星期的调兵遣将，决战在萨多瓦开始了。双方都投入了20多万军队。普鲁士人使用新式的后膛装填步枪，由于发射快而占绝对优势。奥地利人企图以近战弥补武器的劣势，他们有许多民族所共有的自尊心，认为他们在拼刺刀方面占着优势。其实，这种看法是没有根据的。毛奇及其麾下将军们的多年努力结出了果实，奥地利军队被打垮了。

三个星期以后，普鲁士军队进逼维也纳城下。由于俾斯麦的执意坚持，维也纳免受被占领的耻辱。这次的和平条件又比较宽容。俾斯麦早已开始考

1　Cavour（1810—1861），意大利统一运动领袖，意大利王国第一任首相。——编者注
2　House of Savoy，曾统治意大利王国，欧洲历史上著名的萨沃伊公国、撒丁王国也曾在其治下。——编者注

虑下一步行动，他十分重视同奥地利的未来友谊。他说："胜利时适可而止，这不仅是宽宏的政策，也是极其明智的政策。但对于从中获益的胜利者来说，享受这种宽容政策必须提供某些好处。"奥地利失去的唯一领土是威尼斯，它被割让给意大利。奥地利终于脱离德意志大家庭，她未来的野心不可避免地转向东南方向的斯拉夫人。七周战争结束了。普鲁士在德意志获得了500万人口和2.5万平方英里的土地。欧洲大陆的力量平衡发生了根本变化。法国见到了不祥之兆。

拿破仑三世企图向普鲁士索取一些东西，作为他保持中立的报酬，可是未能如愿。人们轻蔑地把他的政策称为索取小费的政策。法国对德意志南部提出领土要求，但是俾斯麦断然拒绝，并且发表了他和拿破仑三世的谈话记录，从而引起人们对法国的戒心，加强了他在德意志非普鲁士控制区的地位。法国人终于意识到他们的危险处境。从俾斯麦制订的条理分明的计划来看，普法战争迫在眉睫。法国陆军大臣尼尔元帅急忙开始改组法军，拿破仑三世也四处寻找未来战争中的盟友，可是均告落空。此外，拿破仑三世的身体每况愈下，失去决断能力，国会和报界又表现出气急败坏的傲慢态度，法国人因此心慌意乱，被推向他们的命运之礁。

在之后的四年里，形势日益紧张，普法双方的军备不断加强，接近战争边缘的事件经常发生。英国政治家对这种形势有充分的认识，竭力进行调解。英国对普法两国都没有承担明确的义务，所以这种努力必然失败。明显的民族利益和对某一方的偏爱均不足以动摇英国的立场。拿破仑摇摆不定的野心在伦敦引起怀疑。用英国驻柏林大使的话来说，俾斯麦似乎选择了"强权政治"的道路。

德意志首相又一次孤立了他的敌人。尽管法国极力讨好，奥地利仍然漠然置之。意大利也没有理由反对1866年同她合作的普鲁士盟邦，而且，法军仍然为教皇镇守着罗马，法国的失败将迫使这些军队撤回国内。俄国在俾斯麦的怂恿下，趁机撕毁了限制她进出黑海的协定。俾斯麦并不把英国放在眼里，他以前说过："英国对我算得了什么呢？一个国家是否重要，取决于她能够把多少军队投入战场。"尽管如此，他在1870年给《泰晤士报》寄去了法国在四年前提出的一份条约草案。在这份草案中，法国试图以支持普鲁士为条件得到比利时。英国是比利时的保护人，所以这份草案使她更加无意支持法国。

1870年夏，俾斯麦抡起了他的锤子。一场革命推翻了西班牙的波旁王朝，西班牙王位因此空缺了将近两年。西班牙临时政府在欧洲各国的王族中寻找合适的国王人选，最后选中了普鲁士国王威廉家族的长系成员、霍亨索伦—西格马林根公爵领地的利奥波德王子。这位王子拒绝了西班牙人的邀请。可是在俾斯麦的建议下，西班牙人再次发出邀请。这一次，王子接受了他们的请求。法国人作出了强烈的反应。议员在国会里发表了煽动性的讲话，与此同时，法国驻普大使奉命要求普方收回利奥波德王子的应诺。法国外交大臣说，这种安排"破坏了欧洲的力量均势，使法国处于不利地位，并且危及法国的利益和荣誉"。若在今日，他一定会说这是包围。威廉国王十分耐心地对待这一抗议，私下建议利奥波德王子收回他的应诺。不到48小时，利奥波德即表示同意。法国报界为此而欢呼。可是，法国当局犯了一味强求的致命错误，指示法国大使要求普鲁士保证不再提出利奥波德作为西班牙国王的人选。即使对于威廉国王来说，这个要求也未免过分。他彬彬有礼但却坚决地回绝了法国大使。不过，当他正式得知利奥波德已经发表放弃这个权利的声明时，便写信对法国大使说，他认为这个问题已经得到解决。

威廉国王的外交政策使俾斯麦感到失望。俾斯麦认为，他辛苦努力的成果将付诸东流，他的国家将蒙受耻辱。他在失望中同毛奇和罗恩在柏林进餐时，收到国王从埃姆斯发来解释近来普法交涉情况的电报。国王在电报中说，如果俾斯麦认为可行的话，可以自行决定公布这些情况。俾斯麦立刻抓住这个机会。他没有篡改事实，而是巧妙地删减了电文，使人感到法国人的要求遭到断然拒绝，他们的大使受到冷遇。俾斯麦说，这个公报是“刺激高卢牛的红布”[1]。聚餐者充分意识到，这份公报将不可避免地引起冲突，于是便高高兴兴地分手了。罗恩兴奋地说：“我们以前的上帝仍然存在，不会让我们在屈辱中灭亡。”在一星期之内，法国对普宣战。这次事件引人注意，但是人们后来得知，如果威廉国王不愿屈服，法国内阁无论如何也要进行战争。法国的军事情报工作很差，致使一些法国领导人以为，他们的战备工作胜过普鲁士。在后来的 40 天里，残酷的事实将给出否定答案。

普鲁士有 50 万军队参战，还有 50 万后备部队。200 年来，巴伐利亚在欧洲事务中一直支持法国，如今却投入 15 万军队同法军作战。这是一场短暂而激烈的斗争。法兰西民族以其特有的勇敢精神作战，他们的步兵武器丝毫不比普军的武器逊色。但是，他们在军事辩证法、运输和供应系统方面，尤其在参谋和训练方面，已经落后于普军。

法国出师不利。皇帝亲自修改的动员计划执行得很慢，而且没有条理。军官到处寻找并不存在的部队；阿尔萨斯的预备役人员在加入部队以前，被送到比利牛斯山里的军营中进行装备，而他们要加入的部队离他的出发点只有几英里；许多人在几个星期后赶到军团时，这些军团已被击溃，或者正在撤退。

德意志人分三路大军前进。其中两路大军共有 35 万人，通过各条路线向法国的梅茨要塞前进，普鲁士王储率领 22 万军队奔向斯特拉斯堡。在这几路大军的前面，各有一支骑兵远远地先行，给法军造成错觉的同时为自己的参谋部搜集准确的情报。大多数野外战斗是由急速推进的普军先锋部队临时进行的，他们的主力部队组织严密，因而可以迅速利用这些战果。8 月 4 日，普鲁士王储在维桑堡打败了麦克马洪元帅指挥的阿尔萨斯军团的一部分，两天以后在沃尔特激战，迫使法军主力退向南边的夏龙。同时，法国皇帝指挥

1 斗牛士在斗牛的时候用一块红布刺激牛前来冲击。高卢即法国的别称。——译者注

的莱茵军团被迫退到梅茨，皇帝在这里把指挥权交给巴赞元帅，然后到夏龙去找麦克马洪元帅。

8 月中，德意志人的第一和第二集团军插入梅茨和巴黎之间。巴赞进行了三次血战，8 月 18 日的格拉夫洛特战役可谓三次战役的高潮。在这次激战中，德意志人的骑兵以巨大的代价扭转了战局。尔后，巴赞撤进梅茨要塞。他在这里还有 18 万精锐的法国军队，然而却可耻地坐视毛奇的作战计划得到迅速的执行。麦克马洪和法国皇帝率军援救梅茨。普鲁士王储绕过斯特拉斯堡，在色当附近赶上法军，迫使他们撤进比利时边界的这个古老的军事要地。德意志人的炮兵已经显示出优势，他们团团围住法军阵地，从四面向法军射击。色当不适于在现代战争中进行的防御，德意志人占领城外的高地以后，法军便无法据守阵地了。经过一场激战，拿破仑三世被迫带领 13 万军队投降。战争刚刚进行六个星期，他就向普鲁士国王缴械了，俾斯麦也在场。他们上一次见面是五年前在比亚里茨，那时他们都是外交官。

三个星期以后，德意志人包围了巴黎。又过数日，巴赞由于判断错误和厌战情绪（许多法国人认为有更卑鄙的原因），未到绝望之时就放弃了梅茨要塞。1876 年，法国法庭认为巴赞放弃这个要塞是出于胆怯或叛国的动机，将他判处死刑。不过，这个判决后来没有执行。

* * *

战争似乎结束了。法国皇帝成为俘虏，皇后逃到英国，巴黎陷入重围。“国防政府”仍在固守巴黎，它的成员冈贝塔勇敢地乘着热气球逃出城去，到外省组织反抗力量，可是剩下的法国军队在卢瓦尔河畔和瑞士边界未能取得重大的战果。1871 年 1 月，巴黎陷落了。

停战谈判在凡尔赛启动。这一次，俾斯麦尽力讨价还价，他每作出一点让步，都要得到很大的补偿。在当时看来，同法国签订的和平条约相当苛刻。普鲁士人要求赔偿 50 亿法郎的黄金，必须在三年内交齐。人们认为，这笔赔款将长期阻碍法国经济的发展。胜利者的军队在巴黎街头耀武扬威，阿尔萨斯和东洛林割让给德意志。这一切在法国人民心中埋下了仇恨的种子。

条约的正式文本过了几个月才签字。在此期间，法国尝到了军事惨败的可怕苦果。根据停战协定的规定，巴黎的卫戍部队减少了许多。3 月，革命党人控制了巴黎。这场运动被称为“公社”（the Commune）。起初，革命党人的动机是爱国主义，他们号召在耀武扬威的普鲁士军队面前感到耻辱的巴黎人起来继续斗争。法国临时政府半心半意地镇压公社，未能成功，便撤到凡尔赛，任凭红旗在巴黎飘扬。俾斯麦释放法国战俘，让他们帮助镇压巴黎革命。此时在首都已经全面展开了军事行动。

当麦克马洪率领政府军前去巴黎镇压的时候，公社的性质起了变化。他们枪杀了人质，其中包括巴黎大主教和许多教士。他们还烧毁了全国闻名的建筑物。麦克马洪的部队逐个争夺街垒，在内战的恐怖气氛中打到了巴黎市中心。他们对公社社员进行了无情的报复。经过六个多星期的战斗，秩序得到恢复，可是已经有成千上万的人丧生。据估计，仅在战斗期间就处决了 2.5 万人。这场运动丝毫没有波及法国的其他城市。它受到国外共产党人的声援。住在英国的卡尔·马克思认为，他宣传了半生的阶级斗争理论在这场运动中得到了实践。巴黎公社受到 1789 年和 1848 年革命的直接影响，为法兰西国家留下了至今可见的政治遗产。

*　　　*　　　*

在实现停战的那个月，德意志统一的大厦竣工了。从秋天开始，德意志的外交官们一直在凡尔赛工作。1871 年 1 月 18 日，普鲁士国王威廉一世在镜厅接受了其他君主敬奉的“德意志人的皇帝”（German Emperor，德文为

Deutscher Kaiser）称号。对于这个称号的确切叫法有些意见分歧。俾斯麦向来愿意为了实质而牺牲形式，他选择这个称号，很可能是为了照顾小国的感情。威廉离开镜厅时，有意不理睬他的帝国大厦的建筑师，因为他本来希望被称为“德意志皇帝”（Emperor of Germany，德文为 Kaiser von Deutschland）。

萨多瓦战斗那一天，迪斯累里对他的选民谈到了超脱于欧洲事务之外的好处。后来的事实证明，他确有远见。五年以后，英国仍然怀着善意和困惑的心情，在遥远的地方旁观这场斗争。19 世纪 70 年代，英国皇家海军有了强大的蒸汽动力铁甲舰，上面配有来复线大炮[1]，射出的是炮弹，而不是霰弹。海军使用木船和帆船的时代终于结束了。皇家海军吸收了美国南北战争中的海战经验。但在陆地上，英国正规军比照欧洲大陆的标准还是微不足道的。工业化国家在战争中终归能够发挥应有的力量，可是，19 世纪的战争持续的时间都很短，它们来不及发挥自己的力量。

俾斯麦的毕生事业在凡尔赛达到了顶点。普鲁士排除国内的重重障碍，通过蓄意挑起三次战争，终于主宰了德意志全境，使德意志成为欧洲大陆上最强大的两个民族之一。代价巨大。法国人因此积下了冤仇，决心雪耻，到处寻求盟友，以求帮助。多年前在维也纳确立的“列强协力维护欧洲和平”的思想彻底分裂。在以后的年代里，人们作了各种努力，企图恢复这一原则，曾有几次取得暂时的成果。但是，欧洲强国渐渐形成两大阵营，英国则不安地袖手旁观。这两大阵营的分歧发展成不可逾越的鸿沟，从而导致了 20 世纪的两次大战。英国迟迟没有意识到形势的变化。迪斯累里虽然言过其实，却有先见之明。他说，普鲁士军队的胜利意味着一场德意志革命，这场革命将是“比上一个世纪的法国革命更为重要的事件”。武装和平的时代开始了。在格拉德斯通和迪斯累里的时代，英国忙于国内事务以及爱尔兰和

1　Rifled guns，即有膛线的大炮。膛线，又名来复线，作用在于赋予弹头旋转的能力，使弹头在出膛之后，依然能保持既定方向行进。——编者注

整个大英帝国的问题。然而，欧洲事务和殖民地事务明显互不相干的时代即将彻底结束。只要俾斯麦主宰德国，他就会小心翼翼地避免触怒英国。同时，由于殖民地问题引起的冲突，英法关系日趋紧张。直到威廉二世皇帝免去俾斯麦的首相职务并大力奉行敌对政策之时，英国才完全认识到德国人的威胁。

第十六章 CHAPTER 16

格拉德斯通与迪斯累里

英国历史进入了承先启后的长期迅速发展的时代，即进入了格拉德斯通和迪斯累里担任首相的时代。这两位伟大的议会活动家在 1868 年到 1885 年之间交替掌权，在近 20 年的时间里，他们的领导权没有受到任何严重的挑战。迪斯累里于 1881 年去世，在此之前，他和格拉德斯通的激烈较量一直占据着英国政治舞台的中心。二人都有很大的能量，他们的雄辩之才成为人们在下院开会时的关注焦点，较量的每一个回合都引起全国性议论。他们的政治分歧并未超过一般的两党分歧。他们的斗争之所以如此尖锐、造成如此深刻的对立情绪，是因为他们具有迥然不同的性格和脾气。迪斯累里私下写道："后人将对格拉德斯通这个寡廉鲜耻的疯子作出公断。他明显地集嫉妒、记仇、虚伪和迷信于一身；他无论是在说教和祈祷，还是在夸夸其谈或舞文弄墨，都有一个显著的特点——全然不是一个绅士！"格拉德斯通对迪斯累里也有同样尖刻的评价。他说，迪斯累里的原则是"虚伪的，但是，此人比他的原则更加虚伪。……他腐蚀人们的思想，讨价还价时贪得无厌，为了保持自己的影响而挑动人们的感情、偏见和自私心理……他赞成王权可又不符合宪法的倾向，从而削弱宪法。”格拉德斯通声如洪钟，目光如炬，颇有感人的力量；迪斯累里则神采飘逸，措辞严谨，应变灵活。他们就是这样针锋相对于下议院。

格拉德斯通在1868年出任首相时，人们起初以为的谨慎而又节俭的统治者，业已成为老练的自由党改革家。这只是他才能的一个方面。他不仅自己常发极端愤慨，而且还能激发选民的义愤，这使他逐渐成为19世纪最具争议的政治人物。在讨伐巴尔干国家和爱尔兰的两次运动中，他的口号是，“作出政治决策时必须有是非观念和道义标准”。他反复阐述的这个口号被人指责为虚伪的主张，因为他的政策往往明显有利于自由党。其实，这种指责是不客观的。他的讲话常常洋溢着传道士的精神，他宁可分裂自由党，也不愿放弃是非标准。他在同意爱尔兰自治之后不久，便对他的助手威廉·哈考特爵士说：“我即使变成孤家寡人，也要继续干下去。”这种精神不利于团结，将使自由党分裂，但它为格拉德斯通在他的追随者心中赢得了极其崇高的地位。

为了对付格拉德斯通，迪斯累里需要动用自己的全部勇气和智慧，他在这两方面有得天独厚的天赋。许多托利党人不喜欢也不信赖他的改革主张，但他能以高超的手腕左右同僚。就统治政党的艺术而言，他可谓举世无双。在他的各种观点中，有玩世不恭的成分；在他的性格中，没有一丝道义上的热情。劳动阶级中的大部分人为了现实利益而依附于教会、王室、帝国和贵族，这种利益可以用来为政党服务，至少他是这样看的。他一直没有被典型的英国生活方式同化，终生保持着超脱的态度，这种态度使他年轻时就对英国社会作出了独特的分析。大概正是这种能力使他能深刻理解并准确判断当时的政治动向。他长期被自己的政党束缚着手脚，最后却带领它在大选中获胜，得到他盼望已久的权力。

格拉德斯通认为，迪斯累里把女王拉到了保守党一边，他肆无忌惮地利用个人魅力采取危及宪法的行动。这种看法是使他们彼此为敌的主要因素。

格拉德斯通成为首相时，维多利亚仍在为1861年逝世的阿尔伯特亲王服丧，过着半隔绝的生活。格拉德斯通企图加强君主的地位，出于一片好意，他打算让女王的长子提任爱尔兰总督，可是女王对这一切十分反感。他始终对女王毕恭毕敬，却无法和女王建立亲切和睦的关系。据说女王有一次提到，他同她讲话时像处理公事。迪斯累里没有犯这样的错误，他宣称："英国宪法的原则不排除君主的个人影响，否则，人的本性也要妨碍这些原则的实现。"他经常给女王写信，设法使她摆脱在丈夫死后所陷入的痛苦和孤独境地，迎合她参与决策的愿望。在1877年5月东方危机[1]的高潮中，他在汇报内阁各种看法的报告中最后写道："政策应由陛下来定，首相将坚决执行。"对维多利亚来说，这种尊敬的态度无比受用。她抱怨说，格拉德斯通执政时从不对她讲任何事情。假如格拉德斯通在1880年以后多向女王汇报，女王的不满可能就会转移到在野的保守党身上。从那时起，她便对自由党政府没什么好感。她厌恶格拉德斯通，对自由党日益强烈的激进主义倾向亦十分反感。实际上，双方并无恶意。格拉德斯通小心地避免女王成为政治议论的对象，并尽量不让公众知道他和女王不和。他曾抱怨说："女王足以毁掉任何人。"虽然关系并不融洽，他还是耐心地为女王效劳。由公众根据自己的愿望选举政府的制度，必然削弱国王的个人权力。尽管维多利亚偶尔表现出某种倾向，她仍然是立宪制度下的君主。

*　　　*　　　*

格拉德斯通经常说，他在1868年至1874年之间领导的内阁是"历来最好的执政工具之一"。在他的积极推动下，这届内阁进行了一系列拖延已久的

1　Eastern Crisis，近代欧洲列强为争夺地跨欧亚非三洲的奥斯曼帝国及其属国的领土和权益所引起的一系列国际问题，即东方问题。期间爆发数次战争，此处东方危机指1877年至1878年的俄土战争引发的相关问题。——编者注

改革。这六年是黄金时代，自由主义仍在无拘无束地向前发展，个人主义原则和放任主义在搜寻并摧毁着 18 世纪统治制度的残余。政府机构、军队、大学和司法界纷纷受到攻击，地主阶级势力开始崩溃。公职逐渐交给才能出众而勤于职守的人。詹姆斯 · 米尔所说的“邪恶势力集团”的权力逐渐缩小。自由主义是原则，放任政策是方法。没有必要扩大政府的权力。中产阶级终于得到了同他们的经济实力相称的政治地位。格拉德斯通的上台适逢其时，大选的全胜和全国成熟的改革条件为他提供了机会。自由党团结一致地支持他，这在双方的力量均势中是罕见的时刻。他的政策在执行过程中出现了许多问题，但它像后来几十年里的所有教育措施一样，标准和实行范围得到了统一。他首先处理爱尔兰问题。他在哈瓦登的家宅里接到女王传他进宫的手谕时说：“我的使命是平定爱尔兰。”他不顾强烈的反对，抛弃自己昔日保护财产和国教信仰的原则，在 1869 年取消了爱尔兰新教教会的政教地位，翌年又颁布了《土地法案》(*Land Act*)，试图防止无理收回佃户租种的土地。然而，平定爱尔兰并非易事。

在英格兰，政府也有大量的工作要做。已经升任财政大臣的罗伯特 · 洛在 1867 年的选举改革之后说过：“我们必须教育我们的主人。”选民至少应该能够读书写字，政府为他们开辟了获得更多知识的途径。由于选举权的扩大以及自由党的支持者普遍认识到教育的价值，全国各地办起了小学。这是《福斯特法令》(*Forster's Education Act*) 在 1870 年通过之后实现的。当然，这个法案像以后几十年里的所有教育措施一样，由于派系隔阂和纷争而受到影响。同时，英国政府机构杜绝了任人唯亲的做法。从此，只有通过考试竞争的人才能加入新的行政系统，这种考试非常重视考生的智识。这时的晋升阶梯是能力，而不是财产和社会关系。次年，牛津大学和剑桥大学取消了所有的宗教宣誓手续。它们接纳天主教、犹太教、非正统教派和不信教的年轻人。长期以来，古老复杂的法律制度对诉讼当事人来说是可怕的难题，也是律师的觅食途径。法院合并以后，这套制度实现了简单化和现代化。《司法组织法》(*Judicature Act*)标志着这个重要的长期改革运动到了最后阶段。数百年来，起诉人往往必须就同一个问题在两个法院同时起诉。如今建立了唯一的最高法院，它适当设立分庭，诉讼程序和方法也统一起来。从爱德华一世时代遗留下来的官职在彻底的改革中荡然无存。政府的政策基本上是正确的，大概最使格拉德斯通满意的是，政府奉行紧缩开支和低税政策。

克里米亚战争带来的挫折和耻辱使人们清楚地意识到，伟大的威灵顿公爵的战略战术在低能儿的手中无法发挥作用。普鲁士军队在法国的胜利使军政人士大为吃惊。陆军部早就应该进行改革。这个任务由格拉德斯通的国务大臣爱德华·卡德韦尔执行，他是军队改革的支柱之一。总司令剑桥公爵反对任何改革，女王咨询枢密院之后无可奈何地发出一道敕令，要他服从国务大臣的命令，于是改革的初步措施才得以迈出第一步。鞭笞制度被废除。新出台的一项征兵法案缩短了服役期，这样可以扩大预备役军人的队伍。1871年，卡德韦尔采取了进一步措施。他经过同军方的激烈斗争，禁止了购买军阶的做法。步兵重新配备了马蒂尼－亨利式步枪[1]，部队的建制也以郡为单位进行了改编。陆军部受到彻底审查，不过，尚未建立总参谋部。

这些辉煌成就都是在短短六年时间内取得的。然后钟摆便开始往回摆动，这在英国历史上屡见不鲜。重大的改革总是触怒庞大的利益集团。国教徒利益受到几条议案的损害，非正统教徒没有从《福斯特法令》中得到任何好处，军队和宫廷也嫉恨卡德韦尔的改革措施。劳工阶级不久前根据《投票法令》(*Ballot Act*)才获得选举权，可以秘密而不受威胁地投票，此外别无所获。以1500万美元的代价同美国解决“亚拉巴马号”争端的行动虽系明智之举，但对于在帕默斯顿政权下长期勒紧裤带的英国人民来说是不可接受的。他们开始怀疑格拉德斯通没有尽力保护英国的利益。经自由党节欲派的

1 Martini-Henry rifle，以发明人名字命名。此种枪型因其射程远、射速高，19世纪后期被英国军队广泛配备。——编者注

提倡而起草的《售酒特许议案》(*Licensing Bill*) 未获通过，它激怒了酒业利益集团，使他们和保守党结成了联盟。格拉德斯通不久便抱怨说，他被“杜松子酒和啤酒的洪流”冲下了台。迪斯累里的雄辩之才此时达到炉火纯青的地步，他如此描绘了格拉德斯通内阁：“女王陛下的这些新大臣像一些吸毒者，他们对爱尔兰出现的劫掠和混乱现象尚不感到穷于应付，反而开始攻击每一个制度、每一个利益集团和每一个阶级，向全国挑战。……随着时间的流逝，人们不难看出，政府不是在励精图治，而是在肆意胡来。这种人为的刺激消失了，病态的发作也结束了，他们瘫软下来。有些人陷入悲怆之中，他们的魁首则时而发出威胁，时而唉声叹气。我坐在下院政府大臣席的对面，大臣们使我联想到南美海岸的一段并非十分独特的景色，在那里可以看到一些已经喷发的火山。那些山顶上毫无生气，没有一丝火焰，但那里仍然是危险，时常发生地震，大海也时时发出可怕的怒吼。”

尽管如此，格拉德斯通领导的第一届政府仍在英国历史上享有很高的地位。不过当国会在 1874 年解散时，自由党再也没有多少新的观点可以阐述了。竞选时，格拉德斯通提出废除所得税制度（当时的所得税是每镑三便士），后来他由于未能实现这个目标而终身引为憾事。可是，全国上下都反对他，致使他竞选失败。于是他开始过半隐居的生活，同时认为自由党提倡的伟大的改革工作业已完成。他的大多数辉格党朋友也同意这种看法。激进派却不这样认为，但他们的看法都是错误的。“这位年迈的伟人”不久将在风暴中重返政界，这场风暴将打破英国社会的传统和政治分野，其彻底性远远超出他们的想象。

* * *

当格拉德斯通在哈瓦登以伐树和撰文论述荷马为消遣之时，他的强大敌手迪斯累里抓住了机会。迪斯累里早就盼望得到最高权力。25 年来，他是下议院的保守党领袖，如今已逾古稀之年。他的身体从来不甚强壮，到了晚年，他由于妻子病逝而感到孤独，而且患有痛风和其他疾病。他说："权力，它对我惠顾得太晚了。……有时我清晨醒来感到自己能够改朝换代，可是这一切已经过去了。"他一再面临复杂的问题。1841 年至 1846 年的皮尔政权以托利党的灾难而告终。此外，托利党已经近 50 年没有掌权了。它被称为保守党，它的成员被讥为埃尔登、西德默斯和其他托利党老顽固的继承人，如今它必须应付民主化的选民。扩大选举权虽是这位保守党领袖所首倡，但它仍是"轻妄之举"。然而，迪斯累里却充满信心。他仍然忠于自己 20 多年前发起的新英格兰运动的精神，从不相信英国的劳动者是激进分子或是打算摧毁现存制度的人。他清楚地意识到，虽然许多新选民赞同传统、连续性以及有秩序的社会发展，但是这种感情在下院保守党普通议员的消极影响下绝不会发展成有利于选举的因素。他不仅需要争取选民，还必须改革自己的政党。

早在格拉德斯通下台之前，迪斯累里就开始了他的竞选准备活动。他致力于社会改革和新的帝国观念这两个问题，如同两把尖刀，刺中格拉德斯通的要害。格拉德斯通对帝国从来不感兴趣，他虽然慷慨激昂地保卫工人阶级的政治权利，而对他们的物质要求却全然不顾。迪斯累里则宣布："大臣应该考虑的首要问题是人民的健康。"自由党人嘲笑这是"污水政策"（policy of sewage）。迪斯累里在执政后的第一次国会会议期间，着手履行自己的诺言。幸运的是，他有一些出色的同僚，其中内政大臣理查德·克罗斯具有超人的能力。会议通过了《工会法案》（*Trade Union Act*），使工会几乎有了百分之百的行动自由；《工匠住宅法案》（*Artisan's Dwelling Act*）是解决住房问题的第一个措施；《食物和药品销售法案》（*Sale of Food and Drugs Act*）和《公共卫生法》（*Public Health Act*）终于使英国有了合理的卫生法规。迪斯累里成功地使大多数保守党人相信，选民的真正需要包括改善卫生条件和住房条件以及自由组织工会，而且，保守党完全能够满足这些需要。矿工领袖亚历山大·麦克唐纳说："保守党在五年里为工人阶级谋得的福利超过自由党执政的

50 年。”此话确实有些道理。格拉德斯通为促进社会福利奠定了基础，但是迪斯累里真正迈出了一大步。

保守党新纲领的第二部分，即加强帝国力量的部分，也是在迪斯累里上台之前开始执行的。格拉德斯通在军事方面紧缩开支，在欧洲缩手缩脚，对帝国的兴衰漠不关心，这一切让英国人非常反感，他们日益关心大英帝国的强盛。迪斯累里的方针完全符合这一新潮流。他在谈到殖民地问题时说：“我认为，如果允许殖民地自治，那么这应作为加强帝国的伟大政策的一部分。在允许自治的同时，应实行帝国的关税制度，保证英国人民有权使用属于君主管辖的无主地，还应制定军事法规，明确规定保护殖民地的责任和手段，规定英国在必要时有权要求殖民地给予帮助。而且，还应该在伦敦建立一个委员会，使殖民地同宗主国政府保持不断的联系。可是，这一切措施统统被删掉了。主张删去这些措施的人（我认为他们的看法是直率的）认为，英国殖民地是我们的负担，甚至我们同印度的关系也是如此。他们从经济角度看待一切问题，完全忽略了国家强盛所依靠的道义和政治因素，而这些因素正是人和动物的根本区别。”

“然而，自由党执政时要瓦解大英帝国的企图结果如何呢？他们的希望完全落空了。为什么呢？因为殖民地支持宗主国。它们决定，不许任何人瓦解大英帝国。我以为，英国的大臣如果放过尽力振兴殖民帝国的机会，对于可能成为英国宝贵力量源泉的殖民地的支持态度不作出响应，他就未尽职守。”

起初，迪斯累里一帆风顺。苏伊士运河已经开放了六年，改变了英国的战略地位，好望角不再是通往印度和远东的必经之路。令人奇怪的是，外交部迟迟未能看清这个明显的事实，不止一次地错过了控制这条水路的机会。1875 年，迪斯累里代表英国政府以 400 万英镑收购了土耳其驻埃及总督伊斯梅尔的运河股票。这位总督已经破产，乐于出售，他的股票份额几乎占股票总数的一半。通往印度之路得到了保护，它对英国海军优势的潜在威胁从此消除。另外，有一个对将来十分重要的影响是，英国不可避免地卷入了埃及的政治事务。翌年，维多利亚女王兴高采烈地被拥戴为印度女皇。格拉德斯通绝不会采取这样的行动，下一代的帝国主义者也不会如此行动。迪斯累里以东方的方式或者说以神奇的手段扩大帝国影响力，他强调帝国象征的重要性，重视帝国的门面，这一切使他的政策放射出令人浮想联翩的光彩，这是后人没能做到的。他的目标是，使曾经被他称为“挂在我们脖子上的磨盘”的殖民地，像钻石一样闪闪发光。但是，欧洲出现的新风暴，打断了这个伟大的计划。

*　　*　　*

1876年，东方问题再次爆发。英国军官在克里米亚战争中指挥不力，外交官在和谈中也同样做出了蠢事。大部分巴尔干国家仍然处于土耳其的统治之下。人们企图改善奥斯曼帝国对基督教省份的统治，结果由于苏丹的固执和这个任务的艰巨而未能如愿以偿。斯拉夫人、罗马尼亚人和希腊人由于痛恨土耳其人而团结起来。可是，起义并不会带来持久胜利的希望，因此他们长期寄希望于沙皇身上。这使英国政府进退维谷。虽然坎宁曾支持希腊王国独立，英国政府尚未认真考虑过建立独立的巴尔干国家的可能性。要么支持土耳其人的统治，要么让俄国势力长驱直入巴尔干国家并取道君士坦丁堡进入地中海，二者之间似乎可以选出一条上策。后一条路是早已存在的威胁。如今爆发的起义，使迪斯累里面临着英国自从拿破仑战争以来所陷入的最困难、最危险的局面。

波斯尼亚和黑塞哥维那爆发了起义。40年以后，刺客的子弹在那里引发第一次世界大战。德国、奥地利和俄国结成三皇同盟，它们建议强迫土耳其作出重大改革。迪斯累里和他的外交大臣德比勋爵反对这些计划，他们说：“其结果必然是土耳其的解体。”为了表示英国支持土耳其，一支舰队被派往达达尼尔海峡。不久以后，土耳其人在保加利亚犯下暴行的消息葬送了英国的这些外交努力。英国驻君士坦丁堡的大使崇拜土耳其人，因而向迪斯累里作出错误的报告，使他未能了解到公众舆论的震动。7 月份，迪斯累里在国会答辩时，竟然怀疑“一个东方民族是否大规模地实行了酷刑。我相信，他们很少使用酷刑，他们处理罪犯往往采取更为简单迅速的办法”。这种揶揄的腔调使格拉德斯通的强烈道德观念变成了猛烈而愤怒的行动。

格拉德斯通发表了著名的《保加利亚恐怖与东方问题》（*The Bulgarian Horrors and the Question of the East*）的小册子，猛烈攻击土耳其人和迪斯累里政府。“让土耳其人以唯一可能的方式带走他们的祸害吧，就是说让他们撤走吧。我希望，他们的警官、村长、指挥官、副总督和总督等军政人员统统从他们践踏和玷污的省份扫地出门。只有彻底清除他们，只有这种最幸福的解放，才能告慰无数的亡灵，才能补救被蹂躏的妇女、少女和儿童的贞洁。……欧洲监狱里的每一个罪犯听到这些暴行，都会怒发冲冠的。这些暴行很晚才引起人们的注意，而且尚未受到惩罚。造成这些暴行的邪恶而强烈的情绪依然存在，这些暴行可能在浸透鲜血并充满血腥气味的土地上，在被各种罪行和可耻的行为所污染的空气中，结出更残暴的果实。没有哪届政府犯下这样的罪过，也没有哪届政府这样难以改正罪过，这样难以悔过自新。”在这次抨击之后，格拉德斯通和迪斯累里的关系变得更加紧张，比肯斯菲尔德勋爵（迪斯累里已经得到这个封号）甚至公开说，格拉德斯通比保加利亚暴行更为可恶。

同年年底，列强在君士坦丁堡召开会议。英国代表索尔兹伯里勋爵在这次会议上初露外交才能。他是伊丽莎白女王的伟大仆人威廉·塞西尔和詹姆斯一世的大臣罗伯特·塞西尔的直系后代，他的名字也叫罗伯特·塞西尔。20 多年来，他在上下两院一直苛责自己的上司。他经过长时间的内心反省才加入迪斯累里政府。在执政期间，二人渐渐志同道合。索尔兹伯里的广博知识补充了迪斯累里的洞察力。他当过负责印度事务的国务大臣，后来担任外交大臣，注定成为迪斯累里之后的保守党领袖。他在君士坦丁堡为土耳其起草了改革纲领，但土耳其人予以拒绝，其部分原因是他们认为，索尔兹伯里的改革热情并不完全代表英国首相和政府的看法。代表们各自回国，欧洲等待着俄国同土耳其之间爆发战争。战事在1877年夏天爆发时，英国的态度迅速发生了变化。起初，格拉德斯通对土耳其人的攻击颇得人心，如今人们指责他是一个亲俄分子。土耳其人进行着英勇的抵抗，他们在保加利亚的普莱夫纳更是前仆后继，奋不顾身。但是，大批俄军逐月向达达尼尔海峡推进，英国公众的情绪则随之日益高涨。1878年1月，俄军终于打到君士坦丁堡城下。英国的社会舆论达到了沸点。当时杂耍剧场里最流行的歌曲是：

我们不想打仗。
啊！若须上阵，
我们有军舰、士兵，还有金钱！
以前曾同俄国熊较量，
我们是真正的英国人，
决不让俄国人占领君士坦丁堡。

在一番推诿之后，英国政府于2月下令一支铁甲舰队驶入金角湾。这支舰队在马尔马拉海同俄军剑拔弩张地对峙了半年，没有交战。俾斯麦说，鲸鱼同大象怒目相视。

土耳其在3月同俄国签订了《圣斯特凡诺条约》(*Treaty of San Stefano*)。奥地利外交大臣安德拉西愤怒地称该条约为“正统的斯拉夫布道”。它使俄国实际上控制了巴尔干国家，这显然是其他列强不能接受的。战争的乌云又开始聚集，反对备战的德比勋爵因此辞职。索尔兹伯里勋爵继任外交大臣，他立即开始召集列强会议。代表们于6、7两月在柏林开会。安德拉西、比肯斯菲尔德、俾斯麦和俄国大臣戈恰科夫主导会场。这四个人的外交才能联合起来，将是难以匹敌的。会议的结果是，俄国放弃了她在《圣斯特凡诺条约》中暂时获得的大部分利益。她保留了罗马尼亚的比萨拉比亚，把领土扩大到多瑙河口。可是，她打算控制的辽阔的保加利亚却被分成了三部分，其中只有一部分获得真正的独立。其他地区则归还了土耳其苏丹。奥匈帝国（此时我们应称之为哈布斯堡帝国）得到了占领并统治波斯尼亚－黑塞哥维那的权利，作为补偿。英土两国还单独达成协议，英国从中得到塞浦路斯，保证土耳其亚洲部分的完整，土耳其苏丹则再次保证进行适当的改革。比肯斯菲尔德从柏林回国，宣称他实现了“体面的和平”。实际上，他确实暂时避免了战争。俄国在巴尔干国家受阻之后，暂时把目光从欧洲转到远东。迄今有许多人指责柏林会议为第一次世界大战埋下了隐患，事实上，当时各国面临的东方问题是无法解决的，任何解决方案都只能是权宜之计。客观地说，柏林会议为欧洲带来了36年的和平。

在后来的几个星期里，比肯斯菲尔德登上了仕途顶峰。可是不久以后，命运女神对他收敛了笑容。1879年，他在南非和阿富汗奉行的过激政策导致英军一个营在伊桑德尔瓦纳被祖鲁人消灭，使英国驻喀布尔公使馆的人员遭到屠杀。英国政府对这两次小规模灾难及时地进行了报复，但他们却为格拉德斯通猛烈攻击政府提供了新的炮弹。他的抨击在1879年秋随着“中洛锡安攻势”达到了极其激烈的程度。他谴责“狭隘、狂躁、恐吓和一意孤行的外交政策……它利用了人们的利己主义和自尊心”。他主张英国遵循一条崇尚道德和主持正义的道路，摆脱利己主义的羁绊。英国的目标应该是使受压迫人民实现自主，发扬“列强协力维护欧洲和平”的真正精神。他不断论述的主题，是国家政策以道义标准为基础的必要性。他在达尔基斯说：“请记住，在上帝的眼里，阿富汗山村在大雪纷飞中的圣洁生活是不可侵犯的，正像你们的尊严是不可侵犯的一样。”这个重视道义的要求激怒了保守党人，他们强调要在各地维护和促进英国的利益，要加强英国在各地承担的责任。他们还说，比肯斯菲尔德的政策进一步加强了国家的力量和威望。

但是，格拉德斯通的种种论点十分有力，令精疲力竭的比肯斯菲尔德政府难以招架。雪上加霜的是，这个政府在执政的最后几年遇到了经济危机，它对工业影响很大，对农业则是毁灭性的打击。比肯斯菲尔德在1880年3月辞职，在接着举行的选举中出现了一边倒的现象。维多利亚女王曾在信中对她的私人秘书亨利·旁森比爵士写道："那个半疯半癫的挑动者会马上毁掉一切。"如今她被迫第二次接受那个人担任首相。

* * *

当迪斯累里和格拉德斯通的斗争占据着政治舞台的中心时，在议会政治的表象下面酝酿着意义深远的运动。1867年的《改革法》（*Reform Act*）取消了在1832年加以修正并持续多年的18世纪统治方式，使自治市的每个成年男子都获得了选举权。由于大批选民的出现，需要采取新的政治形式。在大城市里，选民数量激增导致政党的旧措施失去了效力。党派需要采取两种新措施，一是制定能够赢得选票的政策，二是建立有效的组织机构来保证赢得选票。格拉德斯通迟迟没有认识到这个新时代的复杂性，这位出众的鼓动家对党的日常工作感到厌烦了。迪斯累里则不然，他既制定了政策，也建立了组织。12年前，他就任命约翰·戈斯特管理党务。在戈斯特的指导下，保守党进行了彻底的改革，建立了中央总部和地方组织网，这些组织形成一个全国联盟。这次改革非常顺利。虽然19世纪80年代初将出现一些动乱，但迪斯累里建立的保守党体系大部分保留至今。

在自由党的阵营里，情况则完全不同。由于格拉德斯通的冷漠态度和辉格党人的敌意，自由党未能建立起中央机构。它的推动力量不是来自中央，而是产生于地方。1873年，约瑟夫·张伯伦成为伯明翰市长。他在干练绝伦的政治顾问施纳德霍斯特的协助下，建立了党的机构。这个机构以自愿参加为主，不久却被敌人指责为“党内统治机构”。“市政社会主义”[1]政策使伯明翰市获益甚大，这主要体现在建设公共设施、拆除贫民窟和发展其他公益事业。这个运动扩大到其他城镇，一个自由党运动全国联盟成立了。创始人的目标，是使这个联盟成为自由党运动的中心，由它制定出激进主义纲领，最终以它自己阵营中产生的新领袖代替辉格党人。这是一种新现象。改革运动不像宪章运动和反谷物法联盟那样，不再以党派的偏激人士为推动力量。激进主义现在有足够的力量来争夺控制权。各党派划分为两大社会阵营，这种情况有力地促进了上述的变化。早在1880年，这种政治变化的过程就开始了。格拉德斯通在竞选时意识到了这种变化。他宣称：“我很遗憾地说，我们不能依靠贵族，不能依靠地主阶级，不能依靠英格兰或苏格兰的国教教士……不能依靠国家的财富，也不能依靠国家的地位。……这些力量基本都同我们作对……我们必须把它们看作死敌。”

在竞选期间，张伯伦及其追随者提出了辉格党难以接受的改革纲领，格拉德斯通对此更是难以接受。他们的获胜揭示并宣布了新的普选权为党派制度带来的巨大变化。

*　　　*　　　*

格拉德斯通和迪斯累里为缩小贵族统治和民主统治的差别作出了很大的贡献。他们都认为政府应该积极工作，因此，1868年至1876年之间的法令全书记载了许多改革措施。大选逐渐成为一次评审，审查本届政府的工作情况，评价两党提出的未来施政纲领。到1880年，竞选手段已同今日基本相同。格拉德斯通的“中洛锡安攻势”，是一个可能成为首相的人争取民众广泛

1 Municipal Socialism，一种产生于19世纪80年代的改良主义思潮，主张通过和平手段实现生产资料归地方自治机构公有。——编者注

支持的首次努力，它表明了竞选活动的变化。他竟然从火车车厢的窗口发表关于外交政策的演说，维多利亚女王感到十分吃惊。但是，她的异议只是旧时代的回音而已。这种新的做法才是成为“人民的威廉”[1]的途径。

迪斯累里在一年后去世。他几乎是独自进行的伟大使命，领导保守党克服1846年以后产生的失望情绪，说服它正视民主制度的必然性，为它制定适应新形势的政策。他的成功足以说明，他在各种党派事务中具有丰富的经验。他使保守党人成为民主政治中的强大力量。“像钟摆一样交替掌权”的两党制是从他执政时开始的。成千上万的劳动者投票赞成保守党，保守党的这种民主政治成为治国的重要因素。以前，选举权的扩大有卷入往事漩涡的危险，如今却明显地推动了民主。辉格党消失了，托利党却生机勃勃，力量倍增，前途无量（当然，他们自己并没有马上意识到这一点）。这一切都是迪斯累里的功劳，他将因此名垂青史。

1 People’s William，意指格拉德斯通为最大程度争取选票而采取了一系列亲民拉票活动。——编者注

第十七章　　CHAPTER 17

美国的“重建”

在大西洋彼岸，北军的胜利维护了美国的统一。但是，许多问题亟待解决，最紧迫的问题是在战败的南方恢复秩序和繁荣。舍曼军队所经之处和弗吉尼亚山谷等南方大片地区受到蹂躏。亚特兰大、哥伦比亚、查尔斯顿、里士满和其他城市受到战火的严重摧残。南方的生活陷入停顿状态。南方妇女和忠实的奴隶为耕种田地作出了英勇的努力，然而，南方的农业由于北方的封锁而失去了市场，因而迅速衰落。北方的封锁还造成了日用品的奇缺，运输的瘫痪使人们陷入饥饿之中。南方的信贷系统彻底崩溃，邦联的纸币和证券一文不值。整个南方沦入赤贫之中。在阿波马托克斯缴械投降之后，衣衫褴褛、饥肠辘辘的南军士兵纷纷回家，一路上满目疮痍、荒凉至极。

重建南方是当务之急，主要的困难是黑人的前途问题。虽然林肯于 1863 年在名义上解放了叛乱诸州的奴隶，而数百万奴隶在后来的战争中仍然忠实地为昔日的主人劳动。战争结束以后，他们当中的许多人以为，“解放”意味着他们不必再劳动了，为联邦当局造成严重的问题。黑人问题需要处理的第二个原因是，在某些地区，他们在法律上仍是奴隶。林肯发表的《解放宣言》(*Emancipation Proclamation*)废除了邦联控制地区的奴隶制，这一宣言并不适用于已被北方占领的邦联地区和始终忠于北方的四个蓄奴州。在这四个州当中，只有马里兰和密苏里两州废除了奴隶制。必须采取进一步行动，尤其因为许多地区怀疑林肯的宣言和1862年废除西部诸州地区奴隶制的国会法案是否符合宪法。于是，《宪法第十三条修正案》(*The Thirteenth Constitutional Amendment*)提了出来，禁止在美国统治的任何地区实行奴隶制。

这里有个复杂的问题。美国宪法规定，修正案必须经过四分之三的州批准，方能生效。美国此时有36州，所以，至少要在南方11州中的某些州予以批准，第十三条修正案才能有效。而且，曾经脱离联邦的诸州之地位必须明确下来。既然它们脱离了联邦，它们是否应该以同征服者平等的地位返回联邦呢？如果应该，有哪些条件呢？

战争还在进行的时候，林肯把恢复叛乱诸州合法地位的问题斥之为“有害的抽象问题”。他只关心恢复这些州“同联邦的实际而适当的关系”。1863年12月，他制订了吸收这些州重入联邦的计划。除个别人之外，所有拥护邦联的人只要发誓忠于联邦，便可得到赦免。赞成废除奴隶制的州如有10%的选民发誓忠于联邦，便可以建立州政府。然后，它们将被重新接纳加入联邦。林肯的“10%计划”没有得到执行。北军占领的三个叛乱州在1864年重建政府，但是国会拒不接纳它们派到华盛顿的参议员和众议员。

*　　　*　　　*

国会认为，重建工作是它的职责，不应由总统来管。左右国会的共和党激进派不想为南方回归联邦铺平道路，他们想采取严厉的报复性政策，尤其希望立刻授予黑人选举权。激进派的报复态度有多方面的原因，其中最值得称道的是对黑人利益的人道主义考虑。不过，有这种心情的人只是少数。扎

卡里亚 · 钱德勒和撒迪厄斯 · 史蒂文斯等激进派领袖则抱着卑鄙的动机。这些居心不良的人与其说爱黑人，毋宁说恨黑人的主人，因此企图羞辱傲慢的南方奴隶主阶级。他们向来憎恨奴隶主，把内战的责任全部推给后者。激进派还有一个更重要的动因。他们看出，如果黑人得到选举权，他们就能粉碎南方农场主的力量，并使北方实业集团保持在 1861 年赢得的对联邦政府的控制。激进派认为，如果让支持北方民主党人的南方诸州恢复在国家事务中的发言权，那将是不合适的，也是愚蠢的，其结果必将危及北方资本家在战争期间促成的关于关税、信贷和公共土地的法案。为了保护这些法案，激进派拣起了授予黑人选举权的旗帜，企图利用它来保持自己党派的权威性。

即使林肯继续担任总统，他也会在党内遭到强烈的反对。他于 1865 年 4 月在白宫的一次精彩演说中宣布了宽大政策，几天后，这项政策被杀死他的那颗子弹葬送了。来自田纳西的新总统安德鲁 · 约翰逊在重建问题上与林肯意见一致，可是他的政治才能十分平庸。在林肯遇难到年底这段国会休会期间，约翰逊执行了同林肯的计划极其相似的重建计划。南方各州根据忠于共和国选民的选举结果成立议会之后，只要废除《脱离联邦法令》，拒付邦联欠下的战争债务并废除奴隶制，便有资格重新加入联邦。像格兰特将军所说的那样，南方希望“尽快恢复在联邦内的自治地位，因而迅速作出了响应”。于是，南方人开始建立州议会，确定官员，选举国会参议员和众议员，批准了《宪法第十三条修正案》。这个修正案在 1865 年 12 月生效。

国会于同月复会，拒绝接受南方选出的众议员。它不顾约翰逊的计划，开始推行自己的政策。它采取的第一个措施，是设立重建事务联合委员会，由这个委员会负责搜集南方的情况。1866 年初，激进派控制的这个委员会报告说，为了保护已获解放的黑人，必须采取严厉的措施。国会立刻采取了行动。它首先颁布了《被解放黑奴事务管理局议案》（*Freedmen's Bureau Bill*），使以前建立的帮助黑人过渡到自由人的机构延长活动期限并扩大权力。接着，国会通过了《民权法案》（*Civil Rights Bill*），授予黑人公民权，承认他们在法律面前同白人平等。约翰逊认为这两个法案侵犯了各州的权利，构成违宪，因而予以否决。可是国会再次通过了《民权法案》，使之成为法律。激进派企图把这个法案的条文写入《宪法第十四条修正案》(*The Fourteenth Amendment*)，以确保达到自己的目标。

此时，约翰逊和激进派的矛盾公开激化。在1866年的国会选举中，他们进行了激烈的斗争。激进派比约翰逊更善于说服选民，他们把新奥尔良的一场严重的骚乱当作南方虐待黑人的证据，指责不久前颁布的《黑人法典》(*Black Codes*)是企图重新奴役黑人的明证。激进派领袖在北方选民中比约翰逊更有影响，后者在一次竞选旅行中常常有失尊严地大发雷霆，失去了很多支持者。结果，激进派获得全胜，在参众两院都获得三分之二的多数席位。他们排除了影响他们执行重建计划的障碍，因为他们有足够的力量来对付总统的否决权[1]。他们在1867年颁布了许多报复性的、严厉的重建法案。南方被划分为五个军区，每个军区由一名北军军政长官管辖。以前的邦联统治区将实行军管，其方式同克伦威尔当年对英国实行的军管一样。为了重新加入联邦，南方诸州必须批准《宪法第十四条修正案》，在制定州的宪法时要规定黑人有选举权。其实，北方只有个别州的黑人得到了选举权。

激进派领袖并不满足于此，他们继而企图弹劾约翰逊总统。这样最合他们的心愿。根据当时的法律，如果约翰逊下台，将由参议院议长接替，这位议长本人就是激进派领袖之一。根据宪法，总统如有叛国、受贿等其他严重罪行，可被解职。可是，约翰逊反对激进政策的行为从未违反宪法，因此激进派难以给他扣上罪名。他们极力寻找叛国罪和腐败罪的证据，均未如愿，于是提出约翰逊在1867年8月试图将陆军部长埃德温·M. 斯坦顿撤职一事，作为弹劾他的借口。斯坦顿是个寡廉鲜耻的政客，早该撤职。他经常把内阁的秘密泄露给激进派领袖，同时却表示坚决忠于总统。当约翰逊要求他辞职

1 根据美国宪法，总统有权否决国会法案，如果法案在一定期限内再次经国会通过，则自然生效。——译者注

时，他表示拒绝。在之后的几个月里，他继续主宰陆军部的事务，后来干脆从里面把办公室堵起来。不久以前，国会不顾总统的否决权，通过了《任期法》(*Tenure of Office Act*)，这是激进派削弱总统权力的部分努力。斯坦顿以这个法案作为自己不肯去职的理由，因为这个法案规定，未经参议院认可，不得解除内阁成员的职务。未获参议院同意便是应该惩罚的严重罪行。

1868 年 3 月，激进派领袖说服众议院通过了要在参议院弹劾安德鲁 · 约翰逊的 11 条罪状，罪名是所谓违犯《任期法》。其实，这个法案是否符合宪法不重要，这些罪行只是激进派信口雌黄而已。他们罗织的罪名虽然荒谬，却险些奏效。为了给约翰逊定罪，他们必须在参议院赢得三分之二的票数，结果仅差一票而未能得逞。共和党的七名参议员长期顶住巨大的压力，拒绝将弹劾手段用于党派斗争的卑鄙目的。他们投票认为约翰逊无罪。

于是，美国宪法中三权分立的基本原则得以幸存。假如弹劾活动成功，美国宪法的整个发展过程就会发生变化，权力就会集中于立法机构一方之手，总统在国会遭到多数反对时就无法保证继续任职。不过，激进派有足够的力量，能够在约翰逊任期的余下时间里同他分庭抗礼。在 1868 年的总统选举中，共和党再次获胜，尤利西斯 ·S. 格兰特将军进入白宫。激进派取得了彻底的胜利，因为这位凯旋的北方指挥官擅长政务，从而成为他们的工具。

南方的政治重建工作严格地按照 1867 年的法案进行。在联邦军事长官的监督下，举行了第一次有黑人参加的选举。选民册上出现了近 100 万黑人的名字。同时，有十多万南方白人因参与叛乱而失去了选举权。黑人选民在五个州里占多数。然而，黑人只是居心叵测的白人领袖所欺骗的对象。在这些白人中，有北方的冒险家，他们被人称为“只带一只旅行袋的家伙”，他们到南方的主要目的是为自己图财谋利，并在黑人中为共和党拉选票；此外还有南方的“无赖”[1]，他们为了谋取一官半职，甘心同大多数南方白人所憎恨的政

1 指南北战争后加入共和党的南方白人。——译者注

权合作。在1868年到1871年之间，北方冒险家和南方共和党人的政府在黑人选票和联邦刺刀的支持下，相继在南方各州建立起来。当激进派认为这些州达到他们的要求时，便允许它们重新加入联邦。

激进派统治者对南方采取了欺骗行为、过激措施和可耻的种族政策。只有利用联邦政府的权力采取激烈手段，才能维持这种统治。为了支撑“旅行袋”政府，国会通过了《宪法第十五条修正案》（*The Fifteenth Amendment*）。该案规定，不许以“种族、肤色和以前的奴隶地位”为理由而剥夺任何公民的选举权。国会接着又通过了一系列法案，将议会选举置于联邦的指导之下，并且授权以武力镇压南方诸州的骚乱。这些法案的起因，源于南方白人的强烈反弹，他们企图以合法途径和利用三K党[1]之类的秘密组织威胁黑人选民的方式，来推翻“旅行袋”政府，恢复白人的统治地位。镇压活动一度达到了预期效果。然而，白人选民渐渐在各州夺回优势。他们之所以取得成功，一是由于他们自己进行顽强的抵抗，二是由于北方人的政治缺陷，并对各州“旅行袋”政府的腐败行为感到愤慨。北方商人希望结束这种不利于贸易的动荡局面。更主要的是，北方人对于以武力支持腐败的少数派政府感到厌烦，他们开始抛弃激进派的纲领。

到1875年，共和党激进派控制的地区大大缩小，只有南卡罗来纳、佛罗里达和路易斯安那三州还控制在“只带旅行袋的家伙”手里。翌年，这三个州的自治之路打开了。在1876年的总统选举以后，这三州在选举结果是否有效的问题上发生了争议。这个问题极端重要，因为尚无归属的19张选票足以决定总统竞选的胜败。民主党候选人塞缪尔·J. 蒂尔登获得184张选票，只差一票未得多数。所以，共和党候选人拉瑟福德·B. 海斯必须全部得到尚在争夺的19票方能获胜。当这个分歧提交众议院时，共和党的多数议员显

1　Ku Klux Klan，奉行白人至上主义以及歧视有色族裔的民间恐怖团体，最初由南北战争中战败的前南方邦联军队的退伍老兵组成，目标是在美国南部恢复民主党的势力，暴力反对联邦政府改善黑人待遇的政策。——编者注

然打算支持海斯。于是，为了抚慰民主党人的情绪，尤其是抚慰南方人的情绪，海斯的支持者许下诺言说，海斯一就职，就从南方撤出联邦军队。南方人得到这个让步之后，放弃了反对海斯的立场。1877年4月，即海斯就任总统一个月以后，亦即罗伯特·李在阿波马托克斯投降12年之后，最后一批联邦驻军撤离了南方。其余的“旅行袋”政府立刻瓦解，白人在各州恢复了统治地位。激进派控制的重建时期结束了。

这段时期并非一无是处，“旅行袋”议会促进了拖延已久的改革，在修桥铺路方面做了一些有益的工作。但总的说来，这是一个可耻的时期。一位美国历史学家评论道：“黑人和‘只带旅行袋’的家伙所组成的政府是所有的英语国度里最坏的政府。”重建时期在南方留下的辛酸与仇恨远远超过四年内战所引起的怨尤。南方白人把共和党视为扶植黑人政权的党派，因而在以后的50年里几乎人人投民主党的票。黑人本身从重建中没有获得长期的好处，其地位的改善只是他们受玩世不恭的自私者所操纵的结果。如今他们又跌落低地，处于种族歧视的漫漫长夜之中。

* * *

从重建时期结束到19世纪的最后十年，美国的政治生活缺乏生气。人们对内战记忆犹新，尤其是南方人难忘那些往事。这场战争煽起的怒火仍然可以复燃。这种怒火确实常常迸发出来，在共和党的刺激下更是屡见不鲜。共和党在竞选期间采取“挥动血衬衫”[1]的恐吓手段，指责民主党人是乱民和叛国者。但战争本身已经结束，不会再起事端。没有出现足以分裂党派的重要问题，没有制定新政策，法令全书里也没有增加值得史学家注意的法案。当时的政治人物也不比他们参与的事件更引人注目。一些高尚可敬而才力平庸

1 Waving the bloody shirt，指共和党为赢得大选采用多种暴力和恐吓手段。——编者注

的人先后登上了总统的宝座，他们的主要长处是，在其执政期间没有发生像不幸的格兰特将军两次任职期间出现的那些腐败现象。国会里也尽是如一位史学家所说的“一本正经的可怜虫”，只有个别人例外。

既然当时的政治乏善可陈，经济发展便是头等要事了。在南北战争以后的二三十年里，经济前进的步伐加快了，现代美国的轮廓逐渐清晰。在 1860 年至 1900 年之间，美国的人口从 3100 万猛增到 7600 万。在某种程度上，人口激增是欧洲移民大量涌入的结果，因为欧洲移民在 40 年里达到 1500 万人。城市在迅速发展。人们发现并开发丰富的矿藏，建立了庞大的新兴工业。有人说：“在美国历史上的其他任何时期均未发生过如此迅速而彻底的变化，结果，林肯和李将军时代的乡村共和国变成了麦金利和罗斯福时代的工业化城市帝国。”

经济变化不仅改变了那些已经成为工业中心的地区，而且也改变了整个国家。甚至南方也开始了一场革命。由于战争和废除奴隶制，南方的农业已经崩溃，变化不可避免。南方大种植园主在战争时期的兵燹之害和重建时期的苛捐杂税打击下，几乎统统被迫将种植园分批出售，价格之低往往令人难以置信。成千上万的小农户因此得以扩大地产，更多的南方白人也变成了土地所有者。昔日辽阔的种植园消失了，无数的小农场取而代之，它们种植的农作物基本上同战前一样。黑人同奴隶制时代一样，仍是种植棉花的主要劳动力。由于没有资本，几乎所有黑人均无力购置或租赁土地。于是，缴纳“实物地租”的新式租赁形式出现了。黑人（后来还有无地的白人）使用农场主的工具为他们耕种土地，最后留下收成的三分之一作为劳动报酬。南方农业通过这些方式慢慢地得到复兴，可是几乎过了 20 年，昔日叛乱诸州的棉花生产才达到 1860 年的水平。从此，生产开始迅速发展。到 1900 年，棉花产量已经比战前增加一倍以上。

南方的大规模工业逐步建立。战前规模很小的南方纺织业及时复苏，然后开始发展。19 世纪末，拥有原料和廉价劳动力的南方总共约有 200 万个纱锭，在国内市场上敢于向新英格兰挑战。北卡罗来纳和弗吉尼亚的烟草工业也繁荣起来，田纳西和亚拉巴马发展了煤矿和铁矿，南方的钢铁工业趁势兴起。然而，总的来说，南方仍农业区，它的工业同北方相比有天渊之别。

南北战争有力地促进了北方的生产。联邦军队在战争期间需要大量的武器装备和衣服鞋袜。北方制造商有了政府的订货合同，便开始了大规模的生产。另外，国会在南方议员缺席期间，以法律形式肯定了北方工业家和金融家所要求采取的保护贸易措施。然而，这种支持只是加速了美国工业革命的到来。美国的矿藏一直是极其丰富的。在已知的世界煤炭储量中，美国占三分之二。它有大量的优质铁矿石和十分丰富的石油资源，在西部还有丰富的金、银、铜等矿藏。美国人具有创造力和改进他人发明的能力，善于将本国原料制成各种商品。此外，他们还建立了庞大的铁路网和运河网，为工厂运进原料、运出产品。此外，美国可以从欧洲得到劳动力和资本。她的大部分工业资本来自英国、荷兰和德国的投资者。建设美利坚合众国所需要的大部分体力和智力也由欧洲移民提供。

在这些有利的条件下，美国工业突飞猛进。每隔十年，匹兹堡地区的钢铁厂和俄亥俄、宾夕法尼亚两州的炼油厂的产量都会大幅提高，明尼阿波利斯和圣保罗的面粉厂、芝加哥和辛辛那提的肉类罐头厂、新英格兰的服装厂和鞋厂以及密尔沃基和圣路易斯的酿酒厂也日新月异。这里列举的只是美国最大的企业。在上述各个领域都出现了工业巨头，实力最雄厚的是石油大王洛克菲勒[1]和钢铁大王卡耐基[2]。这些人以百折不挠的精神和高超的手腕以及对竞争者的无情态度，建立起自己的经济帝国，从而掌握了巨大的财富，对社会产生了重要的影响。卡耐基和洛克菲勒同金融界的摩根[3]、铁路界的范德

1 John Davison Rockefeller（1839—1937），美国石油大王、亿万富翁，曾创建美国第一个托拉斯，退休后致力于慈善及教育事业。——编者注

2 Andrew Carnegie（1835—1919），卡耐基钢铁公司的创始人，美国钢铁大王，后成为美国最著名的慈善家之一。——编者注

3 John Pierpont Morgan（1837—1913），美国银行家，庞大的摩根金融体系创建者。——编者注

比尔特[1]和哈里曼[2]成为那个时代的代表人物，与政治舞台上那些死气沉沉的演员形成鲜明的对比。这些人的商业道德虽然值得怀疑，但他们在混乱中所开创的井井有条的工业局面，使家家户户享受到大规模生产的好处。由于他们的不懈努力，到1900年时，美国工业集中到一些大财团的手里，每个财团实际上都是它所处领域的垄断组织。这种局面不久便受到联邦政府的挑战。另外，美国再也不依靠欧洲的制成品了，她甚至将自己的产品打入欧洲市场。美国就这样度过了一个黄金时代。百万富翁们似乎是这个时代的典型代表，至少欧洲人认为如此。同时，这个时代也是动荡不安的时代，因为工业发展必然带来许多严重的问题。大城市里贫困现象十分严重，最穷的是新来的移民。时常发生突然而剧烈的金融恐慌，造成经济损失和破产。工人经常举行罢工，有些罢工会发展成暴力行动。工人开始组织工会，以此同实业家进行顽强的对抗。这种形势将导致20世纪初的工人运动和改革活动。大规模工业生产带来巨大而持久的利益，而在工业发展过程中产生的弊病只是缓慢地得到纠正。总之，这一切预示着生机勃勃、一日千里而矛盾重重的未来。

1 Cornelius Vanderbilt（1794—1877），美国航运和铁路巨头，19世纪仅次于洛克菲勒的美国第二富豪。——编者注

2 Edward Henry Harriman（1848—1909），美国金融家和铁路大王，哈里曼财团创始人。——编者注

第十八章 CHAPTER 18

美国成为世界强国

在美国发展成世界领先的工业强国的过程中，她的人民正忙于完成美洲大陆的拓殖活动。南北战争开始时，从大西洋岸边向西拓居的运动已经进行了 250 年，拓殖地区的边界线大致推到了西经 97 度，这条边界线穿过内布拉斯加州、堪萨斯州、俄克拉何马州和得克萨斯州。在这条边界线和太平洋沿岸的城镇之间是一望无际的荒野，这里素有大平原之称，其广袤约达 100 万平方英里。只有印第安人出没其间，此外便是他们要猎食的成群野牛了。大平原上雨量稀少，木材缺乏，似乎不适于耕种和居住。可是在不到一代人的时间里，白人在这一辽阔地区的许多地方定居下来，自然的边界线随之消失。在 30 年的时间里，密西西比河以西的人口从 1860 年的大约 500 万增至近 1800 万。美国从 33 个州增加到 44 个州。到 1890 年，西部只有四个州尚未成立。这四个州是犹他州、俄克拉何马州、新墨西哥州和亚利桑那州。它们都在 1912 年之前加入了联邦，当时美国的政治体制已臻完善。

白人拓居大平原的活动是在发现贵重金属的刺激下开始的。1859 年，落基山脉东坡的派克斯峰发现了金矿，淘金者开始涌入科罗拉多。后来又发现了金矿、银矿和铜矿，于是许多人蜂拥而至内华达、亚利桑那、爱达荷和蒙大拿，最后到了南达科他的布莱克丘陵。这些突然前来追求财富的移民并不都能建立永久的居民点，因为许多繁荣景象犹如昙花一现。当金银矿枯竭时，矿区的人们便纷纷外迁，留下的一座座空城标志着它们曾是矿区。金银的发现加速了西部的政治组合，刺激了铁路的兴建，因而促进了大平原的开发。

在促进大平原拓居活动的多种因素中，最重要的是铁路。当时是美国史上兴建铁路的伟大时代。南北战争结束时，美国的铁路有 3.5 万英里，不到十年，这个数字翻了一番，到 1890 年又翻了一番。最了不起的是几条横贯东西的铁路。第一条横贯大陆的铁路建成于 1869 年 5 月，于是，太平洋联邦公司从艾奥瓦州向西兴建的铁路同太平洋中央公司从加利福尼亚向东修筑的铁路在犹他州连接起来了。这项工程是这两个拥有百万英亩公共土地的公司在国会的资助下进行的。这种方法在其他地区也得到采用。19 世纪末，又建成三条横贯大陆的东西铁路干线。同时还修建了其他干线，促进了荒凉地区的开发。许多铁路公司直接参与了拓居西部的活动，因为它们发现，如果不使人们在铁路沿线定居，公司就不能盈利。东部各州和欧洲掀起了大规模的运动，极力改善人们对西部的印象。那里交通费用很低，也可以赊购土地，这一切诱使成千上万的人到大平原开辟新的家园。

到西部的移民还可以向州政府廉价购买土地。各州政府都从联邦政府手中得到了大片的无主地区。根据《宅地法》（*Homestead Act*），移民可以无偿地得到土地。这个法案规定，在西部定居的所有白人成年男子可以得到四分之一平方英里（约合 65 公顷）的公共土地。虽然这个法案的漏洞使土地投机者从中渔利，但它毕竟使大批拓居者无偿地得到了土地，这些土地大部分在密西西比河以西。据估计，1890 年的拓居者总数达 100 多万。

只有扫除印第安人这个障碍，西部拓居活动才能顺利进行。南北战争爆发时，印第安人已经在白人西进的压力下退到大陆西半部。如今，他们被赶出最后的避难所，他们的历史又增添了悲惨的一页。文明世界的扩张威胁着大平原上游牧部落的狩猎场乃至他们的生存，迫使他们以坚决的残酷行动抵御入侵者。从北面的苏族人[1]和克劳人[2]到南面的科曼奇人[3]和阿帕奇人[4]，他们都是出色的骑手和勇敢的战士。他们的弓箭比联邦军队起初使用的前装枪[5]更有威力。可是，他们最终将不可避免地遭到失败。白人在组织、数量和战略上早就占据优势，温彻斯特连发枪[6]和科尔特左轮手枪[7]的应用使他们的优势更加突出。大批野牛被猎杀对印第安人是致命的打击，猎杀者主要是东部皮革加工商雇用的职业猎人。到19世纪70年代初为止，每年有二三百万头野牛被猎杀取皮。十年以后，一个博物馆的考察队去采集标本，他们在整个西部地区只发现了200头野牛。大平原上的印第安人靠野牛过活，他们不仅食用野牛，还以它们充当衣服和燃料等多种生活必需品。在野牛濒于灭绝之时，游牧生活也无法维持下去了。印第安人只好依从政府的计划，被赶到印第安人居留地。

在半干旱的西部地区，尚未找到使农业有利可图的手段。淘金者离开之后，首先迁来的不是农民，而是牧场主。在南北战争结束以后的20年里，他们经常把畜群从得克萨斯赶到中西部，把大平原作为这个漫长行程中的牧场。当他们经过印第安人居住区时，畜群经常受到袭击。然而，他们每年竟能把牛群从西南部的牧场赶到堪萨斯和内布拉斯加的养牛中心。这些牛在那里长膘到可以上市时，便被用船运到堪萨斯城或芝加哥的围场和罐头厂。农民仍然不肯来到大平原。在这辽阔的草原上，几乎看不见树木，没有木材可供建筑房屋、谷仓和栅栏之用。更严重的是，西经98度线

---

1 Sioux，旧时居住于美国西部平原的北美印第安族群。——编者注

2 Crows，北美大平原印第安民族，主要聚居于黄石河及其支流一带。——编者注

3 Comanche，北美大平原印第安原住民族，主要集中在俄克拉何马州西部以及得克萨斯西北部。——编者注

4 Apache，北美西南部印第安人，以狩猎和采集野生植物为生，农业为辅，常打劫当地农民。——编者注

5 Muzzle-loader，即在前枪口装子弹的旧式滑膛枪，早已被淘汰。——编者注

6 Winchester repeating rifle，19世纪80年代由美国温彻斯特连发武器公司研发的一系列步枪，其火力持续性远超之前流行的单发步枪。——编者注

7 Colt revolver，即转轮手枪，手枪类小型枪械，因其由美国人塞缪尔·科尔特（Samuel Colt，1814—1862）发明而得名。——编者注

到落基山脉之间的年降雨量往往低于 20 英寸，而这是农作物所需要的最低限量。

此时，科学开始在大平原发挥作用。人们终于摸索出旱地耕作技术。实行深耕后，松软了的土壤可使水分上升。经常耙地可以防止水分蒸发。人们从俄国引进了新的小麦品种，这些新品种有抗旱能力，也能抵抗大平原上常见的小麦锈病。但是，农业之所以能够在这里发展起来，主要是依靠发达的工业。收割机、脱粒机和改进的铧犁等许多农业机械，使西部农民能够耕种大面积的土地，以弥补单位面积的低产。而且，人们发明了带刺的铁丝网。从此，长途赶运畜群的活动结束了，围栏的问题也得到了解决。

在 19 世纪的最后 25 年里，许多农民迁到大平原。到了 1890 年，“边区”已经消失了。按照官方的说法，“边区”指的是每平方英里只有二至六人的地区。负责人口普查的总监说，在以前无人居住的地区“出现了许多互不联系的拓殖团体，因此已无边界可言”。大约 300 年前在弗吉尼亚的詹姆斯敦开始的拓殖活动如今终于结束了。迄今为止，边界一直是美国的安全阀，从这里排出了强烈的野心和大胆而狂躁不安的情绪。如今这个安全阀已经关上，所以美国迅速发展所带来的问题和压力立刻变得极为严重。

* * *

美国政治在重建时期结束以后沉睡了一段时间，此时突然醒来了。叫醒它的闹钟是人民党[1]运动。这个新运动源于农民的强烈不满情绪。这一运动蓬勃发展，在 1896 年达到高潮。当时，已经同民主党合并的人民党

---

1 The Populist Party，成立于 19 世纪末，反映小农场主和小资产阶级的民主倾向，曾为美国最成功的第三党。——编者注

积极投入了竞选。在美国历史上，那一年的总统竞选最为激烈，也最为壮观。争论的焦点只是一个问题，即是否发行金银两种货币的问题，亦即实行单本位制还是金银复本位制的问题。这场斗争称为“本位制之战”。农业利益集团力图把金融家和工业家自南北战争以来控制的联邦政府权力夺过来。

美国农业同其他行业一样，从南北战争以来得到迅速的发展。不到40年，农场的数量和耕地面积增加了两倍。小麦、玉米、棉花和其他农产品的产量也成倍增长。然而，农民的生活却更加艰难。由于产量的增加，农产品价格不断下降。与此同时，生产费用不断上升，以致大量的农民处境维艰。许多人被迫充当佃农，抵押地产的现象层出不穷。

这种萧条景象是由多方面原因造成的。在一些地区，特别是在南方和中西部，过度的耕作方法破坏了土壤的肥力。在其他地区，例如在大平原上，农民面临着特殊的自然灾害。然而，这些困难往往是正常现象，农民处于苦境之真正原因，在于其他方面。虽然人口增长和城市发展对粮食的需求量极大，但农产品还是过剩。加拿大、南美洲和澳大利亚都出现了同样的农业繁荣，在世界市场上同美国农民进行自由竞争。可是，美国农民被迫在实行保护主义政策的国内市场上购买农具和生活必需品。联邦政府的关税政策以及垄断集团和托拉斯的强硬措施，人为地使农民所需的工业品价格不断上涨。农民不仅受到制造商的剥削，也受到铁路公司的盘剥。西部农民向市场运送农产品时，依赖附近唯一的铁路线，因而被迫补偿铁路由于运送工业品而受到的损失。农产品的运费很高，有一段时间，把粮食当作燃料烧掉反而比卖掉更合算。铁路公司采取的诸如此类的做法引起强烈的不满。贷款的高利率对大部分负债的农民阶级是很大的压力，似乎是最沉重的负担。为了偿还同一笔贷款，需要越来越多的农产品。西部的银行业不发达，农民只好向东部金融家举债，利息在8%到20%之间。联邦政府采取紧缩通货的财政政策，使农民更为不满。在经济发展空前迅速的时代，联邦政府却根据企业利益集团提出的实行稳健货币政策的要求，决定紧缩通货，停止铸造银币，收回南北战争期间发行的部分纸币。

联邦政府始终无视农民及其依附者的利益，这种做法实在令人吃惊，因为这些人几乎仍占全国人口的半数。但是，他们自己在政治上不团结，由于南北战争引起的偏见，西部人和南方人之间仍有一条很深的鸿沟。南方人坚决支持民主党，而西部人则基本上站在共和党一边。如果不把农业问题同其他政治问题区别开来，农民就不可能迫使联邦政府认真考虑他们的要求。他们只有像“大财团”和工人那样组织起来，才能摆脱更强大的经济集团的盘剥。

于是，全国性的农业组织开始形成。第一个组织成立于 1867 年，名为“保护农业社”（Patrons of Husbandry），人们往往称其为“格兰其”。过了若干年，成员仍然不多，但在 1873 年的经济衰退之后，这个组织迅速扩大。经过两年的时间，格兰其几乎扩大到各个州，有两万个分会和 80 万会员。此时，格兰其已经不是单纯的社会组织，许多州的分会共同创办了推销农产品和采购工业品的企业。农民们希望联合经营奶制品商店、谷物仓库、货栈、信贷机构甚至工厂，以便免受中间人的剥削。格兰其在许多州派生出政治团体，在密西西比河的上游流域出现了各种名称的农民党。这一切可能显得与上层政治无关，但美国的国内事务首次使人们看到，国家的重大决策取决于局部利益的协调。格兰其控制了一些州的议会之后，颁布了一些法案，限制铁路公司的不法行为。可是，这些所谓的格兰其法案并不十分有效。要想制定出铁路公司无法逃避的法案，实际上是不可能的。想强迫它们就范也很困难，因为司法界支持铁路公司。最高法院在 19 世纪 80 年代作出一系列决定，严格限制了各州的立法权。

农业情况在 19 世纪 70 年代末有所好转，格兰其因此急剧衰落。农民争取联合行动的初次尝试以失败告终。形势不久又开始恶化，西北部和南方开始出现新的农民组织，叫作农民联盟。这些联盟所进行的社会和经济活动同格兰其相仿。其实，它们主要是根据格兰其的模式建立的。所不同的是，这些联盟几乎在成立之初就提出了政治纲领，要求削减关税，放松通货，对铁路公司实行严格限制。这个运动的政治诉求日益强烈，最后形成了人民党的主张。

人民党运动爆发于1887年开始的严重农业危机，愈发激烈。由于旱象严重，农业普遍歉收，结果许多农民失去了抵押品赎回权，一大部分农户破产。农民此时清楚地认识到，两大政党不会为他们谋取任何利益。联盟运动因此广泛展开，自动转变成人民党运动。

农民的不满情绪是人民党成立的起因，它的大部分追随者也是积怨甚深的农民，但它也包括许多其他团体。美钞党[1]和联邦工党等短命政治组织的残余分子所组成的“劳动骑士团”工会和形形色色的狂热者加入了人民党，其中有主张妇女参政的人，也有提倡单一税的人。这些团体使人民党运动多了许多想入非非的狂热者，但农民也向人民党输送了一些怪诞不经的人物。该党的领导者中有绰号为“干草叉”（Pitchfork）的本·蒂尔曼（南卡罗来纳州人）、绰号为“不穿袜子的苏格拉底”[2]的杰里·辛普森（堪萨斯州人）以及向大平原的农民建议“少种粮食多闹事”的信仰复兴者玛丽·埃伦。人民党运动的这些领袖是美国政治舞台上从未出现过的一类人物。

人民党在1890年的各州选举中获得大胜，大有在两年以后的总统选举中荣获桂冠之势。他们的竞选人是詹姆斯·B.韦弗，此人曾是已经解散的美钞党的领袖。许多农民尽管处境艰难，却不愿放弃历来的党派立场。虽然韦弗得到了100万张选票，民主党候选人格罗弗·克利夫兰仍然当选，险胜他的共和党对手是本杰明·哈里森。

---

1 The Greenback Party，也叫绿背党，成立于1874年，然而19世纪80年代即解散。该党唯一目标是货币改革，主要支持者为农场主和小企业主，后又得到工人阶级的支持。——编者注

2 苏格拉底（Socrates，约前469—前399），古希腊哲学家、思想家。“不穿袜子的苏格拉底”用来形容杰里·辛普森（Jerry Simpson）这位不太讲究的农民领袖。——编者注

克利夫兰的第二届总统任期刚刚开始（他在 1885 年至 1889 年已任一届总统），经济危机便降临了。一场金融恐慌使企业纷纷倒闭，因而大城市里有无数人失业。工人纷纷举行罢工。农产品价格进一步下跌。克利夫兰无力制止经济衰退，他的支持者怨语纷纷。他们当中的许多人不赞成他的关税政策，也不赞成他 1894 年在芝加哥以武力镇压普尔曼铁路公司工人大罢工的做法，那次罢工使全国的一半铁路陷入瘫痪状态。但是，把失望的民主党人赶入人民党阵营的真正原因，是他拒绝采取通货膨胀政策。这种政策的支持者认为，他的过错是利用职权强行废除了 1890 年通过的《购银法案》（*Silver Purchase Act*）。该法案规定将银币数量增加一倍，旨在增加货币流通量，提高农产品价格。金银复本位论者认为，该法案没有达到这两个目标，说明它没有得到充分执行。唯一的补救措施是不限量地铸造银币。克利夫兰则认为，这个法案引起了 1893 年的大恐慌，因此必须实行金本位制度。

在此之前，无限量铸造银币的问题已经讨论了多年，《购银法案》的废除使它又成为人们争论的中心问题。从 1893 年到 1896 年，这个问题的紧迫性逐渐超过所有其他问题。农民早就主张实行通货膨胀政策，他们认为它是提高农产品价格的有效途径。有的农民在早些时候曾向美钞党频送秋波，因为美钞党人允诺要实行通货膨胀政策，发行更多的纸币。现在，主张平均地权的人认为，应该利用矿山生产的所有白银铸造硬币，以便恢复繁荣。企业界认为，这样做必将导致破产。他们指出，要引起通货膨胀易如反掌，而要加以制止则须费九牛二虎之力。金本位制才是稳定经济的法宝。于是，是否实行通货膨胀政策的问题成为下一次总统竞选的斗争焦点。

起初，人们不知道人民党究竟将提出自己的候选人还是同民主党共同提出一名候选人。民主党于 1896 年 7 月在芝加哥召开大会时，就这个问题作了决定。由于通货膨胀政策的支持者控制着民主党，大会确定了无限量铸造银币的政纲，指定内布拉斯加州的威廉・詹宁斯・布赖恩作为候选人。布赖恩在会上发表的题为“金十字架”（Cross of Gold）的讲话，慷慨激昂地攻击了金本位制论者，这次讲话堪称美国雄辩术的不朽杰作之一。人民党对这样的候选人和政纲表示满意，因而同意布赖恩为候选人。他们虽然没有完全放弃单独竞选的计划，却同民主党人并肩对付共和党候选人、金本位制论者威廉·J. 麦金利。布赖恩有难以克服的不利条件，党内存在着严重分歧，报界、企业界和金融界都反对他。他以三寸不烂之舌，开始积极进行竞选活动，然而，这只是徒劳而已。麦金利在竞选期间一直深居简出，最终却获得胜利，比他多得了 50 多万张选票。

人民党孤注一掷地支持布赖恩竞选，所以在他失败以后很难恢复元气。人民党又撑了很久才正式解散，而它的崩溃实则始于此次选举。它的追随者要求采取的大部分措施，后来被 20 世纪的改革运动重新提了出来，几乎全部成为法律。无限量铸造银币的要求始终没有实现，但是农民通过另一途径达到了目标。由于克朗代克和南非发现新的金矿，世界黄金供应量在 19 世纪末急剧增加。货币流通量也随之增加。1900 年，国会通过了《货币法案》（*Currency Act*），美国便开始实行金本位制，没有遭到任何反对。要求无限量铸造银币的争论几乎被人遗忘了。

*　　*　　*

布赖恩在总统竞选中再次同麦金利对阵时，四年前人们对他们的角逐表现出的热情已经完全消失。经济危机已经结束，大地又呈现出繁荣景象。美国人开始忽视国内事务，把眼光转向更广阔的天地，因为在这两次总统竞选之间，美国开始在世界事务中扮演与她的实力相适应的角色。

自拿破仑垮台以来，美国人民一直忙于拓殖美国大陆和开发它的自然资源，对外交事务漠不关心。如今，拓殖活动已经完成，经济发展的工作卓有成效，他们又开始寻找可以奋斗的新天地。到 19 世纪 90 年代，所有的工业强国都产生了建立帝国的欲望，英国、法国和德国在寻求新的殖民地和市场方面尤其活跃。欧洲的这股潮流对美国也产生了影响。由于这些和其他原因，美国人有了强烈的进取精神，他们在1895年因委内瑞拉的边界问题同英国发生纠纷时初次表现出这种精神。

南北战争结束以后，英美关系一直很冷淡。虽然格拉德斯通政府解决了两国关于“亚拉巴马号”的纠纷，英国在南北战争中对南方的支持给美国人留下了无法消除的怨恨。此外，在白令海峡捕捉海豹的问题上，在有关美国渔民在加拿大海域捕鱼的权利问题上，还有在如何解释1850年签订的《克莱顿－布尔弗条约》（*Clayton-Bulwer Treaty*）中有关巴拿马运河这一问题上，两国经常发生争吵。然而同委内瑞拉的边界问题相比，上述问题则显得微不足道。长期以来，委内瑞拉这个南美共和国同英属圭亚那的边界一直没有确定。美国多次建议进行斡旋，这些主动的提议却遭英国的拒绝。1895年夏，美国国务院在照会中再次提出这一建议，克利夫兰总统称之为“20英寸大炮式的照会”。照会谴责英国违背门罗主义，并要求她明确答复是否愿意接受调停。索尔兹伯里勋爵没有立即作答，等待美国人的情绪冷静下来。他在12月作出答复，表示拒绝斡旋，并指出美国政府对门罗主义的理解是错误的。鉴于这种情况，克利夫兰写信对美国国会说，美国将独自确定这条边界，强迫冲突的双方接受她的仲裁。

有几天，英美战争似乎一触即发，但是，美国人很快就用理智代替了爱国主义热情。英国舆论对争端没有作出强烈反应。在这一危机达到高潮之时，有消息传到伦敦说，德国皇帝电贺南非总统克鲁格击退詹姆森的进攻。复杂的帝国斗争（本书对此将另作详述）分散了伦敦的注意力，英国人的怒气从美国转向了德国。英国政府在欧洲和南非事务中陷得太深，无暇同美国争吵，所以同意由美国进行调停。特别法庭基本上满足了英国就圭亚那的边界问题提出的要求。从此，英美关系开始稳步发展，主要是英国认识到了可能陷入孤立的危险。她看到德国海军的壮大而愈发惊恐，遂向美国作出友好的表示，美国则乐于作出响应。

美国人的强烈自尊心不会永远处于抑制状态，它在古巴反抗西班牙统治的起义中表现了出来。当起义者在1895年奋起反抗之时，美国社会舆论立即支持他们争取独立。有关西班牙人犯下种种暴行的消息令人怒发冲冠。西班牙将军韦勒把平民赶到集中营，致使数以千计的人病死，这一政策受到无情的谴责。纽约两家互相竞争的报纸对这些暴行大加渲染，人们纷纷要求美国进行干涉。1898年，要求对西班牙宣战的呼声响彻云霄。同年2月，奉命到古巴保护美国人生命财产的美国军舰“缅因号”在哈瓦那港被水雷炸毁，舰上的绝大部分人员不幸殉难。事件发生后，西班牙政府急忙向美国作出让步。麦金利总统本拟接受这些让步，但鉴于公众义愤填膺，遂于4月11日向西班牙宣战。

这场冲突只持续了十个星期，美国人连连取胜。派到古巴的美国远征军虽然抱怨陆军部指挥不力和战场上的指挥官无能，却不断取得速决战的胜利，终于迫使岛上的西班牙军队全部投降。5月1日，海军准将杜威在马尼拉湾的海战中打垮了西班牙的主力舰队。西班牙的加勒比海舰队在古巴的圣地亚哥港外被歼灭。西班牙在8月求和，12月在巴黎签订和约，古巴获得了独立，美国获得了波多黎各、关岛和菲律宾。

这场战争大大有助于治愈南北战争的创伤。爱国主义的热潮席卷全国，北方人和南方人都为他们共同的国家所取得的胜利感到自豪。南北两方的年轻人争先恐后地参加远征军，在攻打圣胡安山时并肩战斗。著名的原南军骑兵指挥官乔·惠勒感慨地说，为美国国旗打一仗等于多活15年。这次战争还表明，美国人民充分意识到了美国作为世界强国所拥有的力量。在1898年至1900年之间，他们不仅从西班牙手里夺取了一些领土，而且得到了夏威夷、萨摩亚群岛的一部分和太平洋上无人居住的威克岛，从而进一步加强了殖民地位。美国虽然尚未放弃孤立主义，但从此对国内事务的关注却减少了。她开始在国际舞台上发挥重要作用。西班牙战争也促进了美国同英国的新型友好关系，因为在这次冲突中，英国是支持美国的唯一欧洲国家。美国人民对此表示赞赏。在 19 世纪将要结束时，英美两国人民在世界事务中的进一步合作关系已经奠立了基础。写到这里，我们要离开有关美国灿烂未来的话题，回顾一下大西洋东岸英国的党派斗争。

第十九章 CHAPTER 19

爱尔兰自治

格拉德斯通于1880年再次担任首相时，他的处境不如12年前任职时那样顺心。那时内阁坚定，党内统一，通过了许多改革法案。如今表面上看来前程似锦，因为他在获胜的大选中比保守党多得了137个席位。可是下议院刚刚开会，议长便说，格拉德斯通有“一辆难以驾驭的马车”。事实果然如此。从来没有哪届政府在任期开始时这样被寄予厚望，也没有哪届政府在任期结束时如此令人失望。

主要毛病在于自由党的肌体。长期以来，自由党一直为意见来源的多样化带来的力量而感到自豪。但它很快就开始注意到，辉格党人与激进派之间以及右派与左派之间的分歧是无法消除的。在第一届格拉德斯通政府中，几乎没有不和现象。但辉格党的守旧派认为，改革进行得差不多了，格拉德斯通在某种程度上也赞成他们的看法。他对激进派核心人物采取的方法十分反感，蔑视他们主张的社会和经济改革政策。他写道：“他们最喜欢的观点是他们所说的建设性行动，即把个人事务交给国家处理。”他认为辉格党人比约瑟夫·张伯伦之流的激进派新来者更适于合作。外交大臣格兰维尔勋爵等人是格拉德斯通的多年至交和同事。格拉德斯通始终认为，为数不多的有修养的贵族是自由党事业的天然领袖。

组阁时，格拉德斯通被迫抚慰辉格党人。在他下野期间担任下议院自由党领袖的哈廷顿侯爵从来不赞成他攻击迪斯累里的东方政策。哈廷顿和他的朋友们现在很担心，不知格拉德斯通首相下一步要攻击哪个目标。结果，激进派当中只有张伯伦进入内阁，得到贸易大臣这个不重要的职务。这是格拉德斯通犯下的第一个大错。不仅辉格党内阁根本不适应自由党党内日益激进的倾向，而且，首相将在重要的政治和内外事务中，尤其在爱尔兰问题上，同自己的同僚发生直接冲突。有如此严重分歧的内阁绝不会成为有效的统治工具。格拉德斯通的传记作者约翰·莫利写道，这个内阁不仅是个联合政府，而且是“伤脑筋的联合政府，持异议者有时对待分歧像对待和谐那样高兴”。掌控政府的是“非凡老人”，格拉德斯通在 71 岁时就得到了这个称号。他仍然精力充沛，政治热情逐年增长。在同僚之间犹如鹤立鸡群。有一名阁僚写道，他不在内阁时，“我们简直像没有猫管束的老鼠”。

但是这并不是说，只有自由党人，或者更确切地说只有辉格党人，才有困难和烦恼。在民主运动的冲击及其对传统利益的威胁中，托利党领袖感到震惊不已。他们开始忘却迪斯累里经过长期努力企图使他们吸取的教训。他们在下议院的领袖是斯塔福德·诺思科特爵士，此人当过格拉德斯通的私人秘书，对这位巨人犹有畏惧之心。其他前座议员害怕实行普选权，极力坚持他们年轻时的信仰和实践，仍然保持着当年的胆怯心理。一批为数不多而极其能干的人也加入了两党的斗争，他们在国会采取的勇敢的游击战术是古来少有的。这些人号称“第四党”[1]，其中有伦道夫·丘吉尔勋爵、A.J. 贝尔福、亨利·德拉蒙德·沃尔夫爵士和约翰·戈斯特。他们以无情或毫不尊重

1　Fourth Party，1880 年至 1885 年间英国保守党激进派的绰号。伦道夫·丘吉尔（Randolph Churchill，1849—1895）为其主要领导人。该派别倡导社会和宪法改革，要求改革保守党组织，使其更具自由和民主精神。——编者注

的态度嘲笑格拉德斯通。但是，迅速上升到重要地位的伦道夫勋爵对自己一方的领袖们进行了最猛烈的攻击。他在致《泰晤士报》的一封信中指责他们"坐失时机，优柔寡断，莽撞出击，摇摆不定，怕负责任，压制中坚，勾结政府，渴望联合，嫉贤妒能，废话连篇，缺乏远见"。他不仅在国会里谴责他们，而且以"信任人民"的格言和"保守党民主主义"的口号，向民众直接发出呼吁。他取得显著的成功，不久便掌握了同索尔兹伯里不相上下的权力。

这些年的党派斗争有新的特点。激进势力和托利党民主势力的崛起使传统的议会制陷入了混乱。各方争论的问题错综复杂，打破了党派的界限。冲突十分激烈，往往是两败俱伤。张伯伦和伦道夫勋爵之间虽然有时发生严重的分歧，但他们的共同点多于同自己党内领袖的共识。后来格拉德斯通利用爱尔兰自治这把利斧，迫使人们在这个重大问题上作出明确的抉择，清楚地划分了政治界限，两党势力的交织状态始告结束。

* * *

自由党人常常抱怨说，每当他们接替保守党掌权时，总是接过一堆复杂的帝国烂摊子，被迫处理与他们的反帝情绪格格不入的事情。1880 年的情况就是如此。他们首先碰到的难题之一来自南非。在那里，布尔人建立的德兰士瓦共和国早已困难重重，内部混乱，濒于瓦解，东部边界受到祖鲁王国的军事威胁。为了使这个共和国免遭亡国之灾，迪斯累里政府将它吞并。这个行动起初没有遭到任何异议。迪斯累里希望以加拿大为样板，把南非的白人社会统一为自治联邦，只是时机尚未成熟。德兰士瓦的布尔人又产生了恢复独立的强烈愿望，他们等待时机，准备推翻英国的统治。英军在 1879 年消除了祖鲁人的威胁，布尔人因此感到外患已除，可以动手了。他们希望从自由党政府手里获得独立，这大概是很自然的。格拉德斯通曾经谴责吞并德兰士瓦共和国的行径，而党内有许多人对非洲土著的同情超过对布尔人的支持。他本人认为，联邦制度是解决南非问题的唯一办法，因而拒绝立刻改变现状。1880 年底，布尔人发动叛乱，在马朱巴山消灭了英军的一支小部队。在南非的英国部队足以粉碎布尔人的力量，但格拉德斯通对社会上要求报复的呼声不予理睬，继续进行在马朱巴山冲突以前早已开始的谈判。双方最终在 1881 年达成了《比勒陀利亚协定》(*Pretoria Convention*)，德兰士瓦的独立地位得到承认。该协定在 1884 年作了修改。这次运用自由党原则的结果为布尔人在南非的权力奠定了基础。倘若没有下面两个因素，一切会进行得更顺利。第一因素是，兰德河畔发现了极为丰富的金矿，于是在布尔人的农业共和国里突然出现了淘金城，城内熙熙攘攘，居民国籍纷杂。第二因素是，塞西尔·罗兹在开普敦进入了政界，他具有化梦想为现实的能力，决心建立庞大而统一的南非自治领。这两个因素产生了一定的后果。

*　　*　　*

如同格拉德斯通所预料的那样，迪斯累里购买苏伊士运河股票的行动虽然是英明之举，却立即在埃及引起了各种问题。格拉德斯通就职时，埃及在名义上由土耳其派出的总督统治着，而实际上处于英法两国的控制之下。埃及总督出售运河股票以后，只是暂时避免了破产的厄运。不久以后，英法两国任命了督债专员，以监督他的财务和其他许多事务。英国派出的专员是埃弗林·巴林，此人后来受封为克罗默勋爵，是大英帝国最能干的殖民地总督之一。他将主宰埃及命运达 30 年之久，只有中间一段时间除外。1881 年底，阿拉比上校发动的民族起义结束了英法两国对埃及的控制。这次起义得到军队的支持，迅速发展到全国各地。格拉德斯通企图实行“列强协力维护欧洲和平”的原则，结果碰了壁。法国政局突变，她无力干预埃及事务，其他欧洲国家则袖手旁观。1882 年 6 月 11 日，50 名欧洲人在亚历山大发生的骚乱中被杀。阿拉比开始在该城布防，威胁到港内的英国船只。英方先是提出警告，接着在整整一个月以后轰击炮台，打坏了阿拉比的大炮。几天之后，英国政府决定派加尼特·沃尔斯利爵士率领一支军队前往埃及。这支军队到达埃及后取得了胜利，于9月13日在特勒凯比尔彻底打败了阿拉比的军队。格拉德斯通为这次胜利而高兴，但也感到内疚。自由党的本意是赞成撤退，可是埃及不会成为真空。吞并埃及将是合乎逻辑的行动，而且不会使其他欧洲国家感到意外，但它同自由党的是非观念是格格不入的。格拉德斯通最后作出了最坏的抉择。英国人仍然担负着占领埃及的重任，而大权却继续掌握在督债专员的手里。在这种情况下，欧洲各强国都可以进行干涉。巴林在1883年担任埃及总督，成为这个国家的实际统治者，亟须改革的新时代开始了。

干涉埃及使英国卷入更为复杂的苏丹事务。这片辽阔的领土南北超过1000英里，从埃及边界沿着尼罗河向南延伸，几乎直抵赤道。它属于土耳其驻埃及总督的管辖范围。开罗派去的官员不顾英国顾问的劝阻，在那里实行残暴的统治。在埃及人起来反抗英法的同一年里，苏丹人也起来反抗埃及人。苏丹人的领袖是个狂热的穆斯林，也叫“马赫迪”[1]。他很快就打垮了一支埃及军队，不久便控制了苏丹的大部分地区。格拉德斯通称苏丹人是“正在为自由而进行正义斗争的民族”。这种说法对马赫迪的军队未免过奖了，他们残忍好杀，走到哪里就把恐怖带到哪里。或者征服苏丹，或者从那里撤出，二者必居其一。英国政府决定撤退。埃及人只好同意。1883年底，英国决定撤回远在苏丹南方的驻军，她是埃及军队的指导者，因此应对它负责。作出这个决定容易，但执行起来却很难。1884年1月14日，查尔斯·戈登将军肩负着内阁授予的撤退使命离开伦敦。

戈登本人曾在苏丹服役，制止过奴隶贸易活动。他有自己的信念，并将

---

1 Mahdi，即先知之意。穆斯林渴望拥有拯救世界、伸张正义的先知，因此这位苏丹人的领袖自称先知可以吸引许多追随者。——译者注

为此付出生命的代价。他在2月抵达喀土穆后立刻认识到，撤出苏丹让马赫迪的穆斯林主宰这个国家是错误的。于是，他要求英政府增派部队，并提出了反攻计划。英国政府对前线的这一变化感到吃惊，它也许已经预料到，戈登决不会轻易撤退。撤退绝对不合戈登之意。他决心坚守喀土穆，直至他自己要求的使命彻底完成为止。他意志坚强，也很任性，决心反抗格拉德斯通不进行新的殖民冒险活动的决定。伦道夫·丘吉尔勋爵在下议院首先提出了戈登的安全问题。他在3月向政府直截了当地问道："政府仍将无视它为了摆脱困境所唯一可以依靠的人的命运，任其独自挣扎，不给予任何帮助吗？"伦道夫勋爵得到的是闪烁其词的答复。戈登频频告急，巴林在开罗替他飞章催援，当时首屈一指的军事家沃尔斯利勋爵也力陈利害，但英国政府仍然无动于衷。5月，戈登被围困在喀土穆。英国政府仍继续奉行索尔兹伯里勋爵所说的"逃避政策"，拒绝驰援。

春夏两季，英国舆论日益强烈，人们召开大会，要求援救戈登。但是，格拉德斯通此时关心的是其他问题，一个是改革选举权的问题，另一个是坚定的无神论者查尔斯·布拉德劳的事情。此人当选为国会议员，却被摒于国会之外，此事在下议院惹起轩然大波，使首相感到内疚六年有余。5月，伦道夫勋爵在下议院批评格拉德斯通说："我把他对待戈登将军和布拉德劳先生的态度作了比较，如果他对蛊惑人心的渎神者表现出的可贵的道德观念有1%用来支持一位笃信基督教的人，戈登的使命必将顺利完成。"

陆军大臣哈廷顿勋爵在内阁一直坚持援救戈登的主张，他说这是有关民心的问题。最后根据他的要求，政府被迫派出援兵。沃尔斯利于9月匆匆前往开罗，不出一个月便集中了一万作战部队。他知道，以快速进攻的手段对付马赫迪密集的长矛兵是行不通的。兵贵神速，可是不应冒险。他估计，即使有巩固的基地，最快也要进行半年的战役。10月，他从埃及边界出发，开始了直指喀土穆的800英里远征。他的大部分行程要经过未曾测绘的尼罗河河段，途中有许多瀑布和急流险滩，而且酷暑蒸人。在苏丹北部，尼罗河急转东去。沃尔斯利意识到，时间十分紧迫。他还感到，英国对他和戈登两人十分关心，并对他们两人之间的遥远距离表示严重的关切。他的主力部队必须马不停蹄地向上游前进，经过所有瀑布之后稍事休整，然后扑向喀土穆。同时，他命令赫伯特·斯图尔特爵士率领的骆驼队径直穿过150英里的沙漠，奔向喀土穆城北的尼罗河畔。斯图尔特在12月30日出发，行动果断。1月17日，他在喀土穆以北120英里的阿布克里受到穆斯林大军的攻击。他的队伍不到2000人，而敌军的人数至少有五倍之多。在一阵猛烈的冲击下，英军方阵被马赫迪率领的狂热的穆斯林队伍攻破，但英军最后取得了胜利。两天以后，斯图尔特率领的先头部队在敌人的不断骚扰下抵达尼罗河岸边，但他本人受了重伤。接替他的指挥官面临着危险的局势。1月21日，戈登从喀土穆派出汽艇赶到那里。斯图尔特的部队需要进行侦察和处理伤员，所以不可避免地耽误了时间，真是令人遗憾。24日，由26名英国人和240名苏丹人组成的一支队伍乘着两艘汽艇顺流南下，穆斯林在岸上用滑膛枪向他们射击。28日，他们到达喀土穆，然而为时已晚。戈登的旗帜已经不在官邸的上空飘扬，他停止了呼吸。喀土穆在其保卫者的浴血奋战之后，于两天前陷落了。戈登只身战死，没有得到同胞的丝毫援助。全国大概有一半人认为，格拉德斯通是杀害戈登的凶手。维多利亚女王悲痛万分，在给格拉德斯通的电报中坦率地表达了这种心情。诚然，戈登违抗了命令，他在日记中也承认了这一点，但是，派他出征的政府实际上抛弃了他，这个事实是不容否认的。几乎取得成功的英国援军退回埃及。格拉德斯通后来承认，英国政府派一个将军前往喀土穆，他具有此类人物的一切优缺点，政府为此付出了代价。

* * *

自由党在国内采取的行动也同样动摇了它的地位。当全国人士都在考虑戈登的问题时，政府却在争取通过重要的改革议案。该项议案使扩大选举权的运动臻于完善。根据这个议案，几乎每个成年男子都可得到选举权。这个议案获得通过，它取消了尚存的小自治市，把全国分成各出一名议员的若干选区，只有个别的地区例外。这一切是 1867 年法案的自然发展，使本来已经相当困难的形势进一步恶化。选区单一代表制废止了每个选区各出一名辉格党议员和激进派议员的惯例。自由党人和激进派乘此机会得寸进尺。张伯伦多次攻击“既不种田，也不织布”的阶级。他提出所谓“未经批准的纲领”及其“三亩地一头牛”的著名口号，把攻击目标从城市转向农村。辉格党人无法忽视这一挑战，他们同激进派有相当严重的分歧，永远不能再合作了。1885 年秋，上院保守党领袖、在任首相索尔兹伯里说，格拉德斯通“要求团结的呼吁是要人们阳奉阴违”。

格拉德斯通突然宣布开始奉行爱尔兰自治政策，使人无法预料英国的政治走向。为了理解这一事件的意义和影响，我们必须回顾一下令人抑郁的爱尔兰局势。自从 1840 年的大饥荒以来，爱尔兰一直处于水深火热之中。爱尔兰农民，尤其是西部地区的农民，几乎家徒四壁，一贫如洗。戈登将军曾在写给《泰晤士报》的信中描写过他们的苦境：“根据各种材料和我目睹的情况，我必须承认，那些同胞的境遇无法同世界上任何民族相比，更不用说同欧洲相比了。”他们“生活在我们连放牛都不愿去的地方，处于饥饿的边缘”。爱尔兰是个贫穷的地方，现在还是如此。经过饥荒和向外移民之后，她的人口仍然过密。英国政府的政策使爱尔兰人的境况进一步恶化。爱尔兰农民被当时的土地制度所压垮，他们痛恨这个制度，不仅因为它使地主有了近于绝对的权力，还因为它没收了农民认为属于他们的土地。农民的仇恨是强烈的，根深蒂固的。这并不是单纯的贫穷问题，也不是单纯的吃土豆、住草棚的生活问题，他们感到被剥夺了祖传遗产。在 19 世纪的大部分时间里，英格兰人对这种仇恨的情绪置之不理，镇压由仇恨产生的暴力行动。在 1870 年以前的 40 年里，国家颁布了 42 项强制法案。在这同一时间里，却没有一项法案保护爱尔兰农民免受退租的威胁和高额租金的盘剥。英国政府有意为之，目的是使爱尔兰农民成为像英格兰农民那样的短工。然而，爱尔兰并不是英格兰，爱尔兰农民不肯离开土地，他们利用各种手段打击外籍地主。

我们不要以为，从不列颠岛上能够把爱尔兰局势看得明明白白。爱尔兰地主大部分是英格兰的殖民者，在爱尔兰经营已久。他们把自己视为一个原始国家的文明势力，在许多方面也确实如此。他们常常要为保护自己的生命财产而斗争。天主教会严格地控制着迷信的爱尔兰农民，从宗教和政治的角度来看，这种情况都是英格兰不能容忍的。从伊丽莎白女王的时代起，爱尔兰曾几次险些成为欧洲进攻英格兰的跳板。烧毁干草、刺杀地主和其他恐怖行动使英格兰人普遍接受爱尔兰地主的说法。只有从根本上消除爱尔兰人的怨恨，才能避免怒火熊熊的骚动、激烈的镇压手段和叛乱。

格拉德斯通第一次就任首相时，就把爱尔兰问题当作特别重要的问题，后来他几乎只为这一问题操心。他试图扫除爱尔兰的弊端，结果遇到强大的阻力。虽然英国的许多重要政治人物是爱尔兰贵族，但政界对爱尔兰问题毫无同情感。格拉德斯通在第一次任期里解散了爱尔兰的新教教会，成功地消除了爱尔兰人对外来教会的反感。1870 年，他采取了第二个措施，即颁布《土地法案》，旨在防止无偿地收回租地，但这个法案未能付诸实施。又过了十年，他才认识到，必须使爱尔兰农民的租地使用权得到真正的保障。

1873 年，艾萨克·巴特建立了自治联盟。该组织的目标是通过和平的立宪手段实现自治。巴特本人精明能干，彬彬有礼，是一位值得敬佩的下院议员，他相信辩论的说服力。可是，英格兰不响应他的主张，爱尔兰不相信他的方法。这个运动的实际领导权不久便为查尔斯·斯图尔特·帕内尔所掌握。此人是个地主、新教徒和新当选的国会议员。他的母亲是在同英国人的战争中赢得名望的一名美国海军上将之女，他从自己的母亲身上继承了对英国传统和制度的仇恨和轻蔑心理。他在爱尔兰人当中颇有教养，是天生的领袖，具有掌控能力和斗争手腕，不久便把爱尔兰自治问题从辩论的题目变为当时最大的现实问题，他为自己的事业而奋斗时残酷无情，无视下议院的传统，迅速获得了重要地位。一名英格兰政治家说："同他打交道犹如对付一个强国一样。"

帕内尔之所以成功，根本原因是自治运动同一次新的农民骚动结合了起来。19 世纪 70 年代末期，世界农产品的价格大幅度下跌，加之连年歉收，许多贫困农民交不起地租，因而被迫交出租地。正当这个过程刚刚开始时，因叛国罪被判处七年徒刑的迈克尔·达维特在 1877 年刑满获释。达维特是个非凡的人物，他热爱爱尔兰，富有人道主义的同情心，同帕内尔形成鲜明对比。他认为，自治问题和土地问题有着不可分割的联系。尽管爱尔兰的极端民族主义者竭力反对，他仍在 1879 年成功地建立了土地联盟。这个联盟的宗旨是减少高额租金，扩大农民的土地所有权。在此之前，达维特得到了旅美爱尔兰人的物质援助。当帕内尔表示支持土地联盟时，农民对土地的渴望、实现自治的政治诉求和美国移民对压迫者的仇恨终于汇集起来，形成一股强大的洪流。

*　　　*　　　*

当时，格拉德斯通对这一切均无清醒的认识，他在考虑着使他重新上台的那些重大的外交问题和殖民地问题。他的政府采取的第一个措施是通过一项临时性的《侵权赔偿法》(*Compensation for Disturbance Bill*)。当上议院在 1880 年 7 月否决这个法案时，爱尔兰立刻以恐怖行动作出回应。在那一年的最后一个季度里，发生了 2000 多起暴行。帕内尔建议他的追随者"像过去'隔离'麻风病患者那样"对待违反农民法律和习俗的人，让他们的日子不好过。这是一件新式的斗争武器。在首先受到这个武器打击的人当中，有土地经纪人博伊科特上尉[1]，他的名字已经成为英语中的一个常用词。土地联盟在

1　Captain Boycott，此名即英语中"抵制"（Boycott）一词。——译者注

这个时期取得了很大成就。美国和澳大利亚提供的资金源源而来。由于土地联盟有效控制的地区大于都柏林城堡政府当局所控制的地区，收回租地的现象在爱尔兰几乎杜绝了。

之后，政府决定打击恐怖活动并改革土地法。1881 年 3 月通过了《强制法》(*Coercion Act*)，用莫利的话说，它授予爱尔兰总督“随意逮捕人和任意监禁人”的权力。在讨论强制议案时，帕内尔竭力抵制。他在下议院的目标是要利用议会程序无章可循而以习惯为依据的状况，使政府工作陷入停顿状态。从 1 月 31 日到 2 月 2 日，下议院连续开会达 41 小时之久，后来议长武断地“提出”下议院“休会”，会议方告结束。根据他的提议，会议通过了停止辩论的决议，从而初次打破了议会的传统程序。

继《强制法》之后，政府立即颁布了新版《土地法案》，几乎对爱尔兰人的全部要求作了让步。《土地法案》的内容主要有三点，即由土地法庭确定合理的租金，交纳地租者对土地有长期的使用权，佃户可以自由出售产品。这些规定远远超出了爱尔兰人的期待，可是帕内尔以为能够迫使格拉德斯通作出更大的让步，因而在爱尔兰血统的美籍极端主义者的推动下，开始干扰新建立的土地法庭的工作。政府没有办法，只好根据《强制法》的规定将他逮捕。那是 10 月的事情。当他听到谁会接替他的问题时，他回答说“穆恩莱特上尉”。他的预言是正确的，凶杀等罪行成倍增加。1882 年春，格拉德斯通认识到，强制政策已经失败了。

同时，帕内尔希望早日出狱。爱尔兰的极端派活动取得进展，因此他必须重新掌握领导权。于是，他和政府在 4 月底迈出了所谓《基尔梅纳姆条约》(*Kilmainham Treaty*)，他将利用自己的影响制止暴力和恐怖行动，政府将颁布《欠款议案》(*Arrears Bill*)，帮助那些由于欠地租而不能受益于《土地法案》的佃农。主张奉行强制政策的爱尔兰事务大臣 W.E. 福斯特和爱尔兰总督考珀勋爵辞职，弗雷德里克·卡文迪什勋爵和斯潘塞勋爵取而代之。帕内尔和他的两名追随者在 5 月 2 日获释，实现和平的可能性似乎终于出现了。可是，光明前景被一个可怕的事件破坏了。5月6日，弗雷德里克·卡文迪什勋爵乘船到达都柏林。数小时后，他和助理大臣伯克在菲尼克斯公园散步时双双被杀。刺客属于所谓“无敌者”组织，他们暗杀的对象是伯克。他们并不认识弗雷德里克勋爵，杀死他是因为他企图保护伯克。英格兰感到震惊，于是强制派益发振振有词，立即和解的希望也随之烟消云散了。格拉德斯通尽力从失败中挽救他的政策。此时他认识到帕内尔对爱尔兰的掌控力强大，只有同他合作，才有希望实现长期的和平。内阁里只有一两名大臣持这样的看法。帕内尔也愿意等待时机。于是，爱尔兰出现了三年相对安定的局面。

* * *

我们现在谈谈1885年的事情。6月8日，政府的预算修正案未能通过，格拉德斯通立即辞职。这是自由党内部的不满和分歧造成的结果，但更主要的原因是，爱尔兰议员投票支持保守党。伦道夫·丘吉尔勋爵对帕内尔说，如果保守党建立政府，一定会停止强制政策。这个保证足以改变爱尔兰人的立场。在犹豫一阵之后，索尔兹伯里勋爵排除困难，建立了在下议院占少数的保守党政府。伦道夫勋爵出任印度事务大臣，他的宿敌诺斯科特进入上议院，迈克尔·希克斯·比奇爵士成为财政大臣和下议院领袖。最重要的是，卡那封伯爵受命为爱尔兰总督。人人皆知，卡那封赞成自治政策。他于8月1日在格罗斯维纳广场的一所房子里同帕内尔会谈，帕内尔感到，政府在考虑一项自治措施。鉴于大选已经临近，帕内尔必须作出抉择。他通过自己的情妇奥谢夫人，把保守党的立场告诉格拉德斯通。格拉德斯通回答说：“正确地说，我不想针对伦道夫·丘吉尔勋爵的立场作出任何相反的允诺。”其实，格拉德斯通此时已经转而赞成自治政策，不过不拟同帕内尔讨价还价，而是准备把这步行动留给索尔兹伯里。

选举在11月开始时，帕内尔由于未能从格拉德斯通那里得到予以支持的明确保证，于是下令不列颠岛上的爱尔兰人投保守党的票。在这次选举中，爱尔兰并不是重要问题。斗争的核心议题是上一届政府未曾取得令人满意的政绩。此外，张伯伦自定的激进纲领也是一个问题。选举结果很不理想。自由党在自治市里丧失了一些席位，但在各郡稍有收获，因为在郡里刚刚获得选举权的工人支持他们。在新的下议院里，自由党比保守党多86个席位。但是帕内尔实现了他的愿望，他的追随者队伍由于爱尔兰各郡实行《改革法》而有所扩大，正好拥有86个席位。形势正如索尔兹伯里所说的那样，“处于低潮，就是说，保守党+帕内尔派=自由党”。

在这种情况下，格拉德斯通仍然希望，帕内尔派同保守党的联盟将坚持下去，自治不会遭到上议院的过分阻挠，而将以法律形式得到认可。格拉德斯通对解放天主教徒、废除《谷物法》和颁布第二个《改革法》等先例记忆犹新。帕内尔通过奥谢夫人提出一系列问题。格拉德斯通回答说，自由党如果在政府宣布政策之前采取行动，将是错误的。他在12月遇见了索尔兹伯里的侄儿A.J.贝尔福，于20日写信对他说：“我深信，这个问题只有政府才能处理，从社会利益出发，我特别希望由现政府处理。”保守党人对这封信抱持轻蔑态度。几天前，格拉德斯通对自治的态度被他的儿子赫伯特公开透露出去，政局因此有所变化。这只“哈瓦登[1]风筝”放出后，人们看不见的、一直在政治漩涡里激烈斗争的各种力量立刻浮上了水面。格拉德斯通小心避免的自由党分裂局面成为现实。辉格党人早已因激进派权力的扩大而产生离心倾向，他们坚决反对爱尔兰自治。保守党人感觉到，格拉德斯通的突然转变将使他们获得好处，他们的态度因此强硬起来。他们同辉格党人可能携手的说法早已四处流传。对于帕内尔来说，这种结局是一场灾难，他的支持使保守党人多得了30个席位，这是给敌人的赠礼。

1 Hawarden，威尔士地名，格拉德斯通的家乡。——译者注格拉德斯通的希望是否有意义，还值得怀疑。卡那封只代表他个人，并不代表保守党或政府。他同帕内尔的接触只是试探性的，政府并没有因此承担任何义务。索尔兹伯里在这次激烈的竞选中得到爱尔兰人的选票，自然感到心满意足。然而，他笃信新教，热烈拥护统一事业，忠于地主和那些支持保守党的少数爱尔兰人，所以他不会认真考虑爱尔兰自治的问题。皮尔或格拉德斯通的那种感情在他心里比任何人都少。况且，他也没有使党派分裂的那种热情。

1885 年圣诞节时，局势终于明朗化。卡那封在元旦辞职。1 月 26 日，索尔兹伯里政府宣布，它将提出一个最严厉的《强制法》。格拉德斯通没有和同事商量，毫不犹豫地在“女王演说”修正案表决时挫败了政府。毫无疑问，新政府将赞成爱尔兰自治，因此哈廷顿和其他辉格党领袖拒绝参加政府。这大概是不可避免的。可是格拉德斯通对待张伯伦的态度欠妥，因而使实现自治的一线希望破灭了。在全国人民眼里，张伯伦在自由党内的地位仅次于格拉德斯通。可是，格拉德斯通过分地低估了张伯伦的重要地位，不让他担任殖民大臣，而是派他担任地方政府事务大臣。张伯伦对爱尔兰的看法在前一年有了迅速变化。他认为爱尔兰人转到保守党的立场是背信弃义的行为，因而失去了对帕内尔的信任。他们之间的私人关系也被中间人奥谢上尉所毒化，此人是帕内尔的情妇之夫。张伯伦反对关于自治的任何宏伟计划。要想使他转变立场，需要格拉德斯通用尽各种策略和说服力，可是格拉德斯通没有这样做。他起草《地方自治议案》（*Home Rule Bill*）时没有同张伯伦协商，也不理睬张伯伦的地方政府改革计划。3 月 26 日，张伯伦辞职，成为格拉德斯通的死敌。

格拉德斯通在 1886 年 4 月 8 日把《地方自治议案》提交下议院，他的讲话长达三个半小时。他说，《地方自治议案》的宗旨是在爱尔兰伸张正义，使她的人民获得自由。这是一次动人的演说，即使在格拉德斯通的辉煌的议会生涯中也是十分精彩的片断。他呼吁人们支持自由党的自由原则和自治原则，引起了强烈的反感。他在政策方面的突然转变，他为了继续执政而对爱尔兰选票的依赖，还有人们对爱尔兰暴行的惨痛记忆，这一切都加深了政敌的恐惧和偏见。由于掺杂了种族、宗教、阶级和经济利益集团的感情，格拉德斯通的论点难以使人理解，而且受到驳斥。格拉德斯通的强烈道德观念在敌对的一方引起了反响，对方认为他是一个伪君子，甚至比伪君子更坏。他突然开始了一场破坏性的改革运动。伦道夫·丘吉尔勋爵问道："为什么呢？只是为了匆忙满足一个老年人的野心而已。"

《地方自治议案》提交国会两个月以后，在二读时遭到否决。93 名自由党人投票反对政府。格拉德斯通面临着困难的抉择。他可以辞职或解散国会。他决定走后一条路，单就爱尔兰自治问题进行新的竞选。他的热情和干劲都不足以战胜反对他的强大力量。在新的下议院里，保守党占有 316 个席位，自由党反对自治派有 78 个席位，而格拉德斯通只控制 191 个席位，同他联合的帕内尔一派有 85 个席位。格拉德斯通立刻辞职，索尔兹伯里再次上台。

保守党从此将掌权达 20 年之久，只有很短的一段时间例外。从 1830 年开始的自由党统治时期结束了，其原因是它反对社会改革以及格拉德斯通突然转而赞成自治政策。自由党面临着暗淡的前景。由于奉行英格兰选民所不欢迎的政策，它失去了一位首屈一指的领袖。保守党人在 1880 年前途渺茫，如今却面临着光明的未来。他们过去怀着畏惧的心情把自由党人视为民主制度的中流砥柱，而如今这些人已经败在他们的手下。

第二十章 CHAPTER 20

索尔兹伯里勋爵领导的政府

1886年夏，人们并不能立即看出，在爱尔兰自治问题上的分歧使英国的政治分野发生了重大变化。索尔兹伯里政府依赖自由党反对自治派，这一派在国会和全国最有影响的人物是约瑟夫·张伯伦，但他们的领袖却是哈廷顿。他们强调说，他们仍是自由党人。在以后的十年里，他们在下议院里仍然坐在自由党一边。这种行动激怒了格拉德斯通的追随者，他们当中的许多人忿忿地公开把张伯伦比作犹大[1]。双方的领导人在1887年的夏初召开圆桌会议。会议失败以后，他们都默认双方之间的鸿沟是不可逾越的。这次大决裂使人们进行了奇怪的组合，索尔兹伯里被迫同他几个月以前指责为乱民领袖和“杰克·凯德”[2]的那个人合作，被迫接受张伯伦的部分纲领，以换取后者对保守党的支持。张伯伦已被拴在保守党的战车上，因此也只好放弃他以前的许多政策和意见。在自由党方面，格拉德斯通失去了辉格党的支持，被迫向党内的激进派让步，他们的观点要激进得多。

---

1 Judas Iscariot，耶稣门徒，出卖耶稣者，泛指叛徒。——译者注

2 Jack Cade，1450年肯特郡起义的领袖。——译者注

索尔兹伯里政府同前一年的政府没有多大区别，不同的只是希克斯·比奇执意辞退下议院议长职务。他说："应该由实际上的领袖担任议长。"于是，伦道夫·丘吉尔勋爵在37岁时当上了下议院议长和财政大臣。他在仕途中已经登上顶峰。在六年的时间里，他的雄辩之才和政治手腕使他战胜了所有的对手。虽然党内有许多人不相信他的策略，不赞成他的政策，却无人能挑战他在下议院的地位。政府内部步调不一，伦道夫勋爵关于保守党民主原则的看法无法同索尔兹伯里的传统保守主义立场产生共鸣。索尔兹伯里首相不相信立法活动能起到任何改善作用，他认为，执政者的主要任务是维护现存秩序，保守党人应首先对依靠他们保护自己利益的那些阶级负责。伦道夫在1886年11月给他的信中写道："有人认为，保守党人不善于立法，他们可以实行统治，可以发动战争，可以大量增加税收和支出，然而在民主政体下，立法不是他们的本分。这恐怕是顽童之见。"索尔兹伯里回答说："我们的工作必须比对手慢一些，调子低一些。我们起草的议案必须是试探性的，谨慎的，不应该过激和绝对化。"伦道夫越权到外交领域，因此二人的冲突进一步激化。他在10月公开攻击亲土耳其的政策，表示支持巴尔干民族的独立。他同索尔兹伯里在性格和政策方面的冲突是根本的冲突。引起最后冲突的是一个不算重要的问题，即伦道夫关于削减陆海军预算。1886年圣诞节前夕，伦道夫在错误的时间和非主要的问题上辞职，而且没有争取别人的支持。他又活了九年，经受了病魔的严重折磨，不过在他辞职时，仕途就已经结束了。

保守党方面这个突然的变化是一年政治闹剧的尾声，其意义相当于辉格党背叛格拉德斯通。索尔兹伯里任命乔治·戈申为财政大臣，此人是具有纯粹辉格党观点的自由党反对自治派人士。这说明，保守党的民主原则已被视为累赘。从此，索尔兹伯里政府基本上没有进行立法活动。它制定的主要法案是1888年的《地方政府法》(*Local Government Act*)，根据这个法案成立了郡议会，为进一步前进打下了基础。三年后，小学取消了学费，为进一步减少雇佣妇女和儿童的弊端而颁布了《工厂法》。这些成就并不重要，甚至是作为向张伯伦的让步取得的。张伯伦在政府外面经常鼓吹说，只有奉行积极改革的政策，才能最大限度地促进反对自治的斗争。

* * *

索尔兹伯里和大部分公众都对海外事务感兴趣。帝国主义在海外的探险、征服和拓居活动接近高潮。利文斯顿、斯坦利、斯佩克和其他旅行家进入了最落后的非洲内地，他们探险的结果为欧洲列强夺取殖民地铺平了道路。以和平方式瓜分非洲是当时最重要的成就。这一点主要应归功于索尔兹伯里，他在 1887 年出任首相时兼任外交大臣，始终认为瓜分非洲时必须保持和平。法国人于 1870 年败在普鲁士人手下之后，企图在其他地方寻找慰藉，所以首先开始了吞并非洲的活动。德国人也不甘落后，在 19 世纪 80 年代初迎头赶上。格拉德斯通和迪斯累里如果愿意的话，利用手中的海军力量和经济实力，完全可以吞并他们的同胞所探索和测绘出的非洲大陆的大部分地区。可是，他们二人都无心在热带非洲进行冒险活动。扩大英国利益的使命主要由塞西尔·罗兹、威廉·麦金农爵士和乔治·戈尔迪爵士之类的人物完成，他们不顾国内政府的冷漠态度，开拓了一个庞大的新帝国。

索尔兹伯里就职时，他本人并没有提出宏伟的殖民扩张计划，不过他准备支持进行扩张的人。他根据伊丽莎白时代的做法，把巩固和实行政治控制的工作交给三家持有特许状的公司。皇家尼日尔公司控制着尼日利亚，不列颠东非公司控制着现代肯尼亚和乌干达所在的地区，不列颠南非公司统治着罗得西亚[1]。这三个公司都是在 1886 年到 1889 年之间成立的。目前在英联邦的自治成员中，只有罗得西亚采用创建人的名字，这个人预见到了它的未

1 Rhodesia，即现在的津巴布韦，位于南部非洲，曾为英国殖民地。——编者注

来。它的首都索尔兹伯里是以索尔兹伯里首相的名字命名的。英国同其他殖民国家多次发生边界冲突，索尔兹伯里始终奉行通过谈判解决争端的政策，最后在 1890 年分别同德国、法国和葡萄牙签订了协定。在这三个协定中，英德协定最为重要，它确定了两国在中非和南非的属地边界。另外，德国承认英国为桑给巴尔的保护国，英国把赫尔戈兰割让给德国作为补偿。英国以一个未来的德国海军基地换取了一个盛产香料的海岛。时至 1892 年，索尔兹伯里的目标大部分已经实现，尚未解决的较大问题只有争取尼罗河流域的控制权和确定西非殖民地的边界了。

索尔兹伯里的外交政策主要是由这些殖民事务所决定的。他奉行“列强协力维护欧洲和平”的原则，因此不可避免地倾向于俾斯麦的德奥意三国同盟。英国总是在不同的程度上在西非同法国相对抗，在近东和远东同俄国相冲突。索尔兹伯里取得成绩的秘诀，在于他能够巧妙地处理各国之间在激烈的民族冲突时代所发生的复杂问题。他曾经说过，“英国的政策是从容地顺流漂去，偶尔伸出船篙，以免触礁”。从来没有一位英国外交大臣像他那样敏捷地使用外交船篙。

*　　　　*　　　　*

气愤难消的爱尔兰是个棘手问题，它使国内政治蒙上了一层阴影。索尔兹伯里在竞选时说：“爱尔兰所需要的是坚定不移、始终如一的政府。”他的侄儿 A.J. 贝尔福在 1887 年成为爱尔兰事务大臣，此人颇有能力，能够实现所谓经过“20 年的坚强统治”可以解决一切问题的观点。贝尔福面临着十分困难的局面。农产品价格不断下跌，帕内尔认为防止收回租地的唯一办法是重定租金，但是政府拒绝这一主张。爱尔兰农民在威廉·奥布莱恩和约翰·狄龙的组织下，开始执行“运动方案”，为自己的命运而斗争。这个方案的主要内容是，佃农应该共同要求减租，如果地主拒绝，就开始抗租，把这笔租金作为运动基金。爱尔兰人以恐怖手段推行这个方案，这种手段已经成为爱尔兰土地纠纷中的显著特点。政府作出了几点让步，同时颁布了一项镇压犯罪活动的法案，授予行政当局绝对权力。贝尔福充分行使他的权力，他的行动之坚决完全可以同爱尔兰人手段之残忍相比。他在下议院为自己的行动辩护时，表现出惊人的口才和智谋，因此迅速跻身于重要议员之列。帕内尔没有介入这些风波。他此时看出，他只有在英格兰获得充分的支持，才能赢得自治。他一直采取的合法斗争方式受到 1887 年 4 月 18 日《泰晤士报》上登载的一封假信的打击。据说，信尾有他的签名。信中说，他宽恕了菲尼克斯公园的谋杀罪行。帕内尔说这封信是伪造的，但是不肯在英格兰的法庭提起诉讼。由于他的克制态度，加之像索尔兹伯里那样的名人都认为这封信和其他信是真的，因此大部分英格兰人相信他是有罪的。第二年，政府成立了由三名法官组成的特别委员会，调查爱尔兰的所有犯罪行为。这个委员会工作了半年以后，终于在 1889 年 2 月开始审理此案。法官们发现，这些信是老朽的爱尔兰记者理查德·皮戈特伪造的。皮戈特的严重拼写错误使他露出了马脚，他在查尔斯·拉塞尔爵士的紧紧盘问下漏洞百出。他在证人席上由于体力不支倒了下去，后来作了坦白。几个星期以后，他在马德里的一家旅馆里打碎了自己的脑袋。这个结果对公众的影响很大。帕内尔时来运转，在几个月里得意扬扬。长期被咒骂的人突然神奇地变成了一时声名显赫的人物。大选即将来临，政府不得人心，格拉德斯通和自治政策似乎必将获胜。

可是，情况发生了变化。1890 年 11 月 13 日，离婚法庭开始审理奥谢上尉诉奥谢夫人和帕内尔的案件。法庭作出了在指定日期前不提出反对理由即行生效的离婚判决。帕内尔是这次离婚诉讼中的共同被告，他没有要求辩护。他已经同奥谢夫人同居了十年。在后代眼里，帕内尔当时并不十分丢脸。而在当时，他受到社会舆论的强烈谴责。自由党内非正统教派的强烈的是非观念开始抬头。格拉德斯通一心想着自治问题，没有参加这场道德攻势，不过他感到，若欲防止保守党人继续从帕内尔的风流韵事中获益，唯一的办法是让这位爱尔兰领袖自动引退，至少暂避一时。对于那些建议帕内尔坚持下去的人，格拉德斯通总是说，“那是不行的”。帕内尔承受着很大的压力，他的朋友和崇拜者塞西尔 · 罗兹打电报说：“辞职—结婚—重返。”这是个英明的建议，可是帕内尔不为所动，他的冷静外表所掩盖的激情变成了怒火。他的自尊心开始反抗，促使他不向“英格兰人的虚伪”屈服，不管他的国家和事业会受到何种损失。

作为最后的手段，格拉德斯通写信对帕内尔说，如果帕内尔不辞职，他就不再领导自由党。这封信尚未发出去，爱尔兰党便再次肯定了帕内尔的领导地位。格拉德斯通在失望之中把他的信送给了报纸。这是一个无法挽回的举措，是公开的最后通牒。格拉德斯通翌晨写道：“可以说，我们五年来每天都在艰苦地向山上推着西西弗斯[1]的石头。帕内尔先生的决定……意味着，这块石头将脱出我们的手，再次滚到山脚下。我简直不忍回顾过去的几年时间。”这场风波随后平静下去了。帕内尔对格拉德斯通进行了猛烈的攻击之后，天主教会出来反对他，大多数追随者也抛弃了他。他为恢复自己的影响徒然地进行了百般努力。不出一年，他便逝世了。

自由党的前途在 1889 年十分光明，此时已经变得相当暗淡。他们在 1891 年通过了全面的“纽卡斯尔纲领”（Newcastle Programme），而形势并未好转。这个纲领企图满足党内各个派别的要求，结果适得其反，招怨甚多。在次年夏天的选举中，主张自治的势力（包括爱尔兰的议员）只比反对者多得 40 个席位。在下议院里，自由党有 275 个席位，爱尔兰民族主义者有 82 个席位，另一方是保守党的 269 个席位和自由党反对自治派的 46 个席位。格拉德斯通的多数过于微弱，使他难以达到目标，但他的内阁是由一些像哈

---

1 Sisyphus，希腊神话中的暴君，死后入地狱，每日推石上山，但大石每每近山顶时又滚下来，如此反复不息，作为上天对他的惩罚。——译者注

考特、罗斯伯里、莫利和坎贝尔—班纳曼那样富有才能的人组成的。这些人当中最灿烂的明星是 H.H. 阿斯奎思，他是 19 世纪最能干的内政大臣。格拉德斯通态度坚定，他立刻开始起草第二个《自治议案》的工作。1893 年 2 月，他亲自提出这个议案。为了通过《自治议案》，84 岁的格拉德斯通先后在 85 次会议上同张伯伦和贝尔福那样精干的辩论家交锋。在议会史上，几乎没有比这更大的成就。然而，这一切都是徒劳的。这个条例在下议院以微弱多数获得通过，而它在上议院二读时却以 41 票对 419 票遭到否决。因此，建立统一、自治而忠于英国王室的爱尔兰的希望化为泡影。二三十年以后，等待爱尔兰的是内战、分裂和南方脱离世界潮流的命运。英格兰的直接反应是冷淡的。上议院获胜之后大受鼓舞，不断与政府作对。政府只在一个重大的问题上取得成功，它通过了一个新的《地方政府法》，借以建立城区和乡区议会以及教区会议。《地方自治议案》被否决以后，格拉德斯通同阁僚们愈发疏远。他们拒不支持他解散国会和攻击上议院的计划，而他也反对他们增加税收和军事开支的计划。他谈到他们的一个计划时说："这个计划简直是疯子的痴想。提出这个计划的是些什么人呢？是我步入政界多年时还未出世的人。" 1894 年 3 月 3 日，即在他出任枢密院成员的 52 年半之后，他辞职了。阁僚们同他的分别至为感人。哈考特含泪发表了告别演说，情甚悲切。格拉德斯通却无动于衷，他后来提到那次会议时称之为"哭哭啼啼的内阁"。他在 1898 年去世。他的一生在 19 世纪最为引人注目，在史册上留下了许多重要的篇章。他是那个时代最伟大的民众领袖，他在重大道义问题上影响民众的力量，几乎可谓举世无双。同时，他也是下议院最重要的议员。他的理念几乎都很宝贵，他的成就和失败一样，惹人注目。

*　　　*　　　*

1893 年 1 月，独立工党在布雷德福的一次大会上宣告成立，苏格兰矿工领袖 J. 基尔·哈迪当选为主席。独立工党的宗旨是传播社会主义思想，在国会选举中提出独立的工人阶级的候选人。这是英国工业发达地区出现新力量的标志，不过它并未引起政界的充分注意。几年前，突然兴起的社会主义思想宣传和工会运动的浪潮就已经打破了宪章运动失败后出现的沉寂。1881年成立的民主联盟是它们的最初表现形式。阶级斗争和革命原则的阐述者H.M. 海因德曼以艰苦的努力和大量财富把民主联盟变成马克思主义组织。这个组织成绩平平。

大约同时在英国出现的费边社[1]比上述组织重要得多。这个组织的发起人是一些地位低下而才能超群的年轻人，其中有西德尼·韦布和萧伯纳。他们批评各种革命理论，开始传播一种实际的社会主义原则。他们对于组织新政党不感兴趣，认为社会主义的目标可以通过“渗透”现有政党的方式来实现。主要由于西德尼·韦布和比阿特丽斯·韦布的领导，他们取得了一定的成绩。费边社出版的一系列刊物，尤其是1889年出版的《费边社论文集》(*Fabian Essays*)，对工人运动的方向产生了很大影响。这些刊物的观点基本上是实用的、是经验主义的，同教条主义理论联系不大，同马克思主义也不相干。它们十分强调“逐渐过渡的必然性”，即实现社会主义的过程缓慢而复杂。

大多数工人不懂得这些高深的理论问题，他们忙于提高自己的生活水平。在维多利亚时代中期，工会组织的成员一般只限于熟练工人和相对富有的工人。1889年，工资微薄的伦敦码头工人举行罢工，要求实行每小时六便士的工资制。罢工的组织者约翰·伯恩斯向工人提起了勒克瑙解围[2]的往事。他说：“弟兄们，这次罢工是工人的勒克瑙[3]，我向东方的地平线望去，看到了一丝亮光，这一丝亮光不是沾满兄弟鲜血的刺刀，而是码头工人六便士硬币圆边的

1 Fabian，详见本卷第五章。——译者注
2 详见本卷第五章。——译者注
3 此处以勒克瑙得到解救一事喻指工人的胜利。——译者注

闪光。”这次罢工确是工人的勒克瑙，码头工人在社会的强烈同情和支持下取得了胜利，工会组织随后在非熟练工人当中迅速扩大。

全国各地开始出现许多社会主义的小团体，但它们的政治力量比较薄弱。它们在选举中取得的唯一成就，是基尔·哈迪在1892年作为西哈姆地区的代表当选为国会议员。哈迪初次去国会时戴着一顶布制的便帽，由一个管乐队吹打相送，引起了轰动。这些社会主义团体的最大困难是它们的强烈信仰在工人和工会领袖中没有引起反响，那些人仍然信任自由党人和激进派。基尔·哈迪进行了耐心的说服，试图吸引工会脱离自由党。在码头工人罢工后壮大起来的新工会中，他取得了一些成绩，这些工会愿意支持政治行动。他能够得到一些支持，主要是因为自由党人不愿意提出工人阶级的议员候选人。他们只推举了少数工人，这些人被称为“解放运动的试验者”，其中多半是矿工。

后来，由社会主义团体和一些工会发起的一次会议，于1900年2月27日在伦敦法灵顿街的纪念堂召开。会上决定成立劳工代表委员会，拉姆西·麦克唐纳担任书记。这个委员会的目标是建立“国会内的独特的工会力量，他们将有自己的组织秘书[1]和决策权”。工党就此诞生了。麦克唐纳将成为20世纪第一位工党首相。他将在一次全国性的危机中分裂工党，在社会主义者的辱骂中死去，而那些社会主义者能够取得当时的政治地位，在很大程度上有赖于他的努力。

* * *

继格拉德斯通之后担任首相的是罗斯伯里勋爵。他在16个月的任期里，有幸两次夺得赛马的锦标，此外别无其他幸运的事情。他眼界开阔，能够冷

1 此类秘书有权维持纪律及命令该党议员参加议会的讨论和表决。——译者注

静地对待难以避免的政治妥协和宦海浮沉。他从容地履行外交大臣的职责，考虑着世界重大问题，周密地筹划英国的对策。他是维多利亚女王亲自挑选的首相，可是，他的帝国主义观点使他在党内不受欢迎。上议院继续同他作对。此时，财政大臣威廉·哈考特爵士在预算建议中提出了大量征收遗产税的计划，资产阶级对此深表不满。由于个人之间以及帝国主义者和“反帝国政策者”之间的冲突，内阁四分五裂。罗斯伯里后来说，“我从未掌握实权”。他所继承的局面困难重重，朝不保夕，使他徒费气力。1895 年 6 月在议会突然举行的一次表决中，政府的提案遭到否决，内阁立刻辞职。自由党领袖在内阁里的争吵已经无法保密。该党在以后几年里处于困境。在大选中，保守党和自由党反对自治派的联合势力获得大胜，它比包括爱尔兰民族主义者在内的反对派多得 152 个席位。

索尔兹伯里勋爵组成有力的政府。他再次担任首相并兼任外交大臣，在党内和全国处于独一无二的地位。此时，他已经不用正统的方法处理问题。据说，他在偶尔出席的社交场合，有时甚至认不出他的阁僚。他喜欢避居在哈特菲尔德的塞西尔家宅里，通过大量的亲笔信件来处理政府事务。公余，他在自己的实验室里进行科学试验，他还喜欢沿着自家的园林驾驶一辆漂亮的三轮摩托车兜风。在某种程度上，他的权威和声望来自他在公开场合的言行中表现出的贵族式的自信风度。他的性格充分显示了贵族的政治传统。他对公众的呼声置之不理。在那个民主时代，这种冷漠态度竟然得到容忍，甚至得到赞赏。他的助手和最信赖的谋士是他的侄儿阿瑟·贝尔福，此人成为财政大臣。但是在人们的心目中，主宰政府的是自由党反对自治派领袖约瑟夫·张伯伦。他此时已经权势显赫，尚渴望得到由于 1886 年事件[1]而长期未曾获得的职务。他自己选择了殖民大臣的职务，他的直觉是正确的。当时人

1 1886 年，格拉德斯通为在大选中争取爱尔兰人的选票，将爱尔兰自治法案提交议会。对此，坚定维护英国统一的张伯伦联合多方势力将格拉德斯通赶下台。——编者注

们对国内事务的关注已经消失。在五年的时间里，政府只通过了一项重大的改革法案，即 1897 年的《劳工赔偿法》(*The Workmen's Compensation Act*)。在政治生活中，人们所关心的是殖民势力在非洲大陆和亚洲大陆的冲突。张伯伦决心在这些地方独树丰碑。

张伯伦以他当年在激进派阵营里表现出的改革热情去完成自己的使命。他在伯明翰的时候，是一个主张地方自治的社会主义者和共和主义者，如今他成了大英帝国的建筑师。这一变化是很大的。他宣称："对于地球上的大片地区，如果你不能充分利用它们，也不愿意进行开发，那么仅仅占领它们是没有意义的。我们是拥有辽阔地产的大地主，而开发地产是地主的本分。"张伯伦虽然取得某些进展，特别是在西非取得较大进展，但他并不能如愿地实现自己的上述主张。从他就职之日起，扩张政策必然引起的问题不断出现，把改革计划统统挤到一边。第一个问题是有关阿散蒂人[1]的小问题。他们不断骚扰黄金海岸，在那里劫掠奴隶。英政府派沃尔斯利率领一支远征军前往讨伐，这支军队在 1896 年 1 月摧毁了阿散蒂王国。尼日利亚的局势更加困难，因为另一个大国也在那里插手。法国人从陆地上推进到撒哈拉沙漠的南部，企图凭借优势的军事力量把英国人限制在沿海地区。张伯伦如同索尔兹伯里所说的那样，不愿作出任何让步，他针锋相对地建立了西非边防军，派亨利・卢格德爵士担任指挥官。他的措施完全奏效，巧妙的外交活动支持了坚决的军事行动。于是，英法两国于 1898 年 6 月签订协定，在西非确定了使英国人完全满意的边界。

几个月以后，英法两国由于争夺尼罗河上游的控制权而发生了更加严重的争端。戈登死后，穆斯林的苏丹行使着绝对统治权。他们的先知马赫迪已经去世，继承人哈里发控制着这个松散的帝国。他还企图侵犯埃及和阿比西尼亚[2]，以扩大自己的版图。同时，埃及军队经过英国军官的重建和改革，成

1　Ashantis，加纳的民族之一。——译者注

2　Abyssinia，即埃塞俄比亚旧称，位于非洲东北部，非洲文明古国之一。——编者注

功地抵御了穆斯林对尼罗河下游和红海沿岸的侵犯。1896 年，埃及的英军指挥部向南边狂热的穆斯林队伍进行反击的时刻到了。法国人已经开始向尼罗河的源头地区前进，因此必须先发制人地挫败他们的企图。红海沿岸的意大利殖民点需要援助，穆斯林恢复起来的奴隶贸易必须加以制止。索尔兹伯里勋爵的政府并不反对殖民扩张政策，3 月，埃及军队总司令赫伯特·基奇纳爵士发动了为戈登报仇并重新征服苏丹的战役。非洲大地上的这片辽阔地区再也不应为野蛮人所统治，再也不应是吸引欧洲国家进行竞争的磁铁了。

大沙漠和严酷的热带气候给基奇纳的军队造成严重的困难，他决不敢凭运气行事。他的不凡之处在于组织作战的深谋远虑，这一能力即将发挥出来。尼罗河畔的战争是经过艰苦努力、部署周密和指挥有方的战争。如果有一次战斗失利，便会在英国遭到强烈的批评，因此采取冒险行动必须经过反复的考虑。军需供应是主要的问题。为了满足基奇纳远征军在遥远的非洲内地的需要，英国在未经勘察的干旱地区修筑了 500 多英里长的铁路。这场战争主要是工兵战，双方进行了许多短暂、激烈而英勇的战斗。战争开始时，基奇纳的军队有 1.5 万人，战争结束时达到 2.5 万人，其中有 8000 名英国人。哈里发的军队至少三倍于英军，他们忠诚勇猛，精于沙漠战术。两年半以后，穆斯林军队于 1898 年 9 月 2 日在喀土穆城外的恩图曼战役中被彻底打垮。哈里发和他的将领后来均被抓获，苏丹从此进入建设性的统治时期。

恩图曼战斗的五天之后，有消息传到喀土穆说，在白尼罗河上游的法绍达哨所发现了欧洲人。原来是法军少校马尔尚和他的军官带着一个排的西非士兵，从大西洋沿岸出发，用两年的时间穿越了 2500 英里丛林，企图在刚果河和阿比西尼亚之间的尼罗河发源地开辟法国的势力范围。基奇纳乘船到上游亲自会见马尔尚。两位军人以礼相待，但是谁的力量占优势很明显。在双方分别向伦敦和巴黎报告期间，法国国旗同英国和埃及的国旗一起在法绍达堡垒的上空飘扬。在伦敦和巴黎，人们纷纷谈论着战争。由于英国在尼罗河畔战争中取得的胜利，法国对苏丹南部省份的领土要求是不会得到承认的。于是，法国人作了让步。根据 1899 年 3 月签订的协定，刚果河流域和尼罗河流域被定为英法势力范围的分界线。在几十年来影响英法关系的多次殖民冲突中，这次冲突实际上是最后一次了。从此，在德国日益严重的威胁下，英法两国的关系逐渐和谐起来。

然而，政府需要处理的外交问题并不仅限于此。1895 年底，克利夫兰总统宣布美国有权就英属圭亚那同委内瑞拉的边界问题作出裁决，英国同美国的关系因此陷入了一场危机。在这些年里，德国力图实现她向小亚细亚渗透的计划。人们纷纷传说，从柏林到巴格达之间将要修一条铁路。索尔兹伯里对此没有表示反对。他宁愿德国人而不是俄国人加紧渗透土耳其。俄国人修筑了一条横贯西伯利亚的铁路，在远东对中国构成威胁，英国外交部一直为此感到不安。中国东北地区的海军基地即将落入俄国人之手。当时还没有人预见到日本军队即将对沙皇给予沉重打击。在外交方面颇有发言权的张伯伦错误地企图同德国结盟。索尔兹伯里认为，在欧洲与其奉行结盟政策，倒不如奉行孤立政策，因此他保持中立态度，并努力制止跃跃欲试的同僚。他相信英国有傲然自立的能力，这种看法将受到检验，因为对于英国来说，世界舞台上重大事件及其引起的外交活动由于南非战争的爆发而显得不那么重要了。

第二十一章　　CHAPTER 21

南非战争

英国在战争的漩涡中进入了20世纪。她投入了近50万兵力，这是英国有史以来向海外派出的最大一支军队。南非的冲突起初只是小规模的殖民地争端，不久便需要全国作出极大的投入。英国人对这场冲突十分关注，情绪也非常激动。自从《选举权法案》（*Franchise Acts*）使每个成年男子对国家大事都有发言权以来，时间刚刚过去二三十年。通过免费教育，每个人近来都能够了解形势、判断形势。发行很广的期刊开始在大众当中流传，把各种消息迅速传遍千家万户。有的消息是好的，有的是坏的，有的甚至使人产生错觉。然而，知识的迅速传播和选举权的扩大并不像一些人所预料的那样引起社会动乱和革命。相反，在南非战争期间，大多数英国人表现出爱国主义热情和支持帝国事业的激情。

当然，也有尖刻的批评者和持异议者，他们被人讥为亲布尔派[1]。他们当中包括一些颇有影响的自由党领袖，其中有一个正在崛起的新星为威尔士律

1 The pro-Boers，指同情和支持南非战争（布尔战争）中布尔人一方的英国政界人士。——编者注

师，名叫劳合·乔治。他此时由于猛烈攻击南非战争和英政府一炮而红。然而，国内公众普遍抱着支持帝国主义政策的坚决态度，他们为世界地图上用猩红色标出的大英帝国领土而感到自豪，并对皇家海军控制世界七大海洋的能力确信无疑。欧洲列强感到嫉妒，大多数国家明确表示同情布尔人，并暗示要协力对付英伦岛国。它们本来不会允许英国以轻而易举的胜利来摆脱这场殖民战争，但英国的制海权使它们改变了主意。战争爆发时，皇家海军在朴次茅斯组织了一支机动舰队。从许多方面看，这支力量都是对欧洲的严重威胁。德国皇帝意识到了这一点，英国制海权的绝对威力促使他加倍努力地建设德国海军的远洋舰队。他的竞争意愿即将产生严重的后果。

*　　*　　*

南非战争有着深刻的根源。两个内陆的布尔共和国同英国只有淡薄的从属关系，它们除了同葡属莫桑比克有一段较短的边界之外，四周均是英国的领土、殖民地和保护国。起初，冲突并不是不可避免的。开普殖民地的大批荷兰人屈服于英国人的统治，支持塞西尔·罗兹作为他们的总理。奥兰治自由邦[1]对英国表示友好，甚至在德兰士瓦[2]，即在倔强的边境农民的家乡，也有相当一批布尔人主张同英国合作。南非的英国人同布尔人建立联盟的希望并未破灭。可是在19世纪的最后五年里，这一切突然发生了变化。

约瑟夫·张伯伦在1895年出任殖民大臣的时候，面临着十分复杂的局势。对威特沃特斯兰德富饶的金矿进行的开发，使德兰士瓦的面貌发生了变化。开发金矿使用的是外国资本和劳动力，其中大部分资本和劳动力来自英国。不出几年，约翰内斯堡便发展成一个大城市。外国人同当地布尔人数量

1　Orange Free State，位于非洲南部，1854年成立自由邦，英布战争后沦为英国殖民地，1910年作为一个省加入南非联邦。——编者注

2　Transvaal，原为南非东北部省份，现已不复存在。——编者注

相当，外国人缴纳的税款几乎占全国税收的二十分之一，但德兰士瓦政府拒绝给予他们政治权利。德兰士瓦共和国总统保罗·克鲁格参加过布尔人的大迁徙，如今已经年过七旬，他决心保持自己国家的特点和独立。他领导着难以驾驭的荷兰人，不愿意同英国人合作。他准备享受工业的益处，却反对发展工业。他清楚地看到，国籍纷杂的金矿工人对闭关自守、信仰基督教的农民构成了威胁。使他更担心的是，罗兹的不列颠南非公司采取包抄行动，早已控制了德兰士瓦北边的目前罗得西亚所在的地区，如今又企图控制西边的贝专纳[1]。罗兹在兰德河流域有很大的金融利益，他打算统一南非，还想从开普殖民地到开罗修筑一条贯穿英国所有领土的铁路。

外国人在政治和经济方面的不满情绪势必爆发出来。1895 年底，张伯伦做好了应变准备。可是，罗兹背着他制订了一个计划，准备发动约翰内斯堡的英国人举行起义，并利用公司的一支军队入侵德兰士瓦作为外援。这支军队将由罗得西亚总督利安德·斯塔尔·詹姆森博士指挥。约翰内斯堡起义在最后一刻未能爆发。詹姆森没有从罗兹那里接到取消进攻的指示，于是在 12 月 29 日带领 500 人入侵德兰士瓦。这次行动像张伯伦所说的那样，是"擅自对外国作战的可耻行动"，它理所当然地以失败而告终。1 月 2 日，詹姆森和他的部队在多恩科普向布尔人投降。这次袭击是个转折点，南非的历史进程从此大大偏离了和平的轨道。这个国家的气氛受到民族偏见和种族偏见的毒化。开普殖民地的荷兰人自然同情德兰士瓦的布尔人，他们开始对英国人发出怒吼。罗兹被迫辞去总理职务。他在英国享有盛誉，但布尔人反而更加怀疑有人阴谋颠覆他们的国家。奥兰治自由邦和克鲁格有着共同的命运。在德兰士瓦，他的目标得到支持。强硬派占了上风，他们买进大量军火，准备应付即将来临的冲突。

双方在之后的三年里进行了长期而艰苦的谈判。张伯伦态度坚定，但克

---

1 Bechuanaland，即现在的博茨瓦纳共和国，曾为英国殖民地，独立前名称为贝专纳。——编者注

鲁格则更加顽强，而且城府颇深。1897 年 3 月，出色的行政官员阿尔弗雷德・米尔纳爵士成为南非高级专员。他是个十分卓越的行政专家，不过缺少外交才能。他上任几个月，便已成竹在胸。他在信中对张伯伦说："只有在德兰士瓦实行改革，或者发动战争，才能使英国在南非摆脱政治窘境，此外别无良策。目前，在德兰士瓦实行改革的希望比以往任何时候都小。"只有在万不得已之时，张伯伦才会准备发动战争。即使在那时，他还希望把发动战争的责任推给布尔人。他同罗兹一样，以为克鲁格会在压力下屈服。他们低估了南非的草原拓居者。

1899 年 4 月，两万多名"外国人"签署的请愿书由南非送到唐宁街，此时危机达到了顶点。5 月份，米尔纳也发去一份急件，急件中说："成千上万的英国百姓长期处于农奴的地位……这种局面不断削弱大不列颠在女王领土内的地位，影响英国政府的威望。"随后又开始了一段时期的谈判。英国政府在谈判中要求在德兰士瓦居住五年以上的公民都有选举权，并重新提出对宗主权的诉求。克鲁格和米尔纳于 6 月在布隆方丹[1]举行会谈，但是没有解决任何问题。米尔纳看到，武装到牙齿的布尔人旨在建立荷属南非合众国。克鲁格则确信，英国人企图剥夺布尔人的自由和独立。他声泪俱下地说，"你们想要的是我们的国家。"张伯伦为达成协议又作了几次尝试，可是此时双方都在加紧备战。10 月 9 日，布尔人发出了最后通牒，当时英国在南非的军事力量仍然很弱。三天以后，布尔人的军队越过了边界。

*　　　*　　　*

战争爆发时，布尔人投入了 3.5 万人马。他们相当于英军的两倍，并且拥有优良的德国制大炮。他们几乎全是骑兵，在几个方向同时越过边界。这

1　Bloemfontein，奥兰治自治邦首府。——编者注

些士兵使用曼利夏枪[1]和毛瑟枪[2]，枪法精准。不出几个星期，他们便包围了东边的莱迪史密斯以及西边的马弗京和金伯利。英军的两个营在尼科尔森被围并缴械投降以后，乔治·怀特爵士率领的一万英军在纳塔尔边界的莱迪史密斯受到围攻。在马弗京，巴登－鲍威尔上校指挥的一小股部队受到皮特·克龙耶指挥的数倍敌军的包围。在金伯利，塞西尔·罗兹本人和大批平民陷入重围。布尔人在夏末有意放火烧荒，所以雨季过后，南非草原上又长出鲜嫩的牧草。乡村的条件有利于布尔人。世界舆论一致反对英国。同时，由三个师组成的一个军从英国前往南非增援，指挥官是雷德弗斯·布勒爵士。自治领的志愿军也整装待发或即将赶到。在正式联络中出现了“最好使用步兵”的字样，这充分说明陆军部对情况不甚了解。派出的军队是精锐的，但是，英国当局对敌军的武器装备和作战条件的了解是完全错误的。

长期以来，克鲁格一直希望单独控制一个咸水港。在纳塔尔山口之外便是德班港，只要他能到达那里，就能拿下这个港口。德班由一条铁路同德兰士瓦连在一起，这条铁路比通往开普敦的铁路短一些，便于控制，而且对布鲁格来说近在咫尺。如果得到德班港，关于关税、运费和许多其他问题的矛盾也就迎刃而解了。于是，双方在战争初期都把力量集中在这个地区。

英国的一个军到达南非以后，布勒把它分为几路，四面出击。布勒亲自率领一个师去保卫纳塔尔，另一个师去解金伯利之围，第三个师前往开普殖民地的东北部地区。在12月的同一个星期里，这三个师冒着枪林弹雨，向布尔人发动进攻，结果均遭失败，人员和大炮的损失在当时堪称严重。在纳塔尔的科伦索车站，在通往金伯利路上的莫德河畔，在开普殖民地东部的斯托姆堡，布尔人都守住了阵地，并且攻入英军占领区。英军在这三次战斗中的损

1 Männlicher rifles，奥地利枪械设计大师费迪南德·冯·曼利夏（Ferdinand von Männlicher，1848—1904）研制的步枪系列。——编者注

2 Mauser rifles，德国枪械专家毛瑟兄弟 (William Mauser，Paul Mauser) 设计的步枪和手枪的统称，由于其闭锁与击发机构平稳可靠，因而在近代步枪中得到广泛运用。——编者注

失都不到 1000 人，这在今天看来是微不足道的数字，而在当时却使不列颠和帝国各地大为震惊，当地参战的部队更是惶惶不安。但是，维多利亚女王的一段话鼓舞了全国，成为世代名言。她在贝尔福企图讨论这个“倒霉的一周”时回答说：“你要知道，这里无人灰心丧气，我们不考虑失败的可能性，因为这种可能性并不存在。”驻守坎大哈的罗伯茨勋爵曾在阿富汗战争中博得英名，此时被任命为新的总司令，喀土穆的基奇纳勋爵担任他的参谋长。这两位名将的部队不断壮大，几个月以后便扭转了战局。同时，布勒在纳塔尔坚持战斗。

新的英军指挥部清楚地认识到，必须使用大批兵力协同作战。布尔人的两个首府——布隆方丹和比勒陀利亚——先后成为英军的明确目标。克龙耶在马弗京错误地认为，英军的主要目标将是金伯利，因此他把大部分部队调到这个钻石生产地以南几英里的马格斯方丹，在那里构筑工事，等待英军进攻。金伯利确是罗伯茨的目标之一，但他是通过派弗伦奇将军远途包抄而夺取这一地方的。2 月 15 日，弗伦奇的骑兵解了金伯利之围。克龙耶迫于背后的威胁，放弃工事，向东北方向撤退。12 天以后，在基奇纳从正面进行的猛烈攻击下，克龙耶带着 4000 人投降。从此战局急转直下。第二天，布勒解了莱迪史密斯的重围。罗伯茨在 3 月 13 日到达布隆方丹，5 月 31 日进入约翰内斯堡，6 月 5 日攻克了比勒陀利亚。马弗京在被围 217 天之后，终于解除重围，伦敦为此举行了过于热烈的庆祝。克鲁格逃往他处，奥兰治自由邦和德兰士瓦被英国吞并。罗伯茨于 1900 年秋回到英格兰。经过几乎整整一年的激战，叛乱者的两个首府均被占领，英国人民感到，布尔战争似乎已经结束，他们取得了胜利。索尔兹伯里勋爵根据张伯伦的建议，趁机举行大选，结果获得绝对多数，赢得另一届任期。

*　　*　　*

1901 年 1 月 22 日，维多利亚女王驾崩。她被安葬在怀特岛上的奥斯本乡间别墅，那是她和阿尔伯特亲王在55年前共同设计和装饰的。在女王长期寡居的岁月中，房子里的布置原封未动。她决心保持丈夫的生活方式，这一决心从未发生动摇。然而，君主的地位逐渐发生了巨大变化，英国国王已经成为大英帝国的象征。在女王统治50周年和60周年的纪念活动中，印度和其他殖民地均派代表参加隆重的纪念仪式。英王成为日益壮大的民族大家庭的纽带，前首相罗斯伯里颇有远见地称这个大家庭为联邦。迪斯累里的远见卓识和张伯伦的奔放热情都为大英帝国的发展作出了贡献。女王本人也受到她的重要地位的影响。她派遣儿孙巡视日益扩大的领土，他们所到之处无不受到热烈的欢迎。她在英格兰接受殖民地上层人物的拜见。她还在宫里任用印度官员，向他们学习兴都斯坦语[1]。她就是这样通过各种途径使不同的民族联结在一起，聚集到英国王室的周围。这些努力同当时的殖民精神和谐一致。她最后的公开活动之一，是在80多岁的高龄巡视爱尔兰。她从不赞成爱尔兰自治，认为它是对帝国统一的威胁。为了表示赞赏爱尔兰士兵在南非战争中表现出的英勇精神，她在1900年4月前往都柏林，她的帽子和衣服上插着白花酢浆草[2]。爱尔兰臣民热烈地欢迎她，在欢迎的人群中甚至有民族主义者。爱尔兰仍为英国王室提供一笔友好基金，可惜英国政府未曾加以利用。

在维多利亚女王不公开露面以后，英格兰一度出现反对王室的情绪，公开的共和主义者也加紧活动。到19世纪末，这一切都消失了。维多利亚女王忠于职守，具有治国之才，秉性真挚，讲话单刀直入，有时使对方感到窘迫。这些特点早已给臣民留下了深刻的印象。老百姓不知道她在政治方面是何等精明，也不知道她在同许多大臣打交道和应对无数次危机的过程中积累了何等丰富的经验，但他们正确地感到，她是一位匡世之才。甚至那些在私

---

1 Hindustani, 属印欧语系印度语族，有两种标准语：一是印地语，为印度的通用语言；另一种是乌尔都语，为巴基斯坦的通用语言。——编者注

2 Shamrock，即三叶草，它的花语是“爱国”，为爱尔兰国花。——译者注

下里发现她常有一时冲动以及偏袒行为的大臣，也敬佩她一贯表现出的高度责任感。她代表着英国传统的稳定性和连续性，她的威望与年俱增。到逝世时为止，她统治英国将近 64 年，臣民中很少有人经历过前朝的变迁。所有善于思考的人们都赞赏维多利亚时代英国力量的壮大和不列颠民族的进步。维多利亚时代结束于 1901 年，但激励这个时代的目标感和自信心没有消失，它们继续帮助英国人应对之后的严峻考验。

*　　　*　　　*

南非战争还在继续。过去，布尔人从未在政治权威面前屈服过，即使对他们自己的领袖也不例外。因此，英国人占领他们的主要城市和铁路似乎不足以成为他们放弃斗争的理由。大草原一望无际，从星罗棋布的农庄里，布尔人可以得到情报、食品、住处和草料，能够更换战马，甚至能得到弹药。罗伯茨和布勒刚刚离开南非的海岸，南非战争便发展成游击战，游击队员神出鬼没，能给敌方以沉重的打击。博塔、克里钦格、赫佐格、德韦特和德拉·雷伊——这里列举的只是五名较有声望的游击队领导人——不久便同基奇纳进行了无数次互有胜负的局部战斗，他们又坚持了一年零五个月。英国人经过艰苦的努力，才战胜布尔人。1901 年 2 月，博塔进攻纳塔尔，弗伦奇将军把他打退以后，已有大片地区化为焦土。其他游击队领袖进犯开普殖民地，企图唤起荷兰公民的支持。起来响应的人很少，但他们的力量足以打破迅速实现和平的希望。基奇纳打退进攻者以后，在月底同博塔谈判。这两位领导人都要求赦免开普殖民地的叛乱者，而高级专员米尔纳不同意，英国政府也支持米尔纳的观点。基奇纳的意见被否定以后，他违背自己的看法和心愿，被迫采取了现代人们所说的“焦土”政策。许多碉堡在铁路沿线建立起来，各地也筑起围栏，然后沿着围栏构筑更多的碉堡。在这样围起的地区内，即使最勇敢的游击队员也难以活动。然后，每个地区的男女老幼被赶进集中营。采取这种方法的唯一理由是，大部分游击队员穿着便装战斗，只有实行大规模监禁，把支持他们的那些家庭成员都关起来，才能制服他们。然而，没有任何理由可以为集中营里的恶劣条件辩解。军事当局担负监禁大批平民这一令人憎恨的新使命时，管理能力有限，但这也不能成为理由。到1902 年 2 月为止，集中营里已经有两万多人死亡，约占总人数的六分之一，他们多半死于疾病。起初，当局否认有管理不当之处，或者诡称没有解救的办法。但后来，英国的埃米莉 · 霍布豪斯小姐揭露了骇人听闻的真相。当时在野、不久将成为首相的坎贝尔 – 班纳曼把集中营指责为“野蛮人的手段”。张伯伦使这些集中营脱离军方的统治，它们的条件因此迅速得到改善。1902 年 3 月 23 日，布尔人终于求和。

三天以后，塞西尔 · 罗兹死于心脏病。他在去世前不久的一次讲演中对开普敦的保皇者说：“你们以为战胜了荷兰人，其实不然，荷兰人是不可战胜的。被战胜的是克鲁格政权，它是个腐败邪恶的政府，本质上并不代表荷兰人。不！荷兰人同以往一样英勇不屈，不可战胜。这里仍然既是你们的国家，也是他们的国家，你们今后必须像过去那样同他们一起生活和工作。”5 月 31 日在弗里尼欣签订的和约体现了这种精神，它的条款可以说是十分宽容的。32 支尚未战败的游击队各派两名代表会见英国使节，经过反复协商，他们同意放下武器。除了违反战争惯例的某些行动之外，当局保证不惩罚任何人，争取尽早实现自治，英国将付出 300 万英镑的补偿金。简单说来，上述几点就是和约的基本精神，最后一点可以说是宽宏大量的，而且在现代战争史上是没有先例的。和约签订以后，索尔兹伯里勋爵立即辞职。他是参加上议院的最后一位首相，领导大英帝国进行了史无前例的扩张。他在翌年去世，把英国政治中被人认为过时的超脱态度也带入了坟墓。和约的所有条款得到执行，米尔纳为重建南非作出了重要贡献。英国和南非自治领在这场战争中共投入了近 50 万军队，伤亡人数占十分之一。据估计，大不列颠联合王国总共耗资 2.2 亿英镑。

*　　　　*　　　　*

本书至此已经叙述到 19 世纪末。当时人们完全有理由期待长期的和平与繁荣，前途似乎是光明的。没有人想到，我们卷入了由于一个大国企图独霸世界而引起的冲突。分别持续五年的两次残酷战争，表明了维多利亚时代极盛时期的工业发展程度。德国在跻身世界强国的过程中，一直抱着强烈的民族扩张愿望，不断扩充军备。未来战争的特点和后果是无法预料的。战斗到胜利成为唯一的目标，为了这一目标，交战国家将显出至为惊人的力量。在 19 世纪的最后几年里，各国几乎普遍以工业发展带来的丰富物质资源为基础，通过征兵制建立了中央军队。人们似乎很容易把这些情况视为正常现象。近代社会的突出特点是组织严密，所以当德国全力扩军备战时，其步伐十分明显，甚至不可阻挡。也许可以说，甚至可以证明，近代欧洲为了前进而通常采取的明智方法，无非是大规模地进行备战活动。人类的活力如此旺盛，以致这种活动竟能得到发展而不可制止。欧洲各强国规定，每个成年男子均应接受军训，要服两年甚至三年的兵役。英国则不采取这种普遍的做法，因为它地处海岛并拥有制海权。然而，这种超脱态度并不能阻止危险趋势的发展。相反，英国在南非毫无疑问是无意识地成为引起危机的重要角色。她在各国面前显出自己无与伦比的力量。征服布尔人的战争持续了三年，其他欧洲国家和美国在此期间考虑着开创霸业和其他许多问题。各强国都以不同的心情开始考虑海军问题。德国看出，她如果没有最强大的海军，就无法实现统治世界的目标。法国和其他国家相继步其后尘。这确是发挥民族自尊心和力量的新途径，地球另一边的日本也迫切走上备战之路，于是，庞大的军事机器上又增添了海军队伍，这支队伍必然采取种种重要的行动。征服空中的活动也已开始。倘若能独自适当地控制世界，英国定会心满意足。

近百年的和平发展期使英国上升为世界霸主。她多次为维护和平而斗争，而且每次都是为了自身利益。各个阶级的状况都在不断得到改善。选举权几乎扩大到危险的程度，但国内秩序仍较稳定。保守势力表现出安然渡过风暴的能力，不过在国内政党之间并未出现狂风暴雨。全国民众可以继续进行他们的日常工作，把政治斗争留给热衷于政治而又无所畏惧的党徒。英国这匹马用行动证明，即使让它纵辔而行，它也会有条不紊地前进。没有人感到自己被摒于宪法之外，固执己见将是有害的。对于那些生活在举世无双的大英帝国领土内或者想来这里寻求庇护的人来说，20 世纪的黎明当然是光明而安谧的。要做的事情很多。至于哪个党执政，那无关紧要，因为它们有充分的权力互相监督。过去的教训并不能束缚富有冒险精神的人。如果说有人犯了错误，那么前人也犯过类似的错误，英国人可以采取补救措施，不致造成严重后果。应该保持积极活跃、生机勃勃的政治气氛。大胆稳健地前进似乎是完全可以做到的。

除了海军问题之外，美国对外界的各种现象漠不关心。她的精力集中在无限的国内自然资源上，这些资源基本上尚未进行勘探，得到开发的则更少。她的人口以惊人的速度增长，主要是因为欧洲移民源源而来。这些移民对他们出生并遭受痛苦的欧洲大陆深怀怨恨，不希望自己的新家园卷入故乡的斗争中。美国的巨大潜力成为地球上的不祥之兆，可是除了善于思考的人之外，无人意识到这一点。通信技术进步令世界各国联系更为紧密，我们不可能对别国面临的重要问题漠然置之。世界强国的地位同她承担的责任是分不开的。第一次世界大战带来的极大震动终于把美国同欧洲大陆和英国的命运紧紧地连在一起。

*　　*　　*

本书至此已经展现出英语民族的悠久历史。如今，它们将在可怕而必胜的斗争中成为盟国。但是，这不是最后的胜利，我们面前还有一段路程。在这段路程里，同盟将再次受到考验，它的使命许是维护和平与自由。未来尚不可知，但过去应使我们对未来充满希望。至于最终如何实现大同，现在不必苛求。

译名表

A

阿尔伯特·多克 Albert Dock
阿尔伯特·西德尼·约翰斯顿 Albert Sidney Johnston
阿尔弗雷德·米尔纳 Alfred Milner
阿尔瓦罗·德门达纳 Alvaro de Mendaña
阿拉莫 Alamo
阿瑟·贝尔福 Arthur Balfour
阿什兰 Ashland
埃尔登 Eldon
埃尔金 Elgin
埃米莉·霍布豪斯 Emily Hobhouse
艾萨克·巴特 Isaac Butt
爱德华·哈格雷夫斯 Edward Hargraves
爱德华·吉本·韦克菲尔德 Edward Gibbon Wakefield
爱德华·卡德韦尔 Edward Cardwell
安德拉西 Andrassy
安东尼·伯恩斯 Anthony Burns
奥塔哥 Otago

B

巴拉克拉瓦 Balaclava
巴拉腊特 Ballarat
巴瑟斯特平原 Bathurst Plains
巴特勒 Butler
白海 White Sea
保罗·克鲁格 Paul Kruger
鲍灵格林 Bowling Green
本·蒂尔曼 Ben Tillman
本迪戈 Bendigo

本杰明·迪斯累里 Benjamin Disraeli
本杰明·哈里森 Benjamin Harrison
本特利 Bentley
比阿特丽斯·韦布 Beatrice Webb
比肯斯菲尔德 Beaconsfield
比勒陀利亚 Pretoria
比萨拉比亚 Bessarabia
彼得·莱勒 Peter Lalor
彼得·雷蒂夫 Pieter Retief
彼得马里茨堡 Pietermaritzburg
彼得斯堡 Petersburg
波利尼西亚 Polynesian
波斯尼亚 Bosnia
伯恩赛德 Burnside
伯卡维 Peccavi
博·布鲁梅尔 Beau Brummel
博雷加德 Beauregard
博塔 Botha
布拉德河 Blood R.
布莱克丘陵 Black Hills
布里格姆·扬 Brigham Young
布姆普拉特 Boomplaats
布歇公园 Bushey Park

C

查尔斯·布拉德劳 Charles Bradlaugh
查尔斯·格雷维尔 Charles Greville
查尔斯·内皮尔 Charles Napier
查尔斯·詹金森 Charles Jenkinson
查尔斯·詹姆斯·福克斯 Charles James Fox
查卡 Chaka
查塔努加 Chattanooga

D

达尔基斯 Dalkeith
德韦特 De Wet
丹尼尔·奥康奈尔 Daniel O' Connell
丹尼尔·布恩 Daniel Boone
德班港 Durban Harbour
德拉·雷伊 Dela Rey
德拉姆伯爵 Earl of Durham
德雷德·斯科特 Dred Scott
迪凯特 Decatur
蒂罗尔 Tyrol
杜威 Dewey
多恩科普 Doornkop
多纳尔森要塞 Donelson Fort

E

厄巴纳 Urbana
恩图曼 Omdurman

F

法雷尔 Farrell
法灵顿街 Farringdon Street
法绍达要塞 Fashoda Fort
菲茨·休·李 Fitz Hugh Lee
菲利普港 Phillip Port
菲什河 Fish R.
费洛伦斯·南丁格尔 Florence Nightingale
丰特努瓦 Fontenoy

弗朗西斯·普莱斯 Francis Place
弗雷泽河 Fraser R.
弗里尼欣 Vereeniging
弗伦奇 French

G

盖恩斯米尔 Gaines' Mill
戈德里克 Goderich
戈登斯维尔 Gordonsville
戈恰科夫 Gortchakov
格伦代尔 Glendale
格罗弗·克利夫兰 Grover Cleveland

H

哈布斯堡帝国 Habsburg Empire
哈丁 Hardinge
哈里·史密斯 Harry Smith
哈里斯堡 Harrisburg
哈丽雅特·比彻·斯托 Harriet Beecher Stowe
哈珀斯渡口 Harpers Ferry
哈特勒斯湾 Hatteras Inlet
哈廷顿 Hartington
赫伯特·基奇纳 Herbert Kitchener
赫伯特·斯图尔特 Herbert Stewart
黑格斯敦 Hagerstown
亨利·布鲁哈姆 Henry Brougham
亨利·德拉蒙德·沃尔夫 Henry Drummond Wolff
亨利·哈夫洛克 Henry Havelock
亨利·卢格德 Henry Lugard
亨利·旁森比 Henry Ponsonby
亨利八世 Henry Ⅷ
亨利山 Henry Hill
霍巴特 Hobart
霍勒斯·格里利 Horace Greeley

J

基尔·哈迪 Keir Hardie
吉利扬瓦拉 Chilianwala
加尼特·沃尔斯利 Garnet Wolseley
杰布·斯图尔特 J.E.B. Stuart
杰斐逊·戴维斯 Jefferson Davis
杰西夫人 Lady Jersey
金伯利 Kimberley

K

卡迪根勋爵 Lord Cardigan
卡罗琳 Caroline
卡那封 Carnarvon
卡诺瓦 Kanawha
卡什敦 Cashtown
凯河 Kei R.
凯纳索山 Kenesaw Mountain
凯斯卡马河 Keiskamma R.
坎大哈 Kandaha
坎普尔 Cawnpore
坎特伯雷平原 Canterbury Plains
康马杰 Commager
科德林顿 Codrington

科尔德港 Cold Harbour
考力代羊 Corriedale
科林·坎贝尔 Colin Campbell
科伦索 Colenso
科宁厄姆夫人 Lady Conyngham
克朗代克 Klondike
克里钦格 Kritzinger
克罗默 Cromer
肯辛顿宫 Kensington Palace

L

拉格伦 Raglan
拉姆西·麦克唐纳 Ramsay MacDonald
拉瑟福德·B.海斯 Rutherford B. Hayes
兰季特·辛格 Ranjit Singh
朗塞斯顿 Launceston
朗斯特里特 Longstreet
劳合·乔治 Lloyd George
雷德弗斯·布勒 Redvers Buller
理查德·科布登 Richard Cobden
理查德·克罗斯 Richard Cross
理查德·皮戈特 Richard Piggott
理查德·谢里登 Richard Sheridan
利安德·斯塔尔·詹姆森 Leander Starr Jameson
利奥波德王子 Prince Leopold
利斯堡 Leesburg
利文斯顿 Livingstone
林波波河 Limpopo R.
卢考特山 Lookout Mountain
路易十六 Louis XVI
路易斯维尔 Louisville
伦道夫·丘吉尔 Randolph Churchill
罗伯特·洛 Robert Lowe
罗伯特·皮尔 Robert Peel
罗兰·希尔 Rowland Hill
罗马尼亚人 Rumanian
罗斯克兰斯 Rosecrans
罗亚尔港 Royal Port

M

马丁·范布伦 Martin Van Buren
马丁斯堡 Martinsburg
马弗京 Mafeking
马纳萨斯车站 Manassas Junction
马尼拉湾 Manila Bay
马尼托巴 Manitoba
马朱巴山 Majuba Hill
玛丽·埃伦 Mary Ellen
玛丽亚·菲茨赫伯特 Maria Fitzherbert
迈克尔·达维特 Michael Davitt
迈克尔·希克斯·比奇 Michael Hicks Beach
麦克莱伦 McClellan
麦夸里港 Macquarie Harbour
麦哲伦海峡 Magellan's Strait
梅卡尼克斯维尔 Mechanicsville
迈索隆吉翁 Missolonghi
梅特涅 Metternich
孟菲斯 Memphis

米申纳里岭 Missionary Ridge
密尔沃基 Milwaukee
缅希科夫 Menschikoff
莫比尔 Mobile
默弗里斯巴勒 Murfreesboro
穆恩莱特上尉 Captain Moonlight
穆罕默德·阿里 Mahomet Ali

N

拿破仑三世 Napoleon Ⅲ
那那·萨希布 Nana Sahib
纳撒尼尔·P.班克斯 Nathaniel P. Banks
纳瓦里诺湾 Navarino Bay
内森·B.福里斯特 Nathan B. Forrest
尼尔元帅 Marshal Niel
尼古拉斯·范西塔特 Nicholas Vansittart
尼加拉瓜 Nicaragua
尼罗河上游 Upper Nile
尼亚加拉瀑布 Niagara Falls
诺克斯维尔 Knoxville

O

欧文·麦克道尔 Irvin McDowell

P

帕芒基河 Pamunkey R.
帕默斯顿 Palmerston
帕特森 Patterson
派克斯峰 Pikes Peak
派普河 Pipe Creek
佩德罗·萨米恩塔·德甘博亚 Pedro Sarmienta de Gamboa
佩斯利 Paisley
彭伯顿 Pemberton
皮特·克龙耶 Pete Cronje
葡属莫桑比克 Portuguese Mozambique
普拉西 Plassey
普莱夫纳 Plevna

Q

七松林 Seven Pines
钱瑟勒斯维尔 Chancellorsville
乔·惠勒 Joe Wheeler
乔治·戈尔迪 George Goldie
乔治·戈申 George Goschen
乔治·怀特 George White
乔治·斯通曼 George Stoneman
乔治三世 George Ⅲ
切萨皮克湾 Chesapeake Bay

S

撒迪厄斯·史蒂文斯 Thaddeus Stevens
萨德利·斯普林斯 Sudley Springs
萨多瓦 Sadowa
萨克拉门托 Sacramento
萨勒费山峡 Thoroughfare Gap
萨蒙·P.蔡斯 Salmon P. Chase
萨姆·休斯敦 Sam Houston
萨姆特要塞 Sumter Fort
萨特莱杰河 Sutlej R.

萨瓦纳 Savannah

萨维奇车站 Savage Station

塞尔维亚人 Serbs

塞缪尔·J.蒂尔登 Samuel J. Tilden

塞西尔·罗兹 Cecil Rhodes

桑福德 Sanford

森特维尔 Centerville

圣阿诺德 St. Arnaud

圣奥默 St. Omer

圣劳伦斯湾 Gulf of St. Lawrence

圣詹姆斯宫 St. James' Palace

施纳德霍斯特 Schnadhorst

斯蒂芬·A.道格拉斯 Stephen A. Douglas

斯库台 Scutari

斯拉夫人 Slavs

斯莱德尔 Slidell

斯佩克 Speke

斯普林菲尔德 Springfield

斯塔福德·诺思科特 Stafford Northcote

斯特拉思科纳 Strathcona

斯通·沃尔·杰克逊 Stone wall Jackson

斯托克马男爵 Baron Stockmar

斯托姆堡 Stormberg

T

塔列朗 Talleyrand

塔斯曼 Tasman

坦嫩贝格 Tannenberg

唐·卡洛斯·比尔 Don Carlos Buell

唐纳德·麦克莱恩 Donald MacLean

桃树溪 Peach Tree Creek

特·库蒂 Te Kooti

特罗洛普 Trollope

托德列本 Todleben

托尔普德尔 Tolpuddle

托马斯·阿特伍德 Thomas Attwood

托马斯·巴宾顿·麦考利 Thomas Babington Macaulay

W

威尔明顿 Wilmington

威廉·J.麦金利 William J. McKinley

威廉·T.舍曼 William T. Sherman

威廉·阿德里安 William Adriaan

威廉·奥布莱恩 William O' Brien

威廉·格拉德斯通 William Gladstone

威廉·哈考特 William Harcourt

威廉·赫斯基森 William Huskisson

威廉·科贝特 William Cobbett

威廉·拉塞尔 William Russell

威廉·劳埃德·加里森 William Lloyd Garrison

威廉·麦金农 William Mackinnon

威廉·塞西尔 William Cecil

威廉·H.苏厄德 William H. Seward

威廉·詹宁斯·布赖恩 William Jennings Bryan

威廉斯堡 Williamsburg

威廉一世 William I

韦拉克鲁斯 Vera Cruz

维克斯堡 Vicksburg

维罗纳 Verona

维桑堡 Wissembourg
维西·菲茨杰拉德 Vesey Fitzgerald
维也纳照会 Vienna Note
温奇尔西 Winchilsea
沃尔特·白哲特 Walter Bagehot
乌特勒姆 Outram
伍尔维奇 Woolwich

X

西比尔 Sybil
西德默斯子爵 Viscount Sidmouth
西德尼·赫伯特 Sidney Herbert
西哈姆 West Ham
西克尔斯 Sickles
夏洛茨维尔 Charlottesville
谢南多厄河谷 Shenandoah Valley
新不伦瑞克省 New Brunswick

Y

亚美尼亚人 Armenians
扬·范·里贝克 Jan Van Riebeek
耶夫帕托里亚 Eupatoria
伊桑德尔瓦纳 Isandhlwana
约翰·贝尔 John Bell
约翰·波普 John Pope
约翰·布朗 John Brown
约翰·C. 布雷肯里奇 John C. Breckinridge
约翰·狄龙 John Dillon
约翰·菲利普博士 Dr John Philip
约翰·戈斯特 John Gorst
约翰·亨利·纽曼 John Henry Newman
约翰·卡尔霍恩 John Calhoun
约翰·卡特赖特 John Cartwright
约翰·昆西·亚当斯 John Quincy Adams
约翰·兰布顿 John Lambton
约翰·罗素 John Russell
约翰·麦克阿瑟 John Mac Arthur
约翰·莫利 John Morley
约翰·尼科尔森 John Nicholson
约翰·塞奇威克 John Sedgwick
约瑟夫·帕克斯顿 Joseph Paxton
约瑟夫·索姆斯 Joseph Somes
约瑟夫·张伯伦 Joseph Chamberlain

Z

扎卡里·泰勒 Zachary Taylor
扎卡里亚·钱德勒 Zachariah Chandler
詹姆斯·布坎南 James Buchanan
詹姆斯·米尔 James Mill
詹姆斯·辛普森 James Simpson